西南财经大学"211工程"三期建设项目资助

西南财经大学马克思主义经济学研究院
西南财经大学经济学院

编

陈豹隐全集

第一卷

文学

⑤

西南财经大学出版社

1943年在重庆

"中江豹隐"之印（陈漱石刻于北平）（西南财经大学档案馆藏）

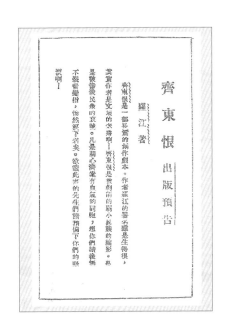

《齐东恨》出版预告（《乐群半月刊》
1928年11月15日第1卷第4期）

20世纪40年代后期陈豹隐（左二）与友人合影
（重庆大学校门前）

编者按

一、《齐东恨》

《齐东恨》，署名罗江，1928 年 12 月 20 日由上海乐群书店出版发行，本次所选底本为初版。

该书为三幕剧，其中《〈齐东恨〉小引》首刊于《乐群半月刊》1928 年 11 月 15 日第 1 卷第 4 期。据该期《编后》介绍："《齐东恨》已在排印单行本，月内当可出版。有人来打听某某是谁，读书一定要问作者是谁，真是极无谓的！望读者不要'谁？谁?'的多问。其他如'坎人''勺水''罗江''蜉蟾''洪畴''迪生'等等请都不必多问。总之我们要给患'名流热者'一服'清凉剂'。"① 同期刊登的《出版预告》称："《齐东恨》是一部长篇的创作剧本。作者罗江的署名虽是生得很，其实作者是文坛的老将啊！《齐东恨》是被剥削的弱小民族的缩影。也是被惨杀民众的哀号。凡是关心济案②有血气的同胞，想你们读后无不裂眦发指，惨然泪下者矣。欲读此书的先生们请预备下你们的眼泪啊！"③

① 《编后》，《乐群半月刊》1928 年 11 月 15 日第 1 卷第 4 期，第 100 页。
② 指 1928 年 5 月 3 日"济南惨案"。
③ 《〈齐东恨〉出版预告》，《乐群半月刊》1928 年 11 月 15 日第 1 卷第 4 期，书后广告页。

二、《恋爱舞台》

《恋爱舞台》，署名罗江，1928 年 12 月 10 日付排，1929 年 1 月 10 日由上海乐群书店出版发行，本次所选底本为初版。

据《乐群半月刊》所载的该书广告称："望名知义。《恋爱舞台》这一部书的内容不待介绍也可想而知了。青年男女的读者哟，你们都不是怀抱着热烈的爱么？不都是欲由想的世界走入实的世界么？——这即是说你们一定要走上恋爱的舞台哟！请你们在这本这①《恋爱舞台》里去找你们的同路人罢！"②

三、《酱色的心》

《酱色的心》，署名陈勺水，1929 年 7 月 20 日付排，1929 年 10 月 20 日由上海乐群书店出版发行，本次所选底本为初版。

该书为小说集，其中《两个亡国奴》首刊于《乐群月刊》1929 年 4 月 1 日第 1 卷第 4 期；《小大脚时代》首刊于《乐群月刊》1929 年 5 月 1 日第 1 卷第 5 期、6 月 1 日第 1 卷第 6 期；《奇耻》首

---

① 后一个"这"当为衍字。

② 《乐群半月刊》1928 年 11 月 15 日第 1 卷第 4 期，第 98 页。《乐群月刊》1929 年 2 月 1 日第 1 卷第 2 期、1929 年 3 月 1 日第 1 卷第 3 期均刊载有该书广告。

刊于《乐群月刊》1929 年 7 月 1 日第 1 卷第 7 期；《"湖南牛"》首刊于《乐群月刊》1929 年 8 月 1 日第 2 卷第 8 期。

据茅盾回忆，陈豹隐曾坦言："'酱色的心'是比喻他自己在武汉时期，共产党说他是顾孟馀（当时的国民党中央宣传部长）的走狗，是投降了国民党的（陈原是共产党员），所以他的心是黑的；但在国民党方面，仍把他看成忠实的共产党员，他的心是红的；他介于红、黑之间，那就成了酱色。"① "又尝慨然语某君曰：'从前我是做了算盘珠，任人拨弄，听人打算，今后我不再做算盘珠了，有人邀我如何如何者，我先要自己打一通算盘。'……彼在东京时一度寄情于小说而所作之《酱色的心》，则由今视之，固宛然渠之自写照也，傥亦所谓下意识之流露欤？"②

又据吴组缃书评称："里面是几篇短篇，都是写前四五年革命怒潮中国内革命青年的内外生活。事情恐怕全是真的，并无 Plot，故不像小说，仅是片段生活之素描而已。人物都各具一颗'酱色的

① 《亡命生涯》，《茅盾全集　第 34 集　回忆录一集》，北京：人民文学出版社，1997 年，第 403 页。收入全集第六卷。
② 形天（茅盾）：《"算盘珠"与"酱色的心"》，《笔谈》1941 年 11 月 16 日第 6 期"客座杂忆"，第 30 页。收入全集第六卷。

心'，这些酱色的青年男女的生活很新鲜，活跃，同时也很朦胧，迷惘。是前四五年典型的中国青年生活。茅盾的'三部曲'与此书是具同样意义的，但因为写得太像小说，便不若此书真切动人。"①

柳亚子和陈豹隐还有一段文字因缘。1928 年春，柳亚子从日本回到上海，"过着很无聊的生活。偶然在书店内发现一本小说之类的东西，书名叫做《酱色的心》。这本书的内容，我觉得很有趣味⋯⋯他对那时候各种人物的描写，像陈逆璧君的结党营私，无恶不作，欺骗廖夫人，压迫孙夫人，想造就她个人唯一女领袖的地位，都纪［记］载得十分详尽⋯⋯我在这时候，看了这部《酱色的心》，倒是非常感动的，觉得那位勺水先生不愧是一个有心人。接着，我各处打听，知道勺水是陈□□②的笔名，而陈□□也就是以'马克思经济学者'自命，翻译过小半部《资本论》及河上肇许多经济名著的陈□□先生。这样，更使我肃然起敬了。于是，在一九

---

① 野：《陈勺水的〈酱色的心〉》，《清华周刊》1932 年 4 月第 37 卷第 6 期，第 97 页。该文收入：吴组缃：《介绍与批评五则》，《苑外集》，北京：北京大学出版社，1988 年，第 17－18 页，文字略有出入。

② 原文如此。

三一年我写的'新文坛杂咏'十首旧诗中①，也有了关于陈勺水先生的一首，诗云：'夜半扪心杂苦甘，井中心史偶能谙，飞扬我哭张秋石，漂泊君怜金道三。'"②将《酱色的心》誉为"心史"。

柳亚子还积极向人推荐此书，据林庚白 1929 年 11 月 2 日《与柳亚子书》载："卅一书悉，《酱色的心》，弟已往购，书肆谓明日可到，当一睹之，勺水作品，颇近通俗，用笔却又极冷峭。颇喜讽诵，无愧名家。前此仅知其精研经济学，近乃发见此君之才大，殆于文学亦擅场，信蜀秀也。恺之素昧平生。未谙其为何许人……"③其后，在与柳亚子的往返书信中，林庚白还对小说集《酱色的心》中的部分人物做了索隐。

相关介评，另可参看：田汉《读"湖南牛"》、李《新书一瞥——〈酱色的心〉》等，收入全集第六卷。

---

① 其他九首分别咏鲁迅、田汉、郭沫若、蒋光慈、茅盾、华汉（阳翰笙）、叶绍钧（叶圣陶）、谢冰莹和丁玲。

② 柳亚子：《陈某的〈酱色的心〉》，《光明报》1941 年 11 月 2 日，转自《柳亚子文集　磨剑室文录下》，上海：上海人民出版社，1993 年，第 1306－1307 页。收入全集第六卷。张秋石是柳亚子主持中国国民党江苏省党部时代的妇女部长，金道三则是《小大脚时代》中的人物。

③ 林庚白著，周永珍编：《丽白楼遗集（下）》，北京：中国人民大学出版社，1996 年，第 1021－1022 页。

目录

齐东恨

小　引

这篇戏曲，又像是罗曼·罗兰的《总有那一天》（Le temps vi-endra）那本戏的翻案，又像是亚东某国新近发生的惨案的写实，也不知道到底是在描写非洲共和国民的遭难，还是在形容亚洲共和国民的受苦。只因为满纸辛酸，全篇哀怨，使读者听者会不知不觉的惊魂动魄，伤心落泪，所以谁也无暇去研究这些细节了。

读者听者如要简单的预先晓得这本戏的内容，且听在下先唱下面几个民众歌：

一、齐东恨，恨到几时止！
他们，硬要逼我们死。
咳！可怜妇人小孩子！
什么文明！可耻可耻！

二、齐东恨，恨到几时歇！

他们，要亡我们的国。

咳！不讲公理逞武力，

帝国主义，可骇可骇！

三、齐东恨，恨到几时了！

他们，硬要逼我们跑。

咳！房屋财产都烧掉！

客欺主人，可恼可恼！

四、齐东恨，恨到几时休！

他们，看我们如马牛。

咳！平和市民也被囚！

黄帝子孙，可羞可羞！

五、齐东恨，恨到几时完！

他们，抢夺我们利权。

咳！铁路矿山大洋钱，

一齐拿走，可怜可怜！

六、齐东恨，恨到几时尽！

他们，妨害我们革命。

咳！勾通军阀害百姓！

永世冤仇，可恨可恨！

人　物

栗福	月支国军元帅	六十岁
前户	同军的医官	六十五岁
古原	同军的大将	五十五岁
志村	同军的少佐	五十五岁
布浪	月支国的对齐实业家	五十岁
甘备	同国的随军新闻记者	三十五岁
吕连	栗元帅的副官	三十岁
黑津	同	三十岁
奥原	栗元帅的徒卒	二十岁
荒野	同	二十岁
江部	月支国的兵士	二十岁
魏德和夫人	齐东国人	三十五岁
魏的老婶娘		六十五岁
齐东国大统领		七十岁
志村夫人		四十五岁
魏大伟	魏德和的儿子	六岁

此外有月国人兵士，齐国人俘虏，女人小孩，勾丽人等等。

地　点

齐东国的历城市

时　代

现代

第一幕

一间大西式客厅。厅的左边有很大的窗户。通过窗户，可以隐隐的望见城堞房屋和城那边的山岭。厅内的家具很笨重。有椅子，桌子，炕床等等。壁上只挂着一两样破旧字画。窗户上部悬着旧窗帘。有十二三个女人隔着玻璃窗户，拥在一起往外边热心望着，露出不安的神气。魏德和①也在这些女人当中，她儿子大伟被一个女仆抱在手里。魏的老婶娘背着窗户，坐在一张椅子上叹气。窗户边的女人，用很低的声音，手指脚画的说着话，露出一种害怕而又激昂的神气。

有一种军乐声，从窗户外透进厅来。

女人们　（热心往外边看着）看哪！凶神恶煞的鬼子！——明火打劫的强盗！——还要耀武扬威！——听那讨厌的军乐！——菩萨保佑我们啊！难道菩萨也被鬼子撵走了吗？

魏德和　哪有的事！只怕心不诚。菩萨被我们诚心感动的时候，敌人一定要遭天雷火打，遭大地震的。到那时候，看他还要耀武扬威不要！

一个女人　啊！我心里好像油煎一样，菩萨救我呀！

老婶娘　别害怕着急！善有善报，恶有恶报，我们齐国人，不

---

①　原文如此，文意应为魏德和夫人，因为魏德和已被杀害。下同。——编者

会长受灾难的。只要齐心努力，什么仇报不了？

（暂时沉默）

女人们　（往外看）你看！他们站住了，架着枪。那一队分散了，向街上人家门口走，一家门口两个敌兵！——有两个站在我们大门口！——别说他们耀武扬威，你看这两个敌兵，面黄肌瘦，一点精神也没有呢！——他靠在枪上发颤！想是打了几天的仗，打困倦了！——这可怜的虫子恐怕回不了家乡呢！——这些狗东西，都一个个打疲寒，害瘟症死了，也好！

大伟　我看不见？在哪里？给我看看。

魏德和　（把儿子从女仆手里接过来，高高的抱起，叫大伟的脸挨着玻璃窗，往下面看）这都是杀死你老子的敌人，好生看清楚啊！

女仆　请少爷说，鬼子们替我死了去！

大伟　替我死了去！

老婶娘　他们会像衣服被虫咬了一样，慢慢的腐败灭亡的。

一个女人　死鬼已经抓住他们了！

魏德和　我们的国民为什么害怕这些死鬼们，都逃走了呢？为什么国民大家不齐心努力来防守这历城市呢？

老婶娘　他们不是逃走了。他们是想引敌人进到坟墓当中来，然后把敌人围住，从四面放起火来，将他们一个一个都烧死了去。

大伟　那不会把我们也烧死在城内吗？

魏德和　没有法子，也只好把我们也一齐烧死啊！孩子，你害怕吗？

大伟　（用拳头打窗户）唔——（一个女人，想把大伟抱开，不叫他挨着窗户，大伟抵抗着）我被烧死也是愿意的！

魏德和 我也不想活了。我要学一学法国的爱国女子江达克，宁为玉碎，不为瓦全！

女人们 我也不想活了。

这时候，窗外面忽然有鼓声冬冬的响起来。

女人们 那些狗东西在干什么呢？——他们在空地上面围成一个圆圈。——我们的国旗被扯下来了！他们打算挂上他们的旗呢！

魏德和 那样还了得！天啦！不要叫他们那样胡闹呀！

老婶娘 （站了起来）菩萨显圣！我觉得真会要有灵显了！……

魏德和 我们祷告上天罢！（大家都跪下）皇天爷啊！保佑我们！我们盼着上天大显威灵！

一个女人 皇天不负有心人啊！可怜我们啊！

另一个女人 皇天能降灾，也能降福啊！

魏德和 请把横蛮凶险的敌人灭了去！请把他们斩草除根的扑灭了去，不要留一点祸根在世上！请把他们雷打火烧！

他们都暂时不说话，只是周身发颤。有几个倒卧在地板上，有几个站着高举两手向天上望。——魏德和合掌向前方凝视，好像看见了菩萨似的。

在这沉默的时候，窗户外面，唱着"圣战无疆"的歌。——女人们彼此睁着眼睛发怔，有的露出绝望的样子，有的忍着满胸的苦痛。小孩儿只是呆呆的站着。老婶娘全身颤得利害。魏德和闭着眼睛，泪流满面。

一个女人 （露出害怕的样，走近窗户边向外面看）他们的旗已经挂上了!

老婶娘 （扶着女仆站起来）菩萨显圣显得迟一点呢!

一个女人 啊!——天啦!你此时不显圣,还等到什么时候呢?

魏德和 我们要诚心诚意的敬信菩萨呀!(站了起来)

一个女仆 （从厅房正门外慌张的跑进来）他们的头子,跑到我们院子里来了!

魏德和 无论如何,我是不和他们会面的!

老婶娘 快扶我离开这里啊!

女人们都从另一个门出了厅房。

栗福元帅,前户医官,带着从兵奥原,走进门来。

前户 （走在门坎上,向周围望一望）什么人也没有呢!

栗福 那门是刚才关上的。他们藏起来了。

前户 刚才走过院子的时候,我看见了他们的影子在这窗户里。他们一定是在暗中窥探着我们呢。

栗福 他们时时刻刻都窥探着我们。现在他们仍然在墙的背后……（坐在椅子上,对奥原说）去对魏夫人说,栗福元帅有话要和他当面讲。(奥原出去)

前户 （坐下来）我们结局还是完全占领敌人的根据地了!

栗福 好一个壮大的城市!满城尽是谷仓和民家。但是街上都没有一个像样的人。只看见一些野狗,瘦猫,不成器的流氓,几个想趁浑水捞鱼,拿着顺民旗,喊着"月支国万岁"的无耻的绅商。此外,就是在这些窗户背后藏着的女人们,她们的青黄色的面孔和含着敌意的眼睛。城内并没有一个想和我们抵抗。并没有现出一点想防守这座城池的样子。他们只是往后退，退而又退，真是一种奇怪的敌人，令我心痒痒的，怪……

前户　元帅真是一个爱打仗玩的人啊！元帅老是想着流血和创伤呢。据我想来，这里虽没有敌人和我们对抗，但是气候和卫生状况，都坏得很，须得想法防范疾病，并且齐国四百余州里面，还散着许多的敌人，我们要想进到内部收服他们，也得预先设法准备交通的机关。我们目前就不打仗，可干的事情也还多着啦。

栗福　话倒说得好听，只可惜我现在已经不能感觉到征服困难的乐趣！

前户　元帅对于这次的大胜利，未免太过于冷视了！

栗福　唉！老兄，还说什么胜利！我真觉得可羞呢。为要撵走一些没有斗志，没有武装的齐国老百姓，用了这几万的月国大军！你要知道，只有在棋逢对手的时候，才有打胜仗的乐趣呢。像这样无聊的事，不晓得几时才得完！

前户　哼，几时完？——元帅，如果强者不吃弱者的肉，恐怕文明这样东西也就没有了呢。

栗福　这话倒也不错！（打呵欠）

前户　（往周围看）这个宅子过于宽大，人住少了，反觉得有冷冷清清的。元帅，叫他们来喝杯搬家酒，闹热闹热罢。我对他们说去，好不好。

栗福　好的。老朋友，就烦劳你去告诉他们一声罢。还是闹热闹热好。

前户出去。奥原走进来，用立正的姿势，站着。

奥原　报告元帅，罗夫人来了。

栗福　奥原，你看见她的神气怎么样？

奥原　报告元帅。一些女人家都躲在那边厨房里，背靠着墙站着。罗夫人正坐在厨房中间一个没有生火的火炉旁边，和一位年老的老太太说话。他们看见我进去的时候，话也不说了。大家动也不动一动，只是睁眼望着我。（声音发颤）

栗福　唔喔。到现在仗也打胜了，你这东西还害怕这些女人们吗？恩？是的吗？

奥原　害怕倒一点也不害怕。只是，那时感觉得自己被别人讨厌得利害，心里头有点不舒服。

栗福　你跟我这样久，还没有看惯这些事吗？

奥原　只因从卒性情软弱，所以还……

栗福　哪有看不惯的事！你再多跟我跑几年，再多看一些开仗的事，心就硬了。

奥原　一个人若是和别人意见不和，就会相打起来，这是从卒懂得的。但是，打完之后，就应该仍旧和睦起来了，为什么还要互相怨恨呢？——怎样能设法使这地方的百姓相信月支兵不是来骚扰他们的，就好了！

里边的门开了，魏德和带着她儿子走出来，站在厅里不动。

栗福　（很恭敬的绍介自己）我就是月支国王陛下的军队的总司令官栗福。（行了一个鞠躬礼，但魏德和仍然不动）魏夫人，我到了贵地，一时找不着适当房子，没有法子，只好借府上做临时司令部，请夫人原谅原谅。我也知道，我在这里谒见夫人，夫人心里一定很不快活。但是，我要预先声明，魏先生虽然是我的敌人，我却很敬重他是一个很伟大的敌人并且是一个正人君子，所以我对于他的夫人，也是非常尊敬的。我所以选定贵府为临时司令部，固然因为这里房子宽大适用，也因为我很敬重不幸去世的魏先生，觉得借住他的房屋，对我是一种大大的光荣。还有一层，我虽然借住贵府，却不敢要府上受一点损失，已传令下去，不准他们糟踏府上的一草一木，总要尽力保护，使府上不受战争的危险。我知道夫人对于我们的借住房子定会感觉痛苦的，所以为极力设法想减少痛苦。我已决定，只把这间大厅和隔壁的那间会客厅，作为我个人的私用室和我的司令部的办事室。其他一切房间，仍然归夫人自由使用。

魏德和　你先生倒很会处置别人的财产呢，这座房子原是我的。你先生的暴力虽然能够使你先生占领这座房子，但是，决不能使先生对它获得无论什么样的权利。我虽是一个女人，对于暴力却是一点也不能接受的。

栗福　夫人误会我的意思了。我刚才一番话，并不是说要请夫人把夫人原有的东西，更从我的手里接受过去。我只不过是请求夫人慨然允许我在这里做一个客，暂时借住借住罢了。

魏德和　你先生当然知道，我是没有能力拒绝先生的请求的。你先生还用得着要得我的允许吗？请先生把这种允许略去罢。

栗福　魏夫人。纵然我能够把这世界上一切权力都拿在我手里，对于做人的礼仪，我还是不敢轻蔑的。我占领了你们的城市，是真的。但是，我在贵府上仍然把自己看成一个借住的客人呢。

魏德和　口头上的礼仪，我是看不起的。我只晓得从行为上判断。我老实说罢，我很讨厌先生呢。

栗福　我在这里也不向夫人请求，要夫人把我的本来的人格和我职务上的行动，分开来看。凡我所做的行为，我都负完全责任，我区区也是一个硬汉，断不会躲避自己的责任的。夫人对我发生的厌恶，我是诚恳接受的。因为这回的战事使夫人受了大大的损失，由这种损失而来的悲痛，实在应该使夫人厌恶我。夫人所受的不幸，我当然不能卸责，同时我也不是不能对夫人表同情的，所以我在这里对于夫人的悲伤，特特低头志哀。（鞠躬）

魏德和　你先生的同情，于我有什么用处呢？你先生的同情算得什么！只要遇着有表示同情的必要的时候，你先生那种同情，还怕不挂在嘴上？

栗福　是的啊！（栗福本来已经注意到大伟，这时特特向着大伟）这是夫人的少爷吗？（魏德和点头——栗福向着小孩伸手，小孩急忙躲避）少爷，不要逃走啊！

大伟　（从母亲的背后，伸出头来）我没有逃走。

栗福　（很注意的望着大伟）很相像……像我那小儿子。

魏德和　你先生也有儿子吗？我希望菩萨早一天把你先生的儿子夺了去！

栗福　魏夫人！……（暂时不说话）真的，夫人的希望早已被菩萨容纳了！

魏德和　不在了吗！对不住得很！——是几岁不在的。

栗福　死的时候，刚刚八岁。夫人的这小孩子多少岁？

魏德和　六岁了。

栗福　比我的孩子结实些。

魏德和　他是什么时候不在的？

栗福　是三星期前死的。

魏德和　死在齐国？（栗福点头）他的母亲还健壮吗？

栗福　母亲也同时死了。

魏德和　（动着嘴唇，好像感着同情，正要用言语表示出来似的。但是忽然又改变了神气）菩萨是有道理的。菩萨是有公正的。

栗福　夫人比我们还要悲惨呢。（魏德和不说话）除这少爷以外，夫人还有少爷吗？

魏德和　还有两个大的，一个十二岁，一个十四岁。

栗福　都在什么地方。

魏德和　都在齐国军队里，和你们军队打仗。

大伟　我也打仗！

栗福　夫人还算是抱着幸福呢。

魏德和　有什么幸福？不过抱着将来的悲哀罢了。——哭诉悲哀的丑态，我是不做的。我已经牺牲了儿子的性命和我自己的性命了。但是，我们同时也要把你们的性命，牺牲了去。

栗福　你们既然恨我们到这步田地，为什么还躲着不动？为什么不跟男子们一起去死呢？

魏德和　因为恐怕妨害他们的作战。因为跟了去，就得吃他们带去的米。我们留在这里的时候，所吃的米是你们的米啊！我们对于你们，就成了一种负担啊！

栗福　这样说，如果我们虐待你们，不给饭吃，你们又怎么样呢？

魏德和　那更好啊！如果你们敢那样做，就等于上了我们的当，去做反乎人道的事了。就等于我们把你们陷在不名誉的地位了。就等于使你们月支国的国际地位下落了。好罢，你只管虐待我们罢！

魏德和出去。栗福凝视着她出去时关上的门，耸肩叹气。前户走进来。

前户　都办好了。他们即刻就来。——怎么？见着魏夫人了吗？真果名不虚传，是一个美貌的女人吗？她对元帅演了一出悲剧吗？……元帅怎么样了？

栗福　没有什么。

前户　提起精神来啊！老朋友。不要那样发愁，做出一点高兴的样子来罢。他们就快到了。长官的一忧一喜，露了出来，对于属下人员，都有很大的影响。这是元帅知道的。

栗福　（很冷淡的）谢谢你。我自己的义务，我岂有不晓得的。

前户　我刚才出去之后，到底发生了什么事件？

栗福　听我说罢，老医官。我平素也很知道，所谓优等民族用武力夺取所谓劣等民族的祖国。纵然经许多政治家谬称为一种文明人当然的权利，实则不过是一种文明的虚伪。这不是我不晓得的。但是，在这次战争中，亲眼看见，打败仗的民族在道德上并不亚于打胜仗的民族，也许竟可以说是一个比打胜仗的民族还要优等的老民族，我才知道，所谓文明虚伪，真虚伪到意想之外。

前户　呃——！比我们优等！元帅是讲笑话罢？

栗福　我说的是正经话啊！你看那个妇人的精神，有何等伟大的道德啊！我想到，我们要把这样可敬重的民族，使用武力陷到绝望的地位去，我真悲哀极了！刚才奥原那蠢东西，也曾说过："一个人，有时候会忍受不了别人的厌恶"，真是不错呢。

前户　别人的？别人想的什么事情，我们且不要管它罢。元帅从前对于这种的事，一点也不在意。元帅从前只照自己的信念干出了种种的功劳。元帅现在仍照从前那样就行了呢。

栗福　我从前爱打仗。不错，我从前非常的爱打仗。在我年轻的时候，打仗这件事的确在我是一种幸福。但是，一到了我和你这样的年纪，老医官，一到了我和你现在所处的时代，只要是一个能够知道反省的人，谁也会感觉到，打仗的当中含有一种古来传下的遗物呢。我觉得和这些野蛮的遗物发生关系，实在可耻得很。

前户　（一面说话，一面拉着栗福的手，替他看脉）不错的，不错的。这事我也知道很清楚。这叫做时代感伤主义。自然，论道理，大家如果都变成了兄弟姐妹一般，和和睦睦的过日子，这是最好不过的事。——但是，我们还得进一层想想才行。在事实上，人类越多，互相敌对的事也越利害，杀戮简直是一个天然的法则。什么文明进步的话，自然都是门面话，我也和元帅一样，决不会被这些话欺骗的。但是，像这地方的人们，动不动就抬出菩萨来吓人，我觉得更其虚伪得令人讨厌。他们对于我们所立功业，总想设法破坏，想加上些什么道德不道德的恶名。弱肉强食，原是很明白的天然公例，还有什么议论的余地？元帅和我一样，早已把这些道理看清楚了。老朋友，是不是呢？元帅平常的心肠比我还硬，决不为些小事情，就生感伤。现在何以这样多感呢？无论是个人，或是全国民，但凡现出这样神经过敏的倾向的时候，就是他们肉体和精神都衰弱了的时候。必定是他们有了什么肺结核啊，老衰啊，生活力减退啊等等病症。——打开窗子说一句亮话，实在是因为元帅现在疲倦了，才发生这种感伤。此外并没有别的什么。

栗福　你这话不错。我近来身体和精神都疲倦极了。

前户　还是前一个月那个肠热病害了元帅的身体啊。不是现在都还有点发烧吗？

栗福　我现在无论什么时候，都有点发烧。自那时以来……自那事件发生以来……

前户　算了罢，算了罢。过去的事，还是不想的好。——啊；好坏的气候！元帅的身体受了坏气候的感冒呢，好在元帅身体本来还强，若在身体弱的人，还怕不被坏气候降服了吗？总之，我们现在已经成功了。再辛苦几天，就什么麻烦的事也没有了。

栗福　我实在衰弱得利害。对于自己所干的事，一点兴味也没有了。我时常想要起程……

前户　起程？到什么地方去？

栗福　到月支国去啊。

前户　元帅身负重任，一定不会就想回国的！

栗福　无如在事实上，我时常是那样想着。

前户　这还要得！——元帅还得把前后轻重，仔细想想啊。

栗福　空议论不发也罢了。我现在还没有决心那样干。如果我一决心，任你怎样发议论，也是不中用的呢。我自己的进退，我可以自己决定的。

前户　固然在道理上是那样。——元帅要提出辞表吗？

栗福　或许那样。

前户　谁来替代元帅呢？——唔！自然是古原大将了。

栗福　古原吗？他不懂得指挥军队。

前户　他不是曾在潍县，打了一个很快利的胜仗吗？

栗福　你说的是那次的骑兵队突击吗？哼！那只算得一个有勇

无谋。哪里是懂得统率军队的人干的事。

前户 听说他部下有许多有力的党徒呢。

栗福 我知道的。他一定想着要升到我这地位来罢。但是，不行的，老朋友，那是不行的。他时时刻刻都埋怨我，说我对于战争的处置太宽大了。如果换了他来当总司令官，他必定会行苛刻的统治呢。我不想把地位让给他。我不能让给他。让给他，还了得吗！

前户 元帅的话真正不错！一个人对于自己的职务，总得十分重视，哪怕自己感觉得这职务是很坏的，既然担任了，就不能够随便丢下。因为只要肯负担责任，总还能够做一点好的行动，至少总还能够防范别人利用这个职务去做坏事呢。

栗福 古原！我从前种种劳苦，都是为了古原才去干的吗？老朋友，我的最相好的老朋友，你居然对我说这样的话！（有人打门）请进来罢！（两个年轻将校进来）吕连，黑津，你们都好吗！唔！你们在市内巡查了来？

吕连 报告元帅。副官们只去巡视了市内重要的地点，但是并没有碰见一个人。百姓们都关门闭户，躲在家里，连窗帘都是放下的。好像是满市的百姓都死灭了，不留一个似的。勉强打进门去看一看，里面总是只有一些妇女，小孩，老头儿，一句话也不说，默默的坐在黑暗之中。

黑津 他们那种沉默，真正令人受不住。真想设法叫他们呻唤起来。

栗福 难道你们先前以为，我们进了城，他们会开欢迎会欢迎我们吗？

吕连 自然不会那样想啊！元帅。不过，他们也太不识好歹了，他们似乎也应该稍微懂得，我们并不是百姓的敌人，反是为增进他们的幸福而来的。

栗福 （望着他们，耸肩冷笑）怎么，你们有这样的意见吗？——要知道，在实际上，好的计划，往往是不会被人懂得的。——不管他们懂得不懂得，我们且进行我们所希望的计划罢。我们大家努力使他们对我们放心罢。——黑津，我先前叫你笔记的布告，已经弄好了吗？

黑津 报告元帅，弄好了。

栗福 念给我听。

黑津 （念布告）"大月支帝国海外远征军总司令官栗福布告齐东共和国一切人民知悉。本总司令统率大军，进占齐东共和国领土，其用意无非为齐东共和人民除暴安良，保持和平秩序。乃闻有齐东共和国不肖分子，不安本分，对于大月支帝国军队的行动，散布种种谣言，希图扰乱治安，贻害良民，殊属深可痛恨。为此本总司令特行布告如左：一、对于一切与战争无关之人民，本总司令一体保护，保证其身体的安全并其他一切利益……"（这时，古原大将门也不敲，就慌张跑进房来）

前户 （回头看看）喔！古原大将……

古原 请恕我莽撞，打断你们的公务。因为现有一个重大的报告。我刚才恰恰听见元帅布告的最后一句话，恐怕过于宽大，在这样紧急的时机，不大适当罢。——我们军队和海军的联络，已被敌人妨害了，电线被切断了，铁路也被挖断了呢。如果我们不好好注意防范他们，恐怕我们不是占领这历城市，反是这历城市变成我们的囚笼呢。恐怕我们会被包围在这里呢。敌人还在我们的附近，我们的一举一动，都被他们窥探着。——还不止这样。饭岛联队的第五野炮兵连，驻在市政公所，曾在地洞里发见了火药桶呢。那明明是敌人想要炸坏市政公所，安放在那里的。——并且还有……

栗福　古原兄，我虽不知道你干了些什么事，但是，凡你所到的地方，无论是哪里，总要发生许多不好的报告，真巧得很。

古原　自然是别人散播的消息，被我采用罢了。难道我还能够故意造出不好的消息来！——我刚才的话，还没有说完。有一个流氓，对于大月支的国旗，加以侮辱，并想杀害我们一个兵士。我已经拿住充分的理由，可以相信这流氓就是受了敌人的贿买，想来炸毁市政公所的人。请元帅把这流氓提来审问审问。我想，如果不严办几个人，用威力把市上人心镇压下去，恐怕四面八方都要发生暴动呢。

栗福　老兄的性质，真爱造出些殉难的人来啊！不是吗？——（耸耸肩）把那流氓叫来罢。

这时，月国的对齐投资的实业家布浪跑进来。

布浪　元帅万岁！诸位将军万岁！……

前户　怎么样了，布浪先生？想来你总不会拿了什么坏的报告来罢？

布浪　坏的报告？说哪里话！正是好极了的报告啊！——请准我坐下说罢。我疲倦极了！——一切都进行得顺利无比啊。

前户　刚才古原大将说。敌人的阴谋正……

布浪　那不要紧的。敌人要瞎干，就任他们干罢。我们已经成功了……

黑津　在什么地方成了功？

布浪　在矿坑啊！啊啊！真险！稍迟一刻，就赶不及了呢！我率领着元帅派给我的兵士，走到淄山矿坑的时候，正发见着破坏矿坑的炸药装置已经安好了。幸喜得那些土匪们还没有实行动手破坏。他们那时还踌躇未决呢。所以一切仍然完好，连一付机器也没有损伤。我真没有预料着我们会碰着这样的好结果呢。我当时即刻派了步哨，守在坑口，并且叫他们打电报回国报告一般股东了。这不是国家的一个大大的喜信吗！这不是我们可以夸耀的一个大功劳吗！——电报机在什么地方呢？

黑津　电线被敌人切断了。

布浪　呃——！那末，非派遣一个紧急信差不可……元帅阁下……

栗福　（把背向着布浪）黑津，你办去罢。

布浪　（向大家热心握手，但大家都只随便还礼）谢谢！谢谢诸位！

布浪和黑津走出去。但是，黑津即刻就回进房来。——他们大家都不说话，并且都不愿意对看，只把脸向着没人的地方。栗福拈着须。前户露出冷笑的神气。古原睁着两只眼睛，只望着布浪走出去时关了的那扇门，勉强抑制着他的莽撞举动。——暂时他们都露着被人侮辱了时很羞愤的神气。

栗福　（不耐烦似的）喂！俘虏着的流氓在哪里啊？

吕连　在这里。

兵士们押着一个很脏的，很蠢笨的，穿着破布衣的百姓进来。栗福很留心的注视他。

这时。随军新闻记者甘备敲着门，随即进来。

甘备 元帅想要枪毙这个俘虏吗？请元帅准我列席于这次的审问，以便记录一点口供。

栗福 你若愿意记录，只管写罢。只管放心记录罢。（走近俘虏的身边）喂！你不是曾经想杀我的兵士吗？（俘虏露出牙齿冷笑，浑身打着颤，两眼看着栗福，只是摆头）怎么样了？说啊！——你是谁？你叫什么名字呢？（俘虏仍然保持同一的态度）你不懂得我的话吗？我说的是你们齐国话啊！（俘虏说了几句话，但是大家都不懂得）这是什么地方的话？也不像东吴的话。

前户 好像是闽广的方言。我却完全不懂得。

古原 这东西故意想不说话呀！何必一定要听他的口供？要知道，他是现行犯呢。问问捉住他的兵士得了。

栗福 （向着兵士等）把你们看见的事，说给我听。

一个上等兵 我们巡查到市政公所，看见这个人睡在大门口的台阶上面。他看见我们到了，就站起来，向着我们走，手里拿着一根棒乱摔，嘴里唱着什么歌。他走到兵士罗五旁边，伸手去抓罗五扛着的国旗。罗五不让他抓，举起枪尾，用力向他胸口冲去。我们大家也跟着把他围起来打。不料这个人还敢抵抗，不肯把国旗放手，所以我们不得不把他打得要死。那时他才松手，只可惜他已经把国旗扯得粉碎了。

古原 他犯的罪是很明白的。

栗福 （耸耸肩）是一个愚蠢的排外狂罢。

古原 那还不够吗？

栗福 敌人留在这里的，只是一些病人和蠢子。

古原 这东西是敌人特特留在这里来破坏市政公所的。这是毫无可疑的。（俘虏两眼望着他们说话，只把身体前后乱摇。他好像是很赞同古原的说话的样子）请看，这东西，这流氓也赞成我的说法了。

栗福 他懂得月支国的话吗？这是一个无知的人。是一个癫子。

古原 给他这样一个口实，这东西自然会很容易的变成无罪的人了。

栗福 （用眼望前户，征求他的意见）老医官以为……

前户 （走近俘虏身边，随便诊察一下）唔！这人同元帅和我一样，害着肝火旺盛的症候呢。如果肝火旺盛也算得是癫狂病，我们就得都是癫子了。本来无论是谁，都难免有时肝火旺盛呢。简单一句话，这汉子并不是癫子。随便元帅怎样惩办，也不会在这个关系上有什么冤枉的。

栗福 那未免令人笑话罢。把这样的人严刑处罚，岂不是等于越发叫齐国人起来排斥我们吗？

古原 那样倒好了。明枪易躲，暗箭难防。我倒欢喜他们明目张胆的起来反抗我们。

栗福 好一个巧妙的计策，好一个合乎人道的计策啊！

古原 在打仗的时候，最合乎人道的方法，就是杀人不眨眼的办法。只有这样，战事才不会延长下去呢。

栗福 （向着其他的将校）你们的意见也和古原大将的意见相同吗？

前户 我的意见和他一样。

其他的将校也表示赞意。

栗福 好罢。——拉去枪毙了罢。

兵士们拉着俘虏走。俘虏在刚才栗福和古原辩论的时候，很注意他们的行动，似乎要推测他们所说的话的意义。这时看见兵士们要拉他走，他仍冷笑着，但越发浑身颤得利害。他忽然好像懂得他的运命已经决定了似的，变更颜色，要想往栗福那里走去。但他被兵士抓住了手腕，并没有走得了。他也不抵抗，也不说话，只叫出一种怪声，全身抖着，两眼只望着栗福，直到被拉出门去为止。

甘备 这畜牲真正可恶，一句口供也没有！——浑身发颤有什么稀奇！绵羊仔被人牵去宰的时候，还不是那样发抖吗？

布浪 （又登场）一切都办好了！明天冬京交易所开场的时候，他们一定会接着电报的。冬京全体恐怕要扎起灯彩去庆祝成功呢。——听说刚才这里宣告了死刑。被宣告的，就是我碰见的那个汉子吗？

黑津 （向着栗福）请元帅的示。要不要继续念布告的下文？

栗福 那布告已经没有意义了。原来是打算用它宣布恩惠的，目前事实上对他们已经没有恩惠，还布告些什么？

布浪 还有发表这布告的理由啊！——元帅阁下，请准我说出鄙见。——我们所行的严格惩治，原是出于万不得已的，所以还得出一布告，用一些好听的话，去缓和他们对于严格惩治的恶感。（向着古原）大将以为如何呢？

古原 据我看来，我们对于叛徒们所加的惩治，还过于宽大了。要想赶快使齐国人民不反抗我们，从速把秩序恢复，只有用破坏力才行。但是如果能够先用一些威力，给他们一个榜样，再用道理去说服他们，这倒也是一种有效的办法，我并不否认它。什么恩惠的话，只拿在嘴上说，我倒也不反对。只要不打算实行它就好了。

栗福　古原兄，你真爱说俏皮话呢！你相信我肯署名于不打算履行的契约书上吗？

古原　元帅只要在和敌人结契约时，附一个条件就行了。如果敌人不守那个条件——如果我们预先已经明白知道，敌人不会遵守那个条件——元帅当然也就可以不必遵守那契约了。

布浪　说得好啊！只要在布告当中，把话说得松动一点，使我们将来有伸缩行动的自由，就行了。——元帅阁下，请把布告文的草稿，给我看看。（从黑津手中，把草稿拿走，读下去）好不冠冕堂皇！这一定会发生很大的效力罢。"……保证其身体的安全……并其他一切利益……"这真可以保持月支国国王陛下的军队的威严。——但是，据我个人的意见，这的确是非常冠冕堂皇的……但是，如果准我陈述鄙见……关于这件事，元帅阁下自有绝对的权限，随便采用哪一种主张，都不是我可以插嘴的……但是，据我的意见，如能趁这时候，把我们态度的高尚，更明白一点表示出来，岂不更好吗？好在我们是胜利者，只要我们肯干，我们尽可以老实不客气的，利用我们的胜利啊。在目前，我们还并不肯那样干。然而我想，至少总应得使世上的人知道我们是不肯那样干的。不过，如果我们不自己去广告，谁还肯替我们吹呢？在目前，全世界的人们都在说我们的坏话，我们能够听他们去瞎说吗？实则我们的行动，真值得世上一切的人们拿去做模范。我相信，在世界历史上，能够像我们此次出兵这样，富于人道的精神的前例，还未曾有过呢。我们为着想把那块被蠢子们白白占着，不晓得开发利用的土地，为世界文明的利益，开放起来，为着想在这片土地上面，振兴商业，发展工业，传布宗教，为着想把上天赋与那片土地的无穷的富源，开发起来，为着这种种关系，我们牺牲了月支国民无数的血肉——这不是一种顶伟大，顶壮美的牺牲吗？

甘备　布浪君，你这一着真想得不错！

布浪　流血自然为的是求财富，枪炮还不是跟着金钱走吗？——这些话不过是一些余谈，且不要管它。我的主要意思，只是以为应该趁着这个历城的占领，把我们的出兵合乎人道的目的这层道理，更明白的表示出来，让他们知道。诸位将军不赞成我的意见吗？

黑津　我觉得你的意见是对的。

古原　那是一种政治的办法。

吕连　并且全然是真实的话。

甘备　（皱起眉毛）这一层我却不敢赞同。

布浪　元帅阁下，元帅看我的意见如何？

栗福　请诸位先生发表意见罢。我很想听听你们的意见。听了之后，再说我的罢。

布浪　那末，黑津君，请你写罢。"本总司令以为……文明为……人道为……"黑津君，你的文章，比我的来得流畅，你一定能够把这个意思，写成很好的文章呢。

黑津　（一面写着）这样的话，到今日为止，我已经写了二十几遍呢。——"……吾等为保持人道，拥护将到之正义而来，故……"

布浪　好极了！（用心看布告文）这上面说得很好……"吾等

对于一切灾厄，加以防御，保证身体之安全，尊重个人之财产……"

古原　等一等！要加上一个"在不与作战抵触之范围内"的条件才行啊！

布浪　那是不消说的。黑津君，你就那样写罢。

古原　"并限于人民对于所有物件不行一切恶意的毁坏之时，"

前户　（带嘲笑）谁的所有物件？人民的所有物件吗？

布浪　我们的。不，不，自然是我们国家的。

古原　这一句文章，是指对于铁路，电线及其他一切交通运输机关的妨害而言的。

前户　（仍然露出冷嘲的神气）这当然我也赞成。不过，这样一来，岂不是等于我们禁止他们自卫了吗？

布浪　自然是那样。目前最要紧的，是把一种有效的恐怖，打进他们的脑筋里呢。

古原　（继续念着叫黑津写）"如敢怙恶不悛，仍怀恶意，有加害于所有物件之行动，则一切负责人及关系人俱……"

布浪　"……及直接或间接的关系人等……"

古原　"及直接或间接的关系人等，俱应受性命上及财产上之最重刑罚。"

布浪　如果这样，那就只能够适用于确有这种犯罪的明白证据的人了。但是，要想拿着他们这种犯罪的证据，都是非常困难的事。因为在事实上，差不多他们全国民众，都是共同犯罪的人，因为他们明明知道这种行为是犯罪的行为，却仍还任由大家去干的缘故。所以论起道理来，这种犯罪的处罚，应该是由他们全体国民接受的。

古原　我也是这样呢。黑津，写罢！"不仅直接与此种行为有关系之人等，即凡默认此种行为之人等，亦应……"

布浪　"……或不能尽量努力防止此种行为之人等，亦应……"

古原　"受财产没收或财产消失之罚。"

黑津　有许多齐国女人，留在历城市中，妨害我们的动作。我们对于这些女人，也应该加以防御才是。奸细的组织，到处都布满了。我们已经拿住证据呢。

布浪　要留心，诸位要留心啦。要好好的考虑。要仔细的考虑！但凡问题涉及妇人，说话的人，就有遭舆论反对的危险呢。

甘备　关于妇人，诚然应该那样。但是关于这些母猪，还怕什么危险呢？

布浪　（做出威严的样子）不管她是属于何种民族，妇人总还是妇人啊！不是听说从前法国国王鲁意第十四，对于他自己的女仆，都要脱帽致敬吗？请诸位不要误解，我并未主张，要我们都成为巴结妇人的人。都是，一个人总不应该做笨事。这只是一个排场问题罢。排场做得好，什么事情也能够很顺利的进行呢。

黑津　我们并不想对于妇人们，加以什么危害，不过想设法防范妇人们，叫她们不能加害于我们罢了。

古原　要监视妇人们的行动，那是很容易的。只消把她们带到一个方便的地方去关着，就行了。我们到今天为止，关于这件事，也曾说了好几次，可惜总没有被元帅采纳。现在既然得着妇人们时时刻刻送信给敌人的新证据，恐怕不能够再耽延下去，置之不理罢。从军队的利益上看来，应该有一种断然的处置才是。

　　布浪　并且也是为妇人和小孩们自己的利益呢。他们住在我们营盘里，不比住在他们自己家中更好些吗？医官，是不是呢？

　　前户　更好些？不要过于夸张了。但是，恐怕也不能够说是更坏些。这些妇人小孩们，若任由他们住在自己的家中，恐怕不到一个月，都要饥死呢。只是，我们现在距敌人还很近，随时都有受敌人袭击的危险，很难保得食粮的安定。所以，要想把这些妇人们供养起来，实在是一件极困难的事。

　　古原　简直是不可能的事。

　　前户　营盘当中住的人太多，也一定会发生流行瘟疫。

　　布浪　瘟疫不瘟疫，这是上天的意思，我们管不着它。总之，据我想来，与其叫他们散处国中，宁肯把他们聚在一处，关在我们的近边，倒反容易加以有效的保护呢。医官，是不是呢？（前户只是摇头表示怀疑）所以，如果把他们都放在一个安全的地方去，岂不是于他们，于我们，都很有利益吗？

　　前户　（露出不起劲的样子）你若愿意那样，那也未尝不可。

　　布浪　那末，请听听，这样好不好。"敌人为达目的，不择手段，竟敢违背战争公例。设法阻绝良民必需之食粮。吾等为保护良民起见，万不获已，竟不能不将妇人孩童，移置于离战线较远之安全地带。吾等于此等困苦颠连之人民，抱有最诚恳之同情，并深知此等困苦颠连之责任，全在叛徒之不法行动，故不能不尽吾等最善的手段，以图根绝此等不幸之事。"

　　吕连　布浪先生，说得真好！又合乎正义，又有威力。又充满了感情。

前户 你真懂得做布告文章，叫我听了，还疑心你从前曾经长久从事于战争事业呢。

布浪 什么！这是最容易不过的事。我是在镇压同盟罢工的时候，记下来的呢。在镇压罢工的时候，最要紧的，是拿人道和罢工者自身利益的名义，把一般舆论，转向到不利于罢工者的方面去。这不算一回什么事，简直等于小孩子的游戏啊。

古原 我想这样一来，他们那些蠢东西也许会屈服了。

布浪 这样一来，我们自己用不着一点儿感伤，就把我们事业上面的人道的色彩，弄得很鲜明了。

前户 （露出微笑讥笑的神气）真的呢。这布告文做得很妙，在第一段要使我们得到他们的同情，在第二段，却禁止他们去利用这个同情。

布浪 要知道这篇布告文带着含蓄不尽的意思，它虽然没有把一切话都说到，却是，已经把全部表现出来了。无论什么文章，总要能够提纲挈领就是好的，这是做文章的要诀呢。——现在，请问元帅阁下，元帅的意见怎么样？

栗福 （站起来，走到黑津那里去）我的意见吗？——诸君，听着罢。（从黑津手中把布告文抢过去，立时扯为碎片）——对黑津说：写罢。

（一）凡对于电线和铁路加以伤害者及用直接或间接的方法，希图妨害军队之通信，食粮及前进等等者，应一律枪毙，并没收其财产。

（二）凡农村及农作土地，在距上项加害行为之地点十五里以内者，俱认为对于犯罪行为，负有连带责任，其村内或土地上之著名人等，俱应加逮捕，并烧其家屋，没收其财产。

（三）凡农村及农作土地在十天之内不降伏者，住在此等村内及土地上之家族，妇人，小孩等等，俱应置于军队监视之下，加以禁锢，至敌对终结之日为止。

五月七日于齐东国历城县①

月支国远征军总司令官元帅栗福

这时候，布浪及其他将校们，都哑然相视，暂时不发一言。

布浪 （暗暗的向着前户）这人真利害啊！

前户 是一个由这一极端走到那一极端的人。

布浪 （暗暗对着吕连）那人就是刚才赞成宽大的规则的那个人吗！

吕连 （暗暗的向布浪）那人实在比谁也还冷酷些。

古原 （向旁边说）那人太夸张了。但是，这总算是较好的。

甘备 （走到栗福旁边去，同他握手）好一片勇壮的话！真好极了！如今的世界，简直变得不成话，一般人把逞强的事，把征服弱者的事，看得很可耻似的。真正岂有此理，一个人生比别人美貌，比别人聪明，比别人强大有力，到底有哪一点可耻呢？这种虚伪的谦逊，大家收拾起来罢。打仗是好事，打胜仗更是好事。这就是世界进步和美化的法则。小的像一个昆虫的叫声，大的像天空的雷鸣，一切天然的声音，不是都赞美着生命中的战斗胜利和败北吗？元帅阁下，阁下的话，真像是在这种音乐会当中的一个喇叭的吹音呢。我原替阁下祝贺前途的大胜利。那些话真美丽啊！

---

① 原文如此，但据前后文，似当为"历城市"。——编者

将校们都轻轻的耸肩。

栗福 （带着轻蔑的神气）老兄觉得它很美丽吗？大概老兄是精于此道的罢。我自己并不是一个艺术家，能够在我说的那些话当中看出什么美来。我不过因为没有别的办法，才那样办呢。我们的职务，往往会强迫我们做一些本来不愿意做的事情。万不得已，勉强做了，也就罢了，何必更去赞美它呢？站在旁边看热闹的人，或是专想拿这种残酷的事取乐的人，也许会说它是很美的。但是，这也不过适足以证明他们感觉的迟钝罢了。

吕连 （看着窗外）志村司令官和志村夫人到了。

栗福 好的。公事的就算办完了罢。今天已经办得不少了。我已经疲倦了。

志村少佐和志村夫人进来。

志村夫人 喔呀！元帅阁下，来迟了。对不住啊！因为要想找一个合式的住宅，竟费了这许多的时间！——喔——！这里的房子，倒好极了呢！

栗福 （向奥原）准备砌茶罢。

志村夫人 请不要费心。我自己来做罢。

吕连 志村夫人，齐国的风致好不好呢！

志村夫人 好极了！啊！真不错。志村先生和我都喜欢得了不得呢。这样精致的房子啊，宽敞的院子啊，花儿啊，鸡啊！元帅阁下，这座房屋，真又特别造得好呢。我最喜欢这个大窗户。这边还有紫藤架呢。院子里又有喷水池，池边有钓钟草围着呢。（向着志村）你看真好，我明天带画具来这里写生罢。

志村 不错，是一个很好写生的材料，你想得真对。

黑津 夫人觉得齐国的人怎么样呢！

志村夫人 人民吗！我觉得他们温顺极了！

吕连 贵寓那里的齐国人，对你们还恳切吗？

志村夫人 很好很好。

前户 他们对夫人谈了些什么话呢？

志村夫人 恩！什么话也没有说啊。他们是不爱多说话的人。但是，我们一到那里，他们就躲到里边去了。这自然是因为他们恐怕吵扰了我们呢。他们真善于原谅别人啊。

前户 夫人在街上碰见了一些人吗？

志村夫人 碰见了许多人。他们都露出很亲热我们的神气呢。

前户 果真是那样吗？

布浪 夫人和他们交谈过没有呢？

志村 没有。——不错，我那时很想和一个站在门口的年轻女孩子说话。好一个美丽的女孩子，一双眼真像雨花朵一样。我问她，愿不愿意要我给她画一张肖像。可惜她不曾懂得我说的话。她跑进门内，就把大门关上了，他们的举动虽然还不免有点粗野的地方，倒底我还是很喜欢他们呢。

吕连 小姐即刻就来吗？

志村夫人 恩！我那女孩子，一到历城，就进了卫戍医院呢。她的性子，最喜欢看护可怜的人的病痛。她热心极了，一刻也不肯休息的。看她那样子，真好像巴不得我们都成了病人，她才好像看护我们似的。（她一面说这话一面帮着吕连端茶给众人）

甘备 哼！看护负伤的人，有什么用处呢！

志村夫人 呃！你先生怎么说这样令人寒心的话？

古原 如果甘备君所说的负伤人是指负伤的敌人，我觉得这话倒也没有什么错处。要知道，使战事延长的，就是这个什么博爱精神啊。人家刚刚把敌人打倒在地，这个博爱精神，就立刻去医治负伤的敌人，好叫他重新起来打仗，这不是一个大大的矛盾是什么呢？所以，如果甘备君的意思，是说，对于负伤的战友，和对于负伤的敌人，应该有两样的处置，那倒是我很赞成的。若把敌人当兄弟看待，就真是一个笑话了。军队的最好的富源，会被他们浪费尽了。他们不但喝上等的牛乳，睡安逸的床，住安静的院子，并且还有照顾周到的妇人看护他们。这不是世上一个大笑话吗？

甘备 古时的人们真正又痛快又合论理。他们把敌人的全体，都要杀个干干净净。诸公不赞成我这句话吗？试问诸公，诸公日前是在打仗吗？还是没有打着仗呢？如果我们是一些主张绝对非战论的墨子之徒，倒也罢了。墨子之徒虽然是一些蠢子，然而他们到底还能自圆其说。我们既然相信战争是必要的，为什么还要打算逃避战争的当然的结果呢？诸公以为，可以在征服了一个国民，夺取了他们的土地之后，再和他们做朋友吗？那真是梦想！要知道，被征服的国民，除了复仇之外，决不会有别的想法啊。所以，唯一的永远征服方法，就只有斩草除根，把被征服民族，杀个干干净净。敌人的负伤者，还管他干什么！——痛痛快快的干干不好吗？就是对于战友的看护，我们所花的金钱和时光，也都太过度了。我们只管顾着什么卫戍医院啊，野战医院啊，却没想到战争的热情已在无形中消失了。并且对于这些可怜的人们，也并没有什么好处。断手切脚的人，本来已经算不得是一个人。替他们想起来，实在不如死了还痛快些。

志村夫人　啊啊！你先生怎么专捡这些毫无道理的怪话来说呢！且喝一杯茶罢。喝着茶就免得再说怪话了。

厅里面那扇门忽然开了。大伟站在门坎上，嘴里含着指头，呆呆的望着众人。这时，栗福因为对于大家的谈话，没有兴味，正离开众人在厅内徘徊。他看见了大伟。他一手拿着糖食，一手招大伟到他那里去。大伟仍然现着不高兴的样子，嘴里含着指头，一进一退的，渐渐走向前去。栗福把他抱在膝上坐着，给糖果与他吃，用手摸小孩的头，注意看他吃东西。

布浪　夫人，你看那个！

志村夫人　喔呀！好个逗人爱的小孩儿！头发真美啊！给我抱抱罢。

大家都聚在小孩旁边来，小孩露出防御身体的样子。

大伟　不行！……你们走开！

志村　（向着栗福）他只欢喜元帅一个人呢。

前户　当然的啊！元帅给他糖吃呢。

布浪　哈哈，真有手段！

志村夫人　小宝贝，要这个罢！（她也拿糖给大伟）

志村　你叫什么名字？

大伟　叫大伟。

志村夫人　真好听的一个名字啊！你知道古时也有一个叫做大伟的人吗？你知道他是一个什么样的人？（大伟点头）知道吗？——真好的小宝贝——古时的大伟，是个什么样的人，你说我听听，好吗？不愿意？不喜欢说？一定是你不晓得古时的大伟是什么样的人罢？

大伟 唔，我晓得的。

志村 那末，说给我听听，好不好！

大伟 （唱着）"……大伟开口说：'非黎人听着。哪怕你有剑有枪也有盾，我是万军之主有天命。你罪犯天条不能躲，上帝要把你送给我。

我要挖你的心，斩你的首，把你尸身喂天上的禽和地下的兽！

那时，世人都知依士国，有一上帝保佑着。'"

小孩放出一种侮蔑的眼光，又像不敢高唱，又像很有自信的样子，一口气唱完之后，用小拳头把桌子搥了几下。大家都不说话。栗福把小孩从膝头上放下地，叫他走开。其他的人都皱着眉头。平常专爱装做信神的志村夫人，只好叫了一声"真唱得好"，去敷衍小孩。但是看见众人都不高兴的样子，她也不多说话了。她似乎已经约略理解了他们的感情，但仍装出不知道的样子。

栗福 回那边去罢！

小孩向里面走，慢慢退场。

古原 是一条毒虫！

志村夫人 真是一个可爱的小孩子。（她看见别人不答话，即刻转了话头）唔！我很欢喜我这次能够随军队到这里来。我想多做一些好的事呢。

志村 我们现在已经做着些好事了。

志村夫人 还有许多好事情，可以教导他们呢。

吕连 应该在各方面着手。他们太无知识了。

志村夫人 从教的人方面说起来，被教的人越无知越好啊。对于无知可怜的国民灌输文明，道德，《圣经》种种东西，是最愉快不过的事。

前户　唔，《圣经》吗？他们已经知道很清楚呢。

志村夫人　虽然知道，可惜还没有十分理解。

布浪　我们对他们把《圣经》更加一番说明罢。

志村夫人　我想教导他们，要他们把世人一切人类都看成兄弟。齐国人动不动把外国人看成鬼子，真正讨厌得很！（将校们对于她这段话，露出不大同意的样子）布浪先生，不赞成我的意见吗？

布浪　好意见，真对。我到这里来，也抱的是这个目的。

甘备　应该先教他们爱干净。这是他们第一必要的东西。

前户　不但他们，也是我们自己第一必要的。

志村　其次，要教他们知道娱乐。

志村　其次，要教他们知道美！——我们办一个学校罢。我们要向齐国的各处，大放知识的光明。喔！我想到我们要做的种种好事业，禁不住满身舒服起来！但凡一个人担任着伟大的事业，就觉得好像特别幸福呢！我这话对不对？我觉得月支国现在真奉着上天的特别使命呢。

布浪　不错的。从历史，地理，经济，力量，无论哪方面看来，教导齐国人民的责任，是应该由月支国担任的。

志村　只可恨，齐国还有许多忘恩负义，不识好歹的人！

黑津　我们真也碰见许多迷顽的齐国人，拼命的反对我们。

志村夫人　那可以不管他。我们总得要担负上天给我们的责任呀！

布浪　（手拿酒杯，站起身来）祝大月支国的国威发展！

甘备　祝我们的胜利！

大家站起来干杯。

志村夫人　呃——！那边不是摆着一架钢琴吗！——吕连先生，你的钢琴按得很好。今天是祝贺胜利的好日子，你得按一曲给我们听听罢。

吕连　这容易办。却是要请夫人也唱一段歌才好呢。

志村夫人　对不住，我今天不能唱歌。你听，我声音是嘎的啦。

吕连坐在钢琴面前，按起来。

志村夫人　（拍着手）《皇威远震黑龙江》吗。好啊！在齐国的历城，听《皇威远震黑龙江》，教我满身的血都沸腾起来了！月支国真是普照众生的大日头啊！

志村　使光明的得着胜利！

布浪　文明万岁！

这时，远远有火光一闪，随即听着放排枪的声音。

志村夫人　那是什么响声？

栗福　是反响。

布浪　（向着甘备）啊！不错的，是……

志村夫人　到底是什么事？

前户　没有什么事。

志村夫人　（劝大家吃茶）元帅阁下，再喝一杯罢。

栗福　谢谢你（站起来，走到窗户边去）

古原　国家万岁！

布浪　帝国万岁！

甘备　全地球征服万岁！

栗福　（向着旁边独白）全地球吗！——全地球上的六尺黄土吗！

——幕——

第二幕

舞台表示一个前哨所在地。一片广大的平沙，远远有几丛灌木。平沙上到处露出长着青草的较高的土台。舞台就在这样的一个土台的上面。这土台仿佛是一些鹅卵石堆成的，鹅卵石之间，长着羊齿等等小草。步哨们由这土台可以望见舞台正面后边的低地。在那低地上面，应该有女人和俘虏等的牢营，但是观客们并望不见这些牢营。远远的地平线上，露着丘陵的起伏。舞台的右边，有步哨们的哨棚。外面路上站着两个步哨。在哨棚里面，奥原和荒野二人一面吃馒头，一面说着话。几个将校和随军记者在土台上面高地方，用千里镜眺望着。一些兵士押着一群俘虏，由高地那边下来，经过哨棚边，到低地的牢营去。

兵士们　（推着俘虏）快走！老爷们忙着啦！你这些蠢东西！笨得像牛一样，一点也走不动！

奥原　又有了俘虏吗？押他们到哪里去？

兵士　到照例的那个饿死人的牢营啊。

奥原　那里早已住满了罢。

兵士　那里，每天要死他娘的几十个人，还怕装不下这一群猪？

荒野 这些人从哪里来的？

兵士 从北门边的民家押来的。我们已经把那些民房踏为平地了。（荒野露出怀疑的神气）你说为什么？因为这些蠢猪向敌人报告消息，还送粮食给敌人吃。并且弄了一些石头，妨害附近的铁路。那个母猪正爬上电杆去割电线，被我看见，把她捉住了。我点火把他们住的小房子烧了呢。看他们还敢胡闹不敢。

荒野 怪不得刚才我看见那边发出火光。

一个步哨 怎么不把他们都枪毙了去？那不省些麻烦吗？

兵士们 （用枪把推着女俘虏）快走！

一个女人 （把抱着的孩子，用手举得高高的，使孩子能够看见兵士们）要好好儿记清楚他们的面貌啊！

一个十来岁的小孩 我要是有一杆枪，我一枪就把你们这些人一个一个都打死了去！

荒野 （忽然动了同情心，跑到这女人面前去，把他吃着的馒头，塞在女人的手里）这位太太，请不客气，拿去充充饥罢。

那女人 （露出很厌恶的样子，把那块馒头丢在地下）谁想吃你的馒头！

一个兵士 （向着荒野）你癫了吗？把自己的馒头，送给这个告化婆吃！

奥原 给她吃，不行吗，只要自己肚子不挨饿。

那个兵士 她不想吃，给我好了，我想吃得很呢。不把馒头给自己弟兄，倒送给敌人，真是一个大浑蛋。你瞧，我们好不可怜！不拿绳子捆紧肚子，简直饿得站都站不住呢。我们粮食的大半，都被这些俘虏们吃了哪。浑蛋！如果是我，我岂肯把馒头送敌人吃！

荒野　（向着奥原）我看见那女人，不由得不想起我年老的母亲。我老母现今恐怕也没有东西吃呢。

奥原　那些女人好像非常痛恨我们呢！

荒野　可是，我们并没有得罪过她们。

那个兵士　（从地下捡起馒头来）你不想吃？

荒野　我不吃。

那个兵士　多谢了！（拍去尘土，塞在嘴里乱嚼）这时，吕连和黑津走出场来，在高地上眺望。兵士们押着俘虏退场。

吕连　好笨的齐国人，连他们自己所处的地位，也一点都不晓得。从那布告发表之后，他们还要激昂起来。

黑津　（指着下面的牢营）把他们关在那里，他们就安分了。

吕连　真清静！他们在干什么呢！

黑津　不过是祈祷，睡觉，病死罢了。

吕连　死得很多吗？

黑津　你去问医官罢。

前户　（正走上高地）唔！食粮不够吃，卫生的设备又不好。他们住的是破坏的房子，房顶上东一个窟窿，西一个洞子，冰一样的冷雨，从上面漏下去，积在房里面，自然就成了流行瘟疫的巢穴了。

吕连　你当初没有想到这种情形吗？

前户　想到是想到了的。当初只打算把俘虏暂时关在那里，过两三天，就移到离作战根据地较远的地方去。哪晓得在较远的地方，也是一样，监狱和医院里面，都装满了俘虏。并且路上又不安全，敌人的骑兵，还集中在道路附近。所以除了叫他们住在这破屋等候时机之外，别的一点办法也没有。

吕连　如果日子不多，叫他们回到各人自己家里住着，不行吗？

黑津　他们离开我们的眼睛，就会即刻私通敌人啊。

吕连　那自然是免不了的。但是，如果我们好好警备着……？

黑津　那岂不是要在齐国全国各地方密布警备队？要知道，单是隔十里八里，在农家与农家之间，散布着军队，还是不够的，敌人仍然可以容易乘虚袭击我们呢。

吕连　这也不错。

前户　我目前正在尽我的全力，照料他们。每天午后，我都在那里办事，一直办到天黑。我虽极力设法把滋养分给他们吃，待他们完全和待我们自己人一样，但是——人数太多，要想一一顾到，到底是不可能的。

志村　（正由右边走出场来）什么！那不要紧的。他们比住在他们家里，好得多呢。听我说，吕连。我们为着养活这些畜牲，每人每一星期，要花四块钱呢。在过去六七个月当中，我们为养活他们四万人妇女儿童，已经用了四百多万元了。这都是用在各牢营里面的食粮，衣服，毯子，药品等等东西的。此外，我们还设学校教育他们！志村夫人从今天早晨起，已开始教他们说月支话了。——我们这样照料他们，这些不法的东西，还在不平！——真正是一些不识好歹专说谎话的东西。我们尽着全力，保护他们。对于敌人的妇女小孩，我们所花的钱，比对于善良公正的月支人，还多些呢。这些东西恐怕要吃光我的钱，才肯向我们道谢罢。

黑津　大家说，月支国是最初养活敌人的妇孺的国，这真是一点不错。找遍万国历史，也没看见从来有过这样的事呀。

志村　我们实在太过于谦逊了。恐怕全世界的人，都认我们为太过于谦逊的国民罢。我们的心肠太好了，反转使我们被人讪笑了。

吕连　对的，对的。但是，这些畜牲每天要死好几百呢。

志村　呃——！你这话太夸张了！……他们的确每天死得不少，都因为他们太不爱干净的缘故！他们真脏得可怕，和他们比较起来，我们国里的告化子，还算得是体面人啊。他们的小孩子，因为不洁净的缘故，正在腐烂呢。应该照我们按着狗洗澡的例，强制他们洗澡才行。

前户　那岂不是放起大炮来讲卫生的方法。

黑津　结局还不是一种打仗！如果他们不愿意受我们的强制，除了他们自己造出平和之外，还有什么办法。我们骑在虎背上，只得如此。因为只有这样，才能够使战事早日完结。

前户　（看见甘备到来）这是自然的，不过，如果采用甘备先生的原理——实行彻底的绝种灾根法，结论当然又不同了。

甘备　（同着另外一个新闻记者傅拉登场）这真应该像《圣经》上所说的："男的叫他被杀，女的叫她被辱。"

前户　据我想，下次再有战争的时候，应该编成一个诗人联队才好。好让他们去歌颂皇国军队的武功啊。哈哈……

甘备　我刚才在那牢营里面，磴了两点钟。真正是活地狱！你们看这个。这是我和傅拉两人照的像片。

前户　你们想把他送回去登你们的新闻吗？

傅拉　是的，想送回去。这是好材料（把玻璃片取出来看），这一块真正漂亮！

吕连　（感着不快活）黑津兄，走罢。我不懂得，为什么对于这样脏的东西，会感着兴味。简直是集在死尸上面的乌鸦一样！

黑津　你看那个矮子（指着甘备），弯腰驼背，秃着头，一双近视眼，眯眯的望着人，还只管手指脚画的，说强奸和虐杀！

吕连　他自己或者以为说得凄惨动人，其实从旁边人看起来，好不滑稽难看。

黑津　我说，吕连。骑马到荒地上跑一趟，练练身体，好不好？

吕连　不行，现在禁止跑马。

黑津　我知道元帅有禁令。管他干吗？我们两人骑马去赛一回跑罢。

吕连　我们的马，恐怕病得站都站不起来，还说跑！

黑津　哼！没有的事。你敢赌个什么……？

吕连　好的！我们赌那美人罢。行吗？

黑津　喂，我想起来了。那个可怜的巴甲的伤，听说已经治不好了。你知道吗？

吕连　你会见了巴甲吗？

黑津　哪有时候去会他。但是据前户医官说，他已经没有治好的希望了。

吕连　他死了，他那位置，谁会补上呢？

他们暂时都不说话。

黑津　唉！总之，要痛痛快快的打一大仗，就好了！

志村　（露出一种得意的样子）年轻人，暂时忍耐忍耐罢。不久，你们的希望，就可以如愿以偿了。

黑津　联队长，又快打仗了吗？

志村　（仍然现出同样的表情）元帅已经照平常的例，替他们预备着酒席呢。

吕连　我还不明白。联队长可以再详细点告诉我们吗？

志村　忙什么？不久你就明白了。不久！

黑津　好的消息，到底到来了！

三人互相握手。——远处有叫喊的声音。

吕连　（低头望着下面的牢营）黑津兄，你看。那些要死的人，都活转来了。那些妖精鬼怪，都站起来了。他们看着什么东西呢。

黑津　（走到吕连旁边去看）元帅在那里。元帅在牢营中巡视着。

这时忽然听着一阵狂号的声音，好像暴风雨到了一样。只听得喊叫"魔王""鬼子"的声音。

吕连　他们在骂元帅啊！

志村　（很不高兴）元帅不到那里去，也罢了。何必自讨苦吃！

黑津　元帅在示威的举手和呼号当中，慢慢的走着呢。

吕连　好像不懂得怜悯的人似的。

志村　（很不高兴）不该那样做。那里不是元帅去的地方。

前户　他们好像要把元帅扯成几块的样子。

甘备　喔呀！好大胆的畜牲们！你看！那个女人向元帅阁下打

了一块泥土！

兵士们 好大胆的浑蛋！

一个兵士拿枪瞄准。

甘备 开枪打罢！

栗福由喧骂声中，从舞台的正面最里边的地方，走上高地来。他用他手里的棍子，把瞄着准头的兵士的枪口，往上一抬。很悠然自得的，除去身上的泥土。兵士们举枪致敬。他答着礼。

栗福 （向着前户）老医官，他到牢营去看了来吗？那里有什么必须要做的事没有？

前户 应该做的事情多得很呢。

栗福 最要赶快做的是什么？

前户 都是要赶快做的。

栗福 （向着吕连）叫人把那条往旁边流的小河填上罢，那样，全河的水，都会向牢营边流了。把脏污洗洗，也免得积物堆着，越发不洁净。在俘房当中，挑选有气力的，叫他们都去做担土填河的工。

志村 不行的，他们哪怕明明知道是为他们自己的利益，他们也决不会做工的。因为他们正拿吃苦当作名誉看呢。

栗福 他们不做，就拨一队兵去做罢。（旁边的兵士们都露出不满意的样子）食粮也不够吃。先前也对你说过，不管什么吃的东西，只要是买得到手的，都拿我的钱去买罢。

兵士们 （露出不平的样子独白着）什么都是为着他们。

前户 最坏的情形，是他们的数目，一天一天增加起来。

栗福 哼！做着的，尽是一些和我的命令相反的蠢事。——是谁把女人们，小孩子们，这样一群一群的送来呢？

志村　是古原大将。

栗福　（勉强抑制着愤怒）我不曾说过，只把那些公然反抗我们的妇孺，加以拘禁吗？

志村　他们个个人都对我们抱着敌意。并且他们现在，一点也不隐蔽他们的敌意了。自从那个布告发出之后，他们总是露出向我们挑战的态度呢。

栗福　是的。他们为着想使我成一个被万人唾骂的人，竟不惜牺牲一切。真是可怜虫！这是我原来就预料着的。——不要紧。不要管它。（这时更有一些兵押着新到的俘虏，通过舞台）又到了一群新的俘虏。（他耸起肩，现出高傲的样子，望着俘虏，俘虏们也注视着他）这几个人，不像是齐国人。（向着一个没有胡须，颧骨很高，面色土黄，两个眼睛露着聪明神气的年轻人）你是哪里人？

那俘虏　我是勾丽人。

栗福　勾丽人？为什么不住在家乡里？

那俘虏　（好像很看不起栗福似的）你为什么不在月支国住着呢？

栗福　勾丽人！如今勾丽已经合并在月支国内，勾丽人在法律上也就变成月支国人了。他跑到齐国军队去当兵，和月支军打仗，不是犯了叛国大罪吗？叛逆大罪是要杀头的，你晓得吗？

（这时旁边的将校们都点着头，表示赞意）

那俘虏　哼！我不晓得，也不来帮齐国人革命了！别说欺骗蠢子的话了！勾丽人的国在哪里呢？国都没有，还说什么叛国大罪。只要到勾丽去看看，勾丽人是不是和月支人受同样的待遇，就会立刻明白了。

栗福　月支国待勾丽人到底不错。勾丽人若晓得安南和印度的情形，就应该知足了！

那俘虏　哼！老虎和豺狼，对人有什么区别！

栗福　如果真有热心，你在家乡里，可以替自己同胞尽力的事，多着呢，不干自己的事，倒跑到别人的国里胡闹，这都算得英雄好汉吗？

那俘虏　哼！在家乡站得住脚，我还出来？我老实告诉你，我自从被在勾丽的月支国官吏撵出祖国之后，就决心一辈子为祖国牺牲了。目前不准我直接回勾丽，我只好间接的为祖国尽力。我知道，帮助被压迫的民族独立，就是间接拥护祖国。啊！我的祖国在哪里！事到如今，但凡有人民和民族被压迫的地方，就是我的祖国了！

栗福　你是在勾丽什么地方生长的？

那俘虏　在新罗郡。

栗福　新罗郡我是很知道的。——在好几十年以前，我曾经和你们的安从根，一起在那里住过。

那俘虏　你从前？——你和安从根一起？——你现在干的什么！……

栗福　那种做梦的时代，已经过去了。那时大家都蠢想着改造世界。但是，到现在世界还是一点也没有变。恐怕永远不会变罢。可惜你们这些年轻人生迟了四五十年。你知道现在是什么时代吗？现在正是各国为征服世界而打仗的时代啊！在目前，说什么解除海陆军备，唱什么人道主义，相信那些感伤的瞎话的人，才真正是可怜虫呢。

那俘虏　国家？你们的国家，和我有什么关系？我是世界的市民。你们爱打仗，只管打罢……我宁肯牺牲自己，决不肯放弃改造世界的希望！

栗福　你以为你若肯牺牲自己，跳在火车头的轮子下面，就可以止住火车的进行吗？

那俘虏　不管它能够止住不能，我甘愿被轮子压死。我死了，别人总不会说我是一个像你一样，牺牲信仰，助纣为虐的投机者。

栗福　喂，要平心静气的说，别动感情啊！你还是一个小孩子，所以无论什么事情你都轻容易的想做就做。你没有什么系累，也不承认什么法律和习惯。你不肯想想你的行为将要发生什么样的结果。也不仔细想想自己的无谋的行为，和自己所抱的目的，有冲突没有。我从前也曾经是像你这样的一个人。你将来在思想上也会变成我现在这样一个人啊。

那俘虏　断不会有那样的事。

栗福　要知道，时代会把人变成一样的。时代这个东西，会利用一切，消磨一切，并绝灭一切。——你如果能够对我发誓不逃跑，我可以给你的自由呢。

那俘虏　要我发誓？我现在只得对你发一个誓：我要用一切可能的手段，去达我逃跑的目的。

栗福　既然这样，就得仍然把你带到牢营去关起。此外对你的处置，到那里再说。

栗福向俘虏点一点头，俘虏被兵士带下去。

志村　这样的东西，跑来齐国闹什么？听说不止勾丽人，还有什么蒙古人安南人等等呢。不要脸的，硬跑到别人的事情当中来打岔，真正岂有此理！

栗福 （向着前户）这个小伙子倒很幸福。老朋友，我年轻时，也是那样一个人。什么国家的利益啊，做人的理性啊，我一切不管，只是顺着我的本能去做，想干什么就干什么。顺着自己的热情去做事是很容易的，不用一点热情，只照理性做事，倒是极困难的事。我失掉了少年时的热情，如何能够发生痛恨深恶？不能痛恨深恶，又如何能够打仗呢？

前户 打仗不也是一种职业吗？

栗福 要把打仗当职业，除非是天生成的官僚才行。

这时魏德和带着大伟登场走到元帅旁边来。

栗福 魏夫人，有什么见教的事吗？

魏德和 我来请你先生，照我国内那些同胞一样，把我也关在牢营，放在他们一起罢。

栗福 我觉得没有什么充足的理由，可以答应夫人的请求呢。

魏德和 我也应该有权利，来请求你先生准我和我们同国人受同一样的待遇罢。

栗福 那是不行的啊！我是夫人府上的客。我须得极力保护夫人，使夫人不受打仗的损害。

魏德和 我不愿意享受那样的特权。别的人都在受苦，自己一个人躲在安全的地方享福，太不名誉了。

栗福 如果使夫人如愿以偿，那又是我的不名誉了。魏夫人，你恐怕还没有懂得你的要求含着什么结果。难道你愿意使少爷的性命发生危险吗？

魏德和　这样说，你是存心要把那些无罪的人，都置之死地呢。

栗福　关于我自己的行为，并没有什么非向夫人说明不可的必要。不管我的行为合不合别人的意思，只要我愿意做，我做就是了。要知道，打胜仗的人的意思，就是打败仗的人的法律啊！

魏德和　但愿有一天，这个苛刻的法律，也向着你先生自己施行一回！

栗福　我们倒是时时刻刻准备着，去忍受无论什么样的运命的转变的。你们齐国人既然明明白白的没有变更这个运命的能力了，这就应该忍受这个运命才对。

魏德和　我们无论如何，决不能承认这种破坏我们权利的暴力。

栗福　魏夫人，你以为你们自己从没有用过这种讨厌的暴力吗？这块齐国的土地，真是你们的吗？你们还没有来这里以前，这不是曾经属于他人吗？你以为你们曾经比我们还要格外尊重了他们那些所有人的权力吗？

魏德和　什么所有人？

栗福　你们驱逐了的那些苗人猺人。

魏德和　你先生提起那些虫子干什么？你先生难道以为我们和这些虫子是平等的关系吗？

栗福　他们也是人呢。

魏德和　（耸肩，表示侮蔑的样子）说那样的呆话！

栗福　他们也会受了大大的压迫痛苦呢。

魏德和　别的人受苦不受苦，和我们不相干。目前顶要紧的问题，是我们自己现在受苦。

栗福　一切都是天命。魏夫人，你服从了罢！

魏德和　我还希望上天菩萨保佑我们呢。上天菩萨恐怕要替我们报仇，也未可知。

栗福　替你们报仇？上天已经打倒你们了啊。

魏德和　哪里有的事！上天菩萨目前还保佑着我们哩。

栗福　上天也正在保佑我们。我们军旗上面，已被上天写上胜利二字了。

魏德和　那不是我们的菩萨。你们的菩萨，并不是真正的菩萨。真正的菩萨已经受着你们的压迫了。但是，他越被压迫，越变得伟大，他将来一定会把你们碾碎，和车轮下面的稻草一样呢。

栗福　但是，如果夫人你的信仰在事实上居然错误了，又怎么办呢？如果上天把你们弃置不顾，你们又怎么办呢？

魏德和　哪会有那样的怪事。如果真发见那样怪事，世上还有天理吗？

栗福　未来的事，谁知道呢？

魏德和　就便那样，也不要紧。我们还是我们。你们只管炮击我们的城市罢。你们只管蹂躏我们的土地罢。你们只管杀尽我们国内的男子，强奸我们国内的妇人女子罢。——他们的小孩子们——我们的小孩子们，总有一天会替我们报仇的。

栗福　魏夫人，请你不要把那些无罪无辜的小孩子们，硬拉到你对我们的怨恨当中去罢。请你不要把我们的罪恶，种在小孩子们的心里去罢。恐怕他们将来不待你费心，就会很早的知道这些事情呢。

栗福弯着腰向大伟。大伟已经和他玩熟了，只睁眼望着他，并弄他军刀上的穗子玩。

魏德和　请你不要挨着这小孩子罢。你曾经杀了他的父亲，你还记得吗？

栗福　请夫人不要说那样严重的话了。现在是一个不幸的老头子，抱着一个不幸的小孩子呢。

栗福坐在高地的斜坡上，把大伟抱起，放在自己膝上。以下一段会话，是离开众人说的。

魏德和　（暂时沉默之后，用一种比刚才低一点的声音说）先生的少爷是害什么病死了的？

栗福　害肠热症。

魏德和　夫人也是害同样的病不在了的！（栗福点头）夫人去世在前吗？

栗福　她比小孩子还后一点。

魏德和　真是祸不单行，好不叫人悲痛！（栗福这时在小孩子额上接吻）这样说来，你先生也是很知道人生的痛苦的。为什么你还能够把这痛苦给别人受呢？

栗福　我们做的事，不见得都是自己愿意做的事。不过因为我们是指挥者，所以一切事件的责任，都归在我们身上罢了。我们越是站在很高的命令者的地位，越是不得不服从呢。

魏德和　先生这样的强辩，我是不能承认的。无论是谁，对于自己的行为，都有责任。先生不是自己也曾那样说过吗？我不但看不起你先生，并且还痛恶你先生。

栗福　我对于自己的行为，自然要负责任。但是，要知道，下命令的，并不是我，倒是我的祖国。我是军人。我须得服从。

魏德和　你先生因为做了军人，就把做人的权利抛弃了吗？我听说，在你们军队里，"长官的意思，就是军队的唯一的行为准则"，是的吗？还听说长官如果下命令，叫军队去杀他们自己的兄弟姐妹，军队也会毫不犹豫的去杀，这也是真的吗？你们做着这样无天理的行为，还配说，要把你们的文明输入到齐国来吗？我们的心，比你们自由得多呢。我们所承认的主人，就只一个。这不是别的，就是我们自己的良心。

栗福　这个世界复杂得很，决不是像夫人相信的那样单纯。夫人所看见的，只是这个区区的齐东。在这里，诚然不错，从几千年以来，只有个人是主人，能够统制个人的行为的，只有上天菩萨。但是，如果夫人知道欧美文明的世界，就会懂得，在那里，个个的人，都消失在国家的当中。个人的行为准则之上，还有国家的法律管着。对于国家的法律，个人想反抗，也是反抗不了的。一个人如果勉强去反抗，他一定会被压成齑粉，他的地位，也就会被别人取而代之了。所以，如果我不做总司令官，必定还有别的人来做，恐怕他的办法比我所做的还要残刻呢。

魏德和　一个人总是想拿一点点行善，或是一点点防恶为口实，去辩护他的卑劣行为的全体。这种乡愿的态度，正是世上最坏的行为。因为他会使志行薄弱的人腐败起来。一个人，要就是有，不就是无！不为敌人，便是友人！哪有站在中间的？要知道，罪恶当中，也有种种等级，哪怕他是最小的罪恶还仍旧是罪恶啊！

栗福　（很冷淡的想站起来告别）魏夫人，再见罢。

魏德和　不行，那是不行的。我知道，先生实在是一个正大宽厚的人，不过勉强装做冷酷，去做那些残刻的事情罢了。我哀求先生，请先生把那种不名誉的事止住罢。请先生不要把正直的国民灭亡罢。请先生想一想，先生的责任非常重大，会不会把那些呼着正义的最后喊声弄沉默了去，能不能把那些爱自由的最后军队灭亡了去，都在你先生的一心了！

栗福　夫人以为我一个人可以有推动这些大众的力量吗？不错，我是指挥着他们。但是，同时，他们也拖着我到处走。即使我不愿前后，也抱着和夫人一样的思想，恐怕在军队之中，除我以外，不会有第二个人更抱着同一的思想呢。

魏德和　即使你先生没有防止这种罪恶的力量，至少你先生自己总得不去实行这种罪恶啊！

栗福　够了，不用说了。魏夫人。我们恐怕断不能够互相理解了。

魏德和　恩——！不是那样说。你先生是懂得的。你先生的确是懂得的……（她抓住栗福的手）请你先生看在你那去世的夫人和小孩的分上，止住了这些罪恶！

这时，栗福不说话，只把脸转向旁边去。

魏德和　（抱起小孩，把小孩的脸，挨近栗福的脸）孩子，好好认清楚罢。认清楚这个人，这就是杀了你家里许多人的人！好好认清楚，就是到了你死了以后，也不要忘记他，好在菩萨的面前，同别的许多无辜被杀的人，一齐向着这个人和这个人的小孩子，大声喊叫复仇！

栗福　（转脸向着黑津）把他们带到那边去罢。

魏德和　请把我带到牢营去，和我的兄弟姐妹们一起住。

这时，栗福仍坐着不动。只对黑津，做手式。

魏德和 你先生要留神啦！把我放在那牢营里去，恐怕于你反有利益些呢。还是把我监禁起来的好啊！

栗福只转脸向着别的方面。兵士们走近魏德和。

魏德和 望菩萨保护我们！

魏德和同大伟都被兵士们带走。暂时沉默。

布浪 （很慌张的跑上场来）元帅阁下在哪里？有句要紧的话非和他说不可。——啊！……（看见了栗福，走向他那里去）阁下……

栗福 （突然的站起来，现出很生气的样子，看着布浪）是布浪君吗？有什么事？

布浪 （并不注意到栗福的不高兴）元帅阁下，有一件很紧急的事。水浸进矿坑了，淄川矿坑的全部都有破灭的危险。我须得要几百兵帮我去防水。请元帅下一个命令罢。

栗福 （咬紧嘴唇）我不再下那样的命令了。

布浪 （呆呆的望着）元帅没有听懂我说的话罢。

栗福 我对你说的话，恐怕你已经全懂得了罢。我不再下那样的命令了。

布浪 （吃惊）为什么呢？

栗福 因为我的兵士疲倦极了。我要留着他们的精力，去干别的事业。

布浪 （焦燥起来）阁下！……我想我刚才说话的方法弄错了。我不是来恳请。我是来要求着。

栗福 （大声喝起来）你来要求？……你是我的长官吗？你认

为，我的军队应该服从你吗？哼！你相信，我的兵士是因为爱你和你的金钱，才去牺牲性命吗？你以为我会为你和你的金钱，去污毁我自己的名誉吗？——我的性命，我都不说了。你造出种种谣言虚报，硬把月支国拖进这个不幸的战争当中来，你把整个的月支国，看成你投机事业的材料，你因为想按照你所希望的日期，得着胜利，故意叫几千的人去送死，这种种事情，到今天为止，已经足够的了。你在这块用我们的血染红了的土地上面，一定可以大大的发财，你还不满意吗？土地和黄金，变成你的所有物，倒不要紧。却是，你要知道，我们的血并不是你的啊！股票交易所的奸商坏蛋，替月支帝国，做出不名誉的事，我们只是为消减这种不名誉的污点，来送死呢。

布浪　阁下……那样的话……我真忍受不住了……

栗福　你忍受得住的。我的话已经说出口，怎样也收不回来了。

布浪　但是，如果不派几百个兵，矿坑就要破灭了！……请阁下再仔细考虑一番。请平心静气的，考虑考虑。矿坑已经浸着水了。此时若不赶快去设法防堵，恐怕要经过一年之后，才能够修复原状，再做生意呢……我到底要怎样办才好啊？

栗福　那与我有什么关系？

布浪　哪里会没有关系！元帅不要忘记，我所代表的公司的利益，也就是政府的利益啊……财力也是国家威力的一部分……那简直等于叛国的行为呢……请元帅慎重一点不好吗？我真不服气。

栗福　电报机关在那里呢。你向政府报告罢。你把我的话照样写上罢。你对政府报告，就说栗福元帅说："我在这里当一天总司令官，就得要单独由自己的意思发布命令一天。如果交易所长要对我发命令，我只得即刻派兵护送他回国。——如果政府不喜欢我的办法，我就辞职！"

布浪 （受了挫折的样子）阁下……

这时，别的人都默默的听着。前户医官做手式，叫布浪不再说下去，并叫别的人离开栗福。——暂时没有话说——布浪和医官细声说了几句话，走开去，露出愤怒和为难的样子。

前户 （走近栗福，这时因为布浪已经走开的缘故，栗福的气也平下来了）元帅的病又增加了呢。可怜的老朋友！元帅你到底怎么样了呢？老朋友这样生气，我还是头一次看见。你原来是最有自制力的，怎么今天会这样！我和元帅，一块儿相处了几十年，虽然碰见了许多困难，结局却都是被我们打胜了。我们在西伯利亚，在黑龙江，虽吃了大亏，但是，那时元帅倒也安然自若。我真料不到布浪会有激怒元帅生气的特权！那个愚蠢的东西，对元帅怎么样了？请老朋友平平气罢。

栗福 不错。这样生气，真犯不着。听了那样蠢东西的话，就激昂生气起来，倒把那东西的身价抬高了。但是，我已经忍无可忍了。已经受够了。老朋友，我已经受够了。

前户 到底发生了什么新的事件呢？不是什么都没有变动吗？今天一切的事情，都和昨天一样啊。

栗福 是的。一点也不错。

前户 老朋友，听我说罢。依我看来，你在几天以前，就害着一种偏执病，专爱解剖自己的心理，熟虑自己的行为，要想彻底理解一切的人和一切的事情的真相。这种偏执病，就是你近来不快活的重要原因。我刚才也曾看见，元帅还和俘虏并那个女人争论质辩了许久。这样的事，从实行力上看来，是很坏的事呢！就是从身体的健康上说，也是不好的。本来，和别人谈论，去探索他想着的事情，原不是一件好事。那只有让那些说闲话过日子的文学家，或是甘备那样可怜的人做去罢了。像我们这样，担任着许多应干的事情的人，真犯不着去糟蹋时间呢。总之，元帅若不改变这种偏执病的状况——恕我说一句很失礼的话——恐怕还要遇见刚才在牢营时那样的危险呢。研究敌人的行为的理由，有什么好处呢？一点也没有罢！因为无论是谁，都一定会有他自己认为很充足的理由呢。一个人如果时时刻刻，都把敌人的理由，放在心理，恐怕他结局连手指头也不敢动一动呢。我知道，目前可以治元帅的病的唯一方法，就是"不要想事情"。

栗福　不要想事情？这句话，说是容易说的，但是，——老朋友，你错了啊。目前令我心里烦恼的，并不是他们的理由如何的问题。理由这个东西，无论它是属于哪一种，都是可以互相平均的。我的理由也好，他们的理由也好，结果都是一样轻重，不会这一个比那一个特别重到哪里去。我现在心里不耐烦的，是另外一种东西。除这种东西之外，其他的东西，我都可以耐得住，这是老朋友很知道的。即如毫无理由的战争，本是极讨厌的事，我也还可以去打，也算不得一回事，唯独这种东西却对我太重了，我真受不住。

前户　这种东西是什么呢？

栗福　不是别的。就是刚才发生的某一件事。

前户　刚才？——还是那件事吗？——不错的——我前几天也稍微感觉着了。但是，没有仔细想过……老朋友还是害怕和那个妇人见面吗？

栗福　和哪一个妇人？

前户　这倒问得稀奇！自然是说刚才在这里的那个妇人啦。

栗福　（稍微想一想之后）老朋友，你真是傻子。——不是的，不是的，那都是过去的话。望菩萨保佑我，叫我永远不忘记我在地下长眠的慕杜啊！我问你，你为什么相信你刚才说的话？

前户　哼！要知道，这种蠢事要发生的时候，无论是死也罢，道德心也罢，怎样高的理性也罢，哪里能够防止它不发生呢！老朋友以为我所说的是不可能的事吗？那个女人，的确对于老朋友，抱着一种特别感情呢。——那个女人想……

栗福　（露出不相信的样子）那个，她丈夫被我杀了的女人吗？那个露出深恶痛绝的样子，骂了我的女人吗？

前户　是的，是的。要知道，那就是女人们的办法。但凡是女人家，她嘴里说的话，都是没有多大意义的。我说的话，一点也不错，你可以相信的。我很懂得那个女人的心理。我已经把那个女人观察得周到了。那个女人现在只是把她自己的憎恶感情，夸张着罢了。

栗福　（很冷淡的）如果真是那样，只算是她白费心了。那和我有什么关系呢？——绝不是那样。我觉得那个女人很可怜，我替她表同情。但也只不过表同情罢了。我虽然对她表同情，却并不是为着那女人。

前户　那末，究竟为着什么呢？

栗福　你该看见那个小孩子罢？

前户　是说那女人带着到处跑的小孩子吗？

栗福　你也注了意吗？

前户　对什么注了意？

栗福　已经够了！我已经受不住了。

前户　为什么呢？那个小孩子怎么样了呢？我一点也不懂得。

栗福　别的无论什么话都好，别的无论什么话都行，你只管说罢。唯独这件事！——对于这件事，已经够受了，不用说了。到今天为止，我和我自己打仗，已经打得太多了。到了现在，我实在支持不住了。

前户　元帅想要说的话，结局是？……

栗福　是的，是的。结局是要辞职，不再指挥军队。

前户　还请你稍等一等罢。

栗福　还要等？等到几时呢？等一天，又等一天，我已经被这句"等一等"的话，拖到如今了。结局是把自己应当过的生活，一天一天的往后推延下去，我已经这样白白的用尽了一生涯呢。

前户　我们的战事不是已经快要走到结局的地方了吗？

栗福　不，不是的。这次战事，此后还要流多少血，吃多少苦，这是我的职务上的事情，我比你知道清楚些呢。就假定这次战事会就此终结，我也愿意把终局胜利的名誉，让给别人去。

前户　元帅如果像这样，不肯把自己已经走上轨道的路程，走到尽头去，这就的确可以证明元帅害着异常的病症了。

栗福　不错的，不错的。老朋友，我病了。我的确病了。这是你知道最清楚的。所以最好是有别的人即刻来代替我的位置。难道我是一个军队里面少不了的人吗？难道别人不能够代替我的位置吗？

前户 自然是别人能够代替的。并且后任的人，已经确定着呢。后任就是古原大将。

栗福 古原吗？还是其他别的人呢？好像月支国里，好的将校也不少啊。

前户 恐怕在事实上，月支国还未选定正式后任以前，古原已经会把元帅未竟的事业做完呢。

栗福 就让他把这个可悲的最后胜利的光荣，和他的名字连在一起罢！

一个副官 （拿着报告进来）元帅阁下，报告！

栗福 （看报告——露出打胜仗的高兴的样子）果然入了我的圈套！——志村！吕连！你们看。如何！果然不出我所料！他们这些蠢才，自己把自己围住了。

前户 元帅又想出什么对付他们的新方法来了吗？

栗福 （很高兴的）请看罢。要想拥护既得的胜利，并不消勉强施行自己一方面的计划。只要探得敌人的计略，即以其人之道，还治其人之身，利用敌人的武器去打敌人，就够了。老医官，如何？专爱探索别人心理的偏执病，有时也有好处呢。是不是？

栗福在自己膝头上，写命令，写完之后，交给吕连。

古原 （匆匆的登场）敌人攻来了。

栗福 （很冷淡的）我已经知道了。

古原 敌人忽然转换方向，向我们函藤师团方面进攻来了。我早想到，那方面的兵力太薄，若叫骑兵去袭击退却的敌人，难免有点危险。现在敌人果然乘虚进攻了。

栗福 不要紧的。任他进攻罢。

古原　函藤师团长正盼望着援兵呢。

栗福　他还是退却的好。

古原　但是，要退又恐怕敌人扼住大路。

栗福　任他扼住罢。

古原　敌人一定到处都布着侦探。若不然，为什么他就知道那条路上没有布置防御军队？谁向他报告得这样快呢？

栗福　是我向敌人报告的。

古原　是元帅向他报告？——呃！这就奇怪了。

栗福　敌人正想夺取大路。任他去夺取罢。我也盼望他去夺取。——敌人果然走进那里去就好了。恐怕他会走得进去，跑不出来呢。

古原　敌人的退却线是……

栗福　已被我们切断了。我早知道敌人今晚要到这里来。所以我已下命令叫函藤师团的骑兵队，故意先做出袭击的样子，给敌人看，然后叫他回转马头，连日连夜绕到敌人的背后去了。古原兄，你自己现在也赶快到邬村和纳村方面去，堵住路口。从背后追击敌人去罢。山顶已被我军占领着了。你们只消在路口埋伏着就行了。敌人进网来了。

将校们　（非常高兴的）万岁！——这一回他们总逃不了罢。

志村　听说齐国大统领也在一起呢。

吕连　真痛快！可以算得是，对于这个小小国民的一个轻轻的射击。

黑津　恐怕他们还决不肯投降呢。

志村　不投降，那就只有全灭了。

古原　（很生气的样子）元帅到了必要的时候，肯实行大规模的方法，我真喜欢得了不得。——让我对元帅表敬意罢。

栗福　我们且着手做工作罢。（露出恶寒的样子）

前户　元帅牙齿打颤起来了。请披上大衣罢。雨也下得真冷。怪不得在这个讨厌的国里，到处都是瘟症。

古原　元帅好像很苦的样子。不是贵恙加重了罢。

栗福　不要紧的。老兄，不要紧。——大家去罢！

他们都去了。前户在最后远远的跟着走。

前户　他提出辞表？——恐怕还是爱喝酒的人或爱打猎的人的发誓罢。爱喝酒的人，始终是要喝的。爱杀生的人，始终是要杀生的。他虽然也怜悯被获的禽兽，但是他决不因此就会稍微变好一点的。（退场）

这时，舞台上只有哨兵等还留在那里。天黑了。奥原和荒野捡柴草，烧起火来。都坐在火旁边。——暂时不说话。

荒野　不晓得要到什么时候，仗才打得完？

奥原　喂！听说，又准备今晚上，把那些可怜的齐国兵，大大的屠杀一回呢。

荒野　果真能够屠杀一回就完事，倒也不错！左右非把他们杀尽不可，还是早一点杀个干净好啊。

奥原　真的。就是宰禽兽，也还是一刀两断的好。长久拖下去，叫他们受苦，岂不可怜透了！

暂时没有话说。

荒野　元帅阁下为什么那样发脾气呢？

奥原　自从元帅夫人和小少爷死了之后，元帅简直另外变了一个人。白天还好，事情多，倒没有许多空时候去思前想后。到了晚边，只有我和他两人在一起的时候，元帅总是一个人坐在那里，好几点钟当中，动也不动的，一直坐下去。他晚上睡不着觉。平常待人那样温和，到了晚上，动不动就拿顶小的事情，对我发脾气。有一天晚上，他对我说了许多的话，他还老是记着死了的小少爷呢。

荒野　真是一个可怜的老头子！菩萨也奇怪，与其把那样可爱的小少爷，夺了去，叫他伤心，当初又何必把小孩儿赐给他呢？

奥原　唔。但是，可爱的小孩儿，哪怕很早就死了，有了总比没有好罢。

荒野　有了之后，又死了去，岂不更加难过吗？

奥原　总而言之，还是一样难过。生在这个世界上，只有听天由命罢了。

荒野　一个人，单是自己受苦，倒也罢了。他偏要还使别人受苦。怪不得世上有许多苦事！

奥原　纵然受苦，还是活着好啊——不是？

荒野　或者是那样罢。不过我却说不出理由。

奥原　我也说不出理由。但是，我总觉得还是活着好。

荒野　这世界上，怎么会有这样多的说不出理由的事呢！差不多无论什么事，我都不能理解。（他不知不觉的望着空中，又望望远远的平原，暂时沉默）

奥原　火熄了，可不行。（拨火添柴）淋了一天的雨，遍身都湿透了。一到晚上，两个肩膀冷得好像搁着冰一样。

荒野　你看那边，奥原。

奥原　那山坡上有火呢。那是敌人罢。

荒野　那个火，和我们家乡里的火是一样的，在家乡里，那是一个山上对别山上的信号啊。

奥原　并且夜里还吹着风笛，互相应答呢。

荒野　你还记得牛角上挂的铃铛声音吗？

奥原　记得的！说起来，我觉得好像正听着铃铛响一样。我记得铃铛声音时常是从湖边来的。

荒野　那个湖！到晚上，天上星子映在湖里，一动一动的。好像鱼游一样。

奥原　荒野！我们老远的跑到齐国来了！——我们到底为什么跑来这里呢？

荒野　真的，我们为的是什么？

一个下级将校　（远远的叫着）荒野！（荒野也不答应，只是站了起来）

奥原　你要去了吗？

荒野　轮到我放哨了。

奥原　那就去罢！——幸喜得现在不下雨了。

荒野　我不知道为什么缘故，我只觉得悲观得很。

奥原　我也是那样。本来放哨并不是愉快的事。

荒野　我去了！（走开去）

奥原　要留神啊！敌人虽然离得很远，到底还得小心防备。

荒野加到一队步哨里面，走出舞台外去。过一会，另有一群兵士刚退哨回来，聚在火旁。他们一面烤火，一面吃东西，抽烟。

一个兵士　我真冷到骨髓里了。好讨厌的天气！

一个兵士　你看（把脱下的长靴子举出来），里面全部湿透了。

什么也是湿渍渍的，好不难过。

另一个兵士　白天淋了一天，眼巴巴的只望晚上吃点好东西，提提精神，哪晓得还是这块黑馒头，又粗又硬。简直是吊命！

另一个兵士　并且还得在泥水酱当中睡觉！

另一个兵士　好不可怜！倒是打仗打死了还好些。

另一个兵士　喂！你们太不识好歹了罢！过好日子过惯了，才会说这样不知足的话呢。你们如果像我一样，从小就是在冬京的泥水当中睡大的，一定会觉得，哨棚那里搭的铺也睡得很舒服呢。你们嫌吃的东西不好吗？别胡闹了。要知道，有东西吃，比那捞不着一点东西的人，强多了。况且还有火烤。这还不满意吗？别哝哝唧唧瞎说瞎吹了。我觉得能够这样过活就很好。什么这个好，那个坏，这样那样的闹，有什么意思！对于这些事，我是满不在乎的，要知道，我们都是好汉呢。

另一个兵士　好漂亮的好汉们！要充好汉，总得要有大仗打！但是，敌人老是遇着就跑，我们做好汉，也没有法子做了。敌人也真不中用，你从前边去，他就往后逃，你从后边去，他又往前逃，他们明明离我们不远，但是我还始终没有看见敌人的脸面呢。如果以为附近没有敌人，放心去散步走走，又即刻会被他们开枪打来，只听见子弹飞着响，还不知他从哪里来的呢。他们一定是和蛇一样，躲在草里乱爬。他们不是人，是鬼。

另一个兵士　这一次好像他们要被擒了。

另一个兵士　哼！哼！我已经听饱了这句咒语。这一次恰恰是听第二十次。

另一个兵士　恐怕这一回真要擒住哟。

江部 唔！如果那样，就好了……唔！讨厌的蠢猪们！把我们也苦透了！畜牲！这一次如果擒住了，要好好的报报仇才行呢。打断他们的腰，踢破他们的头！畜牲！

一个兵士 哼！我却不恨他们恨到这步田地。

另一个兵士 别说假话，我知道很清楚的。你抓住了敌人，何尝饶了一个？

另一个兵士 自然不饶他们。但是我对他们并不觉得有什么仇恨。

另一个兵士 哼！笑话！这不和杀鸡的厨子说他和鸡没有仇恨一样吗？

江部 你们不恨，我是恨他们的。恨他们就说恨他们，我并不隐讳。我敢发誓说我恨他们。——喂！不要把这火种弄灭了！能够把那些蠢猪，活活的捉来，用铁签子从屁股穿到头顶上，放在火上去烧，那才痛快呢！都因为他们拼命抵抗，才把这讨厌的战事，拖到现在，还没有完结！这些疯了的畜牲真比疯狗还讨厌呢！胆敢反抗月支，月支帝国！蠢猪！流氓！

另一个兵士 你虽然这样恨他们，但是，他们干的事，是很有道理的呢。

江部 什么？很有道理！你说他们很有道理？

那兵士 不是吗？一个国民被人攻击的时候，起来防御，是应该的啊！

江部 他们哪里算得是国民！他们不过是叛徒罢了。如果是国民，就应该有许多人数，才成一个国民的样子。你看他们，不是只有不多的人数吗？不是一些乌合吗？

一个兵士　他们连军服都没有。像他们那样的，的确算不得是军队。

另一个兵士　他们是吃人的野蛮人啊。齐东国人捉住仇人，要把仇人绑在柱子上，活活的挖心，把心血沾热馒头吃。你不晓得吗？

另一个兵士　呃！有这样的事吗？

那兵士　这是我在冬京《朝月新闻》上看见的电报，一定不会错的。

另一个兵士　唔！他们真不是人！怎样把他们全部捉住才好！

另一个兵士　是的啊！听说他们惯会带着他们钱包，偷偷的逃走呢。

另一个兵士　我最讨厌他们的，是他们装模作样的，口口声声说什么爱国。他们身上都带着什么国耻地图。真正狗学人样，他们也够得上说爱国！

另一个兵士　喔呀！不好了！

那兵士　干什么？

那兵士　我把我带着的爱国救语，失掉了！

另一个兵士　我把我的借给你罢。

那兵士　不成，我得自己有一本才合青年团的规则。

另一个兵士　你明天去向志村夫人另外要一本罢。她带了几大箱爱国救语来呢。

那兵士　好，我明日去要一本。

另一个兵士　那是很有益的书。

那兵士　是的，听说那是军人们不可少的书。

另一个兵士　印得也真鲜明，我无聊时，时常取出来，仔细看上面印的爱国家肖像，玩儿呢。

江部　（仍然想着刚才的问题）他们有什么权利，要来抵抗我们？他们没有抵抗的资格。应该把他们杀个干干净净，和杀害着瘟疫的老鼠一样。

奥原　喂！我问你一句话。如果我们的国，也像他们现在这样，被别国军队攻进来……

江部　收起罢，我不爱听你的话。但凡是想抵抗月支国军队的人，总没有一个好东西。一个国若配得上被月支国要求它服从，它不费一点力就成了东亚第一大国的一部分，还不体面到万分吗？这些东西真不识抬举！

另一个兵士　可惜他们太蠢，不懂得这些道理。应该对他们解释才对……

江部　是的啊！现在我们就是因为要使他们懂得？才这样拼命受罪呢。他们哪里真不懂得？不过装聋卖哑罢了。他们真正蠢得和驴子一样！——已经对他们解释够了。月支国有管理亚洲的权利。月支国使别的国存在亚洲，已经算得月支国的天高地厚的鸿恩了。我知道，上天菩萨的意思，的确愿意命令月支国管理亚洲的。因为强的管理弱的，原是天然的大道德呢。

隔许久，大家不说话。

一个兵士　（指着天上，低声的说）天空真大得可以。无论什么东西都……拿人和它比起来，算得什么呢！……

暂时无言。

奥原　（很沉痛的）什么强的？……谁是强的呢……不能够那

样说。人这种东西，一定比什么都弱呢！……

大家都不说话，只望着火。

远远的听见步哨叫了两声"谁啊？"随后就听见追着跑的声音。随即接着开了两枪的声音。呼救的声音。兵士们刚刚听见最初的喊声，就都提枪站起来，也不说话，只是嘴里乱骂着，跑出哨棚去。随后，外面有人叫着："就是这里啊，兄弟们！"他们抬着受伤的荒野回来。

荒野　（用很弱的声音）打我的人也受伤了。我望见他倒地呢。

另外有三个兵士回来。他们抬着受伤的年轻勾丽人。

江部　狗东西！（想用枪头把他打死）

荒野　不行啊！

奥原　喂！别那样！别那样！

江部停着手。——大家把受伤的两个人，抬到火边来。

勾丽人　（很高傲的）请你稍忍耐一刻工夫罢。我即刻就会死的。让我利用这点时间，好好的和你们告别罢。

兵士们　他就是刚才和元帅说过话的那个勾丽人。

另一个兵士　他想逃走呢。

荒野　（向着奥原）还是碰上了！我不说过，我感着有点不好的兆头吗？啊！到底完了事！

兵士们　我们送荒野到野战医院去罢。

荒野　恩——！请你们暂时不要搬动我罢！

一个兵士　去是去不得的。恐怕到不了医院，在路上就断了气呢。

奥原　（对着那兵士）喂！别多嘴！别那样大声乱喊！

荒野　我不愿意到医院去！你们不要把我一个人丢在那里啊！

奥原　唔！你爱在这里，就在这里罢了。要好好的躺着。你这伤不要紧的。

荒野　什么！我知道我已经不行了。

奥原　没有的事。放心罢！

荒野　（哭起来，——过一瞬间后）那个人活着吗？

勾丽人　我也不行了。等着我，一起走罢。

荒野　那个人身上什么地方受了伤？

勾丽人　啊！顶坏的地方。背上。这一些时候，晦气老是跟着我走，我早知道没有好结果，却不料伤在顶坏的地方。运气真坏！这样一来，什么都完了。——算了罢！运气要玩弄我，我只好对它笑笑罢。要知道，只有用这样冷笑的态度，才能够战胜坏运气呢。（这时荒野呻唤）你很苦吗？

荒野　唔。你怎么样？

勾丽人　自然也是很苦。

荒野　你为什么杀了我？

勾丽人　哈哈！问得好！如果你要这样问我，我就问你，为什么你先放枪，我不过自卫罢了。我是打算逃走的。你为什么一定要我的命呢？

荒野　我不懂得为什么我会那样做。那时我只得不能不那样做了。——好冷！——奥原，我们的家乡在哪里呢？你把家乡所在的方向指给我看一看。——啊啊！这样的天空，这样的屋子，我从前一点也没有看见过。这不是我所知道的天空罢。我要死在这里了。

你们要回去了。把我一个人丢在这块土地上。

勾丽人　我和你一起留在这里罢。我也不是本地人呢。并且死在这里的，还不止你我两人。此外还有无数的死朋友啊。哼！恐怕你们也还要加入死鬼的团体呢。呃？不是吗？恐怕死在地下，还有好几年要听许多外国人的脚步声音在齐国跑着打仗呢。

荒野　你在勾丽，干的是什么生活？你没有父母等着你吗？

勾丽人　我的母亲，年纪很高了，远住在义州。但是她并不等我回去。我有好几个兄弟姐妹，大的小的，都跑在世界各国里面求生活去了。因为勾丽生活太难，站不住脚啊。我母亲对我们说："我的孩子们啊！你们尽力去找工作罢。你们尽力去求生活罢。不管怎么样受苦，能够活在世上，总是好的呢。如果实在过活不下去了，那末，你们就漂漂亮亮的想一个死的方法罢。到了实在除死以外别无方法的时候，死也不算得是一件坏事呢。"我照我母亲说的话，活到现在了。我虽然未曾过幸福的生活，但是，总算找着顶好的死的方法了。我虽死，也很甘心满意。只要合道理，死也是好的。

荒野　啊！我为什么跑到齐国来了？为什么？为什么？

勾丽人　你说的话不错。你们跑到这里来逞强，实在不算一件漂亮的事。你们是来夺取别人的国家的。

兵士们　（渐渐被引进他两人的会话当中去）那不是我们的过错。生来是这样的命，也是没有法子的事。

勾丽人　瞎说！那岂是命该如此？世上没有什么叫做命，只有我们自己。命就是我们自己啊！你们真是小孩子呢。你们相信有一个替我们作主的人吗？笑话！哪会有什么替我们作主的人！没有

的！除了我们自己以外，什么都没有！你们只管去做我们不能不做
的事罢。只要肯去做，就万事顺遂了。

奥原　不对，不对。这个世界，是一个恶世界啊。一切都是不
好的。哪会有什么顺遂的事？

勾丽人　如果这个世界果真是一个恶世界，那只因为我们把它
弄坏了。世界原来是好的。

奥原　啊啊！世上的事情真难懂！什么都是谜子一样！

勾丽人　有什么难懂的？——你看看我们那边营盘里的样子就
行了。在我们那边，一切事情，都非常简单明了。那边有好几百外
国人，都像我一样，从世界上各处跑来的。也有安南人，也有印度
人，也有法国人，也有德国人，也有俄国人，并且还有月支国的
人。这些人的人种也不相同，宗教更相差很远。也有穷的，也有曾
经富过的，有告化子，有贵族，什么种类的人都有。真正说起来，
这些人之间，并不能够是一心一意的。就拿这些齐国人来说，虽然
知道我们帮他们，他们并没有特别优待我们，并且有时还疑惑我们
呢。但是，那有什么关系？我们看见他们为正义而受苦，我们情愿
来牺牲性命帮助他们——只要我们能达到帮助他们的目的，我们就
愉快极了！有了这种愉快，大家就都成为兄弟了，什么人类的不
同，宗教的差异，什么皮肤的白黑，思想的浓淡，都不成问题了。
我们只感觉得大家都是相爱相助的人类！这难道不是地上的乐
土吗？

奥原　好兄弟，话虽说得好，但是你们也还是做恶事呢。你们
不是也在杀我们吗？

勾丽人　世界的改造，不是一天可以做得成功的，也不是不受分

娩的痛苦就容易出世的。老兄们，忍耐忍耐罢。世上一切一定会变好呢。

荒野　喔——！我做错了！我做错了！

江部　喔——！那些蠢猪！浑蛋！什么银行家啊，大臣啊，大将啊，都是些黑了良心的狗子呢！他们为要达自己升官发财的野心，随便就宰杀可怜的人们，安他们一些掩人耳目的罪名，可恶极了！

荒野　啊！上天菩萨！菩萨能恕我的罪吗？

勾丽人　你且不要管菩萨恕不恕你。你先自己恕自己的罪罢。要晓得，你做了的那些罪恶，其咎并不在你。顶不幸的，就是你一面不知不觉的做顶恶的事，一面还认为那是顶好的事。这才是大不幸呢！

荒野隐隐的哭着。

奥原　你很苦吗？（荒野不答）

荒野　（用很低的声音）吴奇，请你吹一调《故乡之水》，给我送终罢！

一个兵士默默的取出一个口琴，吹奏起来。大家慢慢的用很低的音，合唱起来，渐渐露出忧郁的样子。大家一面唱，一面坐在火边抽烟，只是望着火焰。荒野努力想爬起来。

奥原　（弯腰扶着荒野）你想怎么样？

荒野不答话，只努力伸出手来，给勾丽人。勾丽人也很感动，用一种急激的努力，抬起身子，向荒野方面一滚，抱住了荒野。——他们都死了。

远远有鼓声，似乎是叫兵士归队的样子。这时歌声也突然停止了。口笛还吹着一点未完的调子。

江部 （看见两人死了）还是死了。（想把死的两人分开）

奥原 喂！让他们死在一起罢！

兵士们大家抽着烟，只是坐着默想。月亮出来了，照着平原。一个下级将校出场。

下级将校 集合！

除了奥原以外，别的兵士都无意识的站起来。

一个兵士 排长，又要去了吗？

下级将校 敌人来攻呢。

兵士们也不着急，只是默然准备军装等。奥原仍然坐着默想。一个兵士把他肩膀敲了一下，意思要叫他起来，

奥原 我们到什么地方去呢？

一个兵士 谁知道？还不是随他们意思，跟着他们走！想来是开火罢。

奥原 还去开火？

那个兵士 没有法子。非服从不可。

奥原站起身来。

兵士们站起队来。刚刚要出发的时候，江部忽在四周沉静当中，向着空中，举起拳头，叫喊起来。

江部 一些浑蛋东西！一群坏蛋！

下级将校 （很严厉的）你那怪样子是对谁啊？——（暂时无言）开步——走！

大家都走起来。奥原突然停着不走了。随后忽又走了两步。最后离开队伍，轻轻的把枪丢在地下，走到火旁边死人的附近坐着。

下级将校　喔吧！你病了吗？

奥原摆头表示没有病。

下级将校　没有病，就站起来罢！

奥原　不，不，我再不去杀人了。

——幕——

第三幕

舞台表示魏德和宅前的农园。时候是晚间。有很亮的月光。舞台中央有贮水池。舞台正面一带，有许多树木，沿着很高的墙垣，好像成为一道帷帐似的。舞台右边有一很大的门，可以容大车的出入。将校们从那里出出进进。舞台左边，有一座房屋。房屋前面有一个平台，由平台经过几梯石梯，才到平地。栗福坐在平台上的一个小桌子边。桌子上点着一个避风灯，摆着书籍，地图，酒瓶，酒杯之类。吕连和黑津坐在很小的椅子上，正在写什么东西。平台下面的院子里，另外有一张小桌子，旁边有几张粗椅子。右边大门口，站着守卫的兵士。有三两个年轻副官，站在院子里低声说话。他们正在那里等候元帅的命令。

年轻的副官　这回一定捉住了。那些蠢东西，居然贪饵上了钩。

另一个　他们走进口袋里来了。

另一个　古原大将堵住一个路口，我们堵住一个路口，志村大佐和炮兵，又占领着高地，敌人还往哪里跑？只要拉起网来，一网就打尽了呢。（指着栗福）——他还等什么呢？

另一个 别着急罢。他一定看准好机会才动手的。

这时，吕连从石梯上下来，交一个命令给一个副官。那副官立刻走了？

另一个 到底下了一个命令？

栗福走下平台，到院子里来。几个副官，围着他，高声替他贺喜，他露出很严厉的表情，举动似乎很急激粗暴。——时而高声大笑，时而说出很冷酷的命令，把会话打断。——时而宽厚，时而峻严。

将校们 （一齐说）元帅这次计划真妙！可以算得元帅生平第一的杰作。

栗福 生平第一？诸位老弟，不要这样早就把我埋到土里去罢。须知道，这计划并不是我临终的遗言呢。

一个将校 不，不是那个意思！……但是，纵然这计划并不是元帅的最后的话，总可以算得他们那些蠢东西的催命符罢。因为战事准可以由此终结了。

栗福 "因为缺乏对手，所以战事终结"。你热心的是这个吗？放心罢。战争这种东西，永远不会终结呢。一个战争终结了，即刻就会发生第二个战争啊。要知道，我们这种职业，是永无休息之日的。（走近小桌子边去，站在那里，叫人拿烧酒来，替众人斟上，自己也喝起来）——放心罢。这种拿厌恨呀，兽性呀，以及世上一切万恶的本能为中心的事业，一定会永远存在的。只要人类存在世上一天，这种事业也一定会存在一天的！（他们起初都笑着，后来慢慢有点勉强装做高兴的样子，最后大家觉得无兴味，都不做声

了）

一个将校　我们和他们的打仗，几时才完呢？

栗福　几时完！忍耐的等着罢。

另一个将校　准备已经完成了吗？

栗福　完成了。

另一个将校　还要等多久呢。

栗福　（很不客气的）那只看我的兴致罢。

一个将校　好奇怪！敌人也是明知被我们包围了，还在那里等着不动。两军已经十分逼近，两军心脏的鼓动，却可以互相听见呢。

栗福　（笑着——随即很严厉的）诸位老弟，你们好好的去干各人的职务罢。

将校们　（各人相对，低声说）他真像一个逗着活老鼠玩的貓子呢。

一个将校　真清静！谁会想到就要开火？

将校们出去。

栗福　（一个人自言自语）真清静。真清静。夜色好极了。天也晴了。树上有鸟叫着。……但是，在几分钟内，就要大开其火！

一个将校　（走到栗福旁边来）报告元帅。元帅从卒奥原拒绝了上官的命令，不肯上火线。他口里还说着战争反对论。现在已把他拘捕了。

栗福　（生气拍桌子）什么？不成器的东西！——简直是嫌我和这些齐国癫子打仗还打不够！——还要叫我枪毙自己的兵士！——那东西居然敢信口谈论国家的命令！这只有指挥官才配上

谈论。一个兵士居然敢插嘴！——把他带上来！

将校走出去。

栗福端起杯子喝酒。

墙垣外有军队进行的声音。老医官走进来。

栗福　（微带着激动的神气）喔！你来了，老朋友！想来你也正等着我们完成我们的工作，好轮到你去担当你的职务罢。是的吗？

前户　元帅几时动手？

栗福　你们无论是谁，一个个都性急得了不得。

前户　难道元帅觉得越拖长越有趣吗？

栗福　是的。明明看见一个败灭，悬在空中，摇摇不定，想着，只要我发一个信号，你就会落下地去，——这真是一件愉快的事啊。

前户　元帅现出战士的本来面目了！

栗福　还没有开火以前，就得着了胜利的时候，原是打仗的最快的瞬间呢。

前户　这样说来，这一次他们是逃不走的了？

栗福　他们已经在我的掌中。只要我愿意干，他们怎么样都跑不了。——（栗福笑起来）老朋友，如果现在我居然不能够愿意去干，那岂不是一个不可思议的怪事吗？……不管那样多，且喝杯酒罢。

栗福替前户和自己斟上酒。

前户　（把手放在栗福的手腕上）不，我已喝够了。请放在那里罢。老朋友。你已经变成很利害的神经质呢。

栗福　（放下杯子，仍然继续自己的思路）我真不能够干吗？……不，不能够。我什么都不能够。他们是被擒住了。却是，我也一样被擒住了。我已经没有自由了。

前户　没有自由，倒反好些呢。要知道，不太过于自由，原是一个大大的幸福啊。

一个副官送报告进来。栗福看报告。前户正想走开。

栗福　老朋友，请等一等。我有句话对你说……栗福在念完了的报告上，批了几个字，交给副官。副官出去了。

栗福　前户兄，你是我的朋友。是我很亲实的老朋友。你今天下半天对我说的话，使我想起了我们两个曾经共同的征服了许多困难。你一定还记得罢？我们两个在西伯利亚打仗的时候。我们不能不有绝大的牺牲，甚至于连负伤的战友，都不能不舍弃。我们在那时候才知道了等候敌人来杀的痛苦。我两个那时不是曾经约过，如果两人中谁先倒下地，没有倒地的，就应该开枪把倒地的打死，是不是呢？你还记得吗？

前户　记得的。我还敢对神发誓，如果那时真有必要，我一定尽了我的义务的。

栗福　是的啊。我也是和你一样想着。因为我们是曾经定了相互的契约的。——老朋友，我告诉你，不料目前的事情，又和那时很相类似。因为我害怕的，并不是敌人，倒是一种比敌人还坏的东西。——总之——简单说起来……——你把这东西收下罢。（把连发手枪给前户）

前户　是怎么样一回事？

栗福　想来你是尊重我的名誉的罢？

前户 何消说得？对于你的名誉，和对于我自己的一样。

栗福 这样就好了。如果有拥护它的必要的时候，请你利用这支手枪罢。你要瞄得准准的，别打不中才好啊。

前户 不幸的老朋友！你说的是真心话吗？

栗福 （他此时在一种异常的激动状态下面。这种激动，随着他所说的话的变动，时而消沉，时而提高）老朋友，你一点也不必替我焦心。我说给你听罢。我目前做的是军人，尽的是军人的义务，是不是？然而，这正是可耻的，可耻的事啊。老朋友，恐怕你也是懂得的罢。我们都懂得，只是不敢说出口罢了。——你要问我为什么要做这可耻的事吗？因为我忍不住。在我的心里，一方面有良心告诉我，这是可耻的。另一方面，又有一个声音对我说："往前走罢。别管你良心对你怎么样说！"老朋友，我心里有两个互相敌对的意志争斗着呢。如果我在普通的状态下面，那倒不要紧，只要决了心，我就可以照这个决心去做，不会去管我的良心怎么样。但是，我现在实在疲倦极了，衰弱极了。弄得进退失据，岂不可耻？老朋友，你屡次想叫我不辞职，这是你的不是呢。可惜现在辞职也来不及了。现在只要我走一步，——只要我这样站着不动——就会引起这齐国的大损失，并月支国全体的大损失呢。——我应该顺从我的良心吗？——要顺从良心，就非把自己弄成一个谋反人不可——那末，就顺从国家吗？不错，非得顺从国家不可。可惜我的良心又反抗着我。——我还是照刚才说，实行我两人的旧约罢。那样一来，就会万事解决了。老朋友，你看我的话对不对？我很愿意把这件事丢开不想，但是我越不愿意想它，越会时时想到它。我的脑筋纷乱极了。我真连自己都不晓得，我下一刻钟要干什么怪事出来呢。老朋友，因为这个缘故，所以我不得不拜托你。请你监视着我罢。如果我对于打仗的意志，有一点停顿挫折，就务必请你救我，放手枪打我这脑袋罢。听好了吗？老朋友！

前户　唔！

栗福　你答应了吗？

前户　（暂时沉默之后）一定照办。

两人握起手来。

前户　但是，恐怕，不必那样办，就可以万事解决呢。

栗福　我也希望能够那样。不过，我总想对于我这谋叛的良心，抵抗抵抗，使它知道我是不易受它管制的。一个人如果使他的良心管制着义务，良心反转会成为危险的东西啦！……所以应该设法驾御良心。——前户兄，我真疲倦极了。疲倦到你不能够想像的程度了。我睡不着觉。我的心重得利害。我想着……恐怕你已知道了……想着我死去的小孩子。我昨晚梦见他，他还责备我，说我叫他更死一回呢。

前户　那样过去的话，不说也罢。

栗福　唔。——我这个人真正可笑！像我们这样无聊的，机器一样的人，除了纺同样的棉线之外，还有什么别的事情可做？——喂！老朋友。我想，大概未必真有非叫你动手救我的事情发生罢。不过，万一居然发生那样怪事的时候，却不好叫你白白受累。这样罢，我这里先写下一个证据，证明你开枪打我是受了我的嘱咐的。你看好不好？

前户　这个吗……？也好罢。

栗福　谢谢你，老朋友。（两人握手）这样一来，我倒放宽心了。

前户　战斗一旦揭开火盖，心就会安定起来的。那时候，恐怕你也未必还能够有犹疑不决的工夫呢。

栗福　不错的。一个人到了没有自己的意志的时候，倒也什么都不忧愁了。任着事情本身去发展，让它替我们决定意志，倒也快活。我看见那些粗鲁的人，什么事情也不想，只是糊里糊涂的过日子，我真有点羡慕呢。（一面说，一面用手指着门口站着的兵士们。——这时有两个兵士押着奥原来了。前户走开。——栗福毫不自觉的，斟起酒来）你这东西，蠢才！狗吃了你的心吗？你这东西要反抗命令吗？你以为我有工夫来管你些蠢事吗？你醉了吗？疯了吗？病了吗？还是怎么样了呢？

奥原　都不是的。元帅阁下，请不要生气。我也没有疯，也没有病，我只是已经不愿意打仗了。

栗福　已经不愿打仗？怕死吗？

奥原　我如果怕死，我或许也不会不上火线了。

栗福　也不怕死。那末，为什么呢？

奥原　一个人生活得太苦了。并且也太过于使别人受苦了。我已经不能够再继续下去了。

栗福　不能继续，要怎么样？要知道，你不愿意杀人，自己就得被杀呢。

奥原　我觉得被人杀了还好些。我被杀掉了，我就不会受苦了。如果我去杀人，那就不但苦了别人，连我自己也要受苦呢。

栗福　你这东西，从什么地方捡得了这样的思想？你不是跟着我打了三个月的仗，没有诉过一点的不平吗？你这东西，难道从天上得了什么菩萨的显示吗！

奥原 没有什么奇怪。我这个道理，只要坐着好好的想一想，就会懂得的。倒是，要想懂得大家现在做着的事的道理，反转困难得很，要有一种特别知识才行呢。像我这样的蠢人，自然够不上有这种特别知识呀。

栗福 像你这样的东西，那有懂得世上的道理的必要？你只管服从就行了。你的指挥官们，自然会替你想道理。

奥原 我很知道，元帅比我还格外会想道理些。不过元帅不肯把自己所想的道理说了出来罢了。

栗福 蠢东西！我想着的事，你怎样能够晓得！……我正想救你一条狗命，你倒狂妄起来了！

奥原 不是的！我本来没有说这话的意思。……但是，因为我很知道元帅也是很不幸的，我才……请元帅不要见怪。

栗福 （忽然温和起来）你打算怎么干呢？我的可怜的年轻人！生活真不是快乐的事。纵然反抗它，又有什么用处？要知道，这个世界并不是我们自己造出来的呢。这世界简直是一个不中用的东西。

奥原 元帅是好人。我们当弟兄的，也都是善良的人。就是我自己，也并不是坏人。但是，只管都是好人，我们却都做着坏事。

栗福 顶好的人，如果都像你一样，逃避了去，这个世界就完全变成坏人所有的世界了。

奥原 如果顶好的人去做坏事，他们岂不比恶人还更坏吗？因为他们明明知道不好，却偏要去做，是一个明知故犯呢。

栗福 你还打算把你的道理继续说下去吗！我却不和你议论

了。——你拒绝命令，不肯服从。你犯着死罪呢。——但是，年轻人还得仔细想想。你总不会宁肯死都不肯服从命令罢。你和我是同乡，并且还是同族。我们都是一家人。你恐怕也不愿意做出使我丢脸的事罢。你若做出那样的事来，大家都要笑你，说你是一个卑劣的人呢。

奥原　元帅总不会说我罢。元帅阁下？

栗福　哪里会不说你？我一定要说的。

奥原　决没有那样的道理。

栗福　我一定把你认为不中用的东西呢，如果你要……

奥原　元帅不过嘴里那样说说罢了。心里一定不会那样相信的。

栗福　好顽固的东西！——怎么！你难道故意要我生气，好叫我枪毙你吗？不会罢。奥原，我很喜欢你呢。

奥原　总要请元帅不要生气才好。报告元帅，我实在除了这条路，没有别的路可走了。

栗福听到这里，只是顿脚，背开脸去，露出踌躇不决的样子。——门外远远的有放枪的声音。

一个将校　（匆匆的跑进来）报告元帅！……敌人到底决心蛮干了……敌人来袭击我们了。他们正想攻击我们的包围线，想打开一条生路。

栗福　（骑上马。——对奥原说）你这东西一定会被枪毙的。

栗福和将校们急忙忙的跑走了。奥原和两个看守他的兵士，留在院子里。两个兵士商量着。

一个兵士　（走近奥原，低声的说）奥原……现在这里没有别的人。……快逃走罢。

奥原　（露出动心的神气）那可以做得到吗？

那个兵士　（露出不想和他说话的样子）我们闭着眼睛哩。赶快逃罢！

奥原向着院子的旁门走。但是即刻又回来。

奥原　不行，不行。还是不动的好。

兵士　不动的好？你要知道，你的罪是免不了的呢。

奥原　我知道。但是，如果我逃走，别人一定要说我是因为怕死才拒绝命令。刚才元帅也曾那样说呢。

兵士　干吗怕别人说？难道你不想活吗？

奥原　活是想活的。到现在尤其想活。

兵士　为什么你不愿意向那些野蛮人，放他娘的一两枪呢？

另一个兵士　并且用不着瞄准。只向天放几枪就行了。

奥原只是摇头表示不愿意。

头一个兵士　你这东西好不背霉！——硬叫别人枪毙你！难道你不害臊吗？

这时，外面开火的声音越发加大了。

另一个兵士　你听得见他们干吗？

头一个兵士　真倒霉！好容易等到跳舞会开了，偏偏会被奥原这东西钉在这里！

另一个兵士　擒住敌人了。他们这一次一定全部不留一个都要被擒了。——从国内到这里，不知受了多少苦。每次受苦都有我在场，偏偏这场快活的仗火，就没有我参加。我真倒霉啊！

头一个兵士　我不愿意磕在这里了。我到那边去。

奥原　你怎么样了？卫连。你……你也动了杀人的念头吗？

头一个兵士　别人都在干杀人的勾当，为什么我就干不得？——这种快活的机会，真是一辈子也不容易碰见一回呢。并且还是很有光彩的机会。（跑出去）

奥原　（向着另一个兵士）贾睦，你是有小孩的人。你总不会到那边去杀人罢？

那个兵士　我只去看看热闹罢了。（也跑出去）

奥原　（一个人独白）血腥把他们脑筋醉昏了。他两个人本是善良的人，也会这样。怎样劝他们不去，也劝不住。他们简直像狗争东西吃一样！

这时月影正映到石梯边。奥原坐向影子当中的一段石梯上。

开火的声音，越发高起来。左边房子的窗户打开了。窗口露出女人们的脸来。魏德和，老婶娘，大伟，女仆等等，接连着都跑到平台上来，张着耳朵听枪声，露出很不安心的样子。他们从石梯上走到院子里来。一会儿，志村夫人也出来了。别的女人都走到院子里去，唯独她留在平台上。

女人们　（一齐说）很近呢！正在海澜门打仗。

一个女人　（下石梯时，碰了奥原一下，眼望着奥原）那是谁啊？

另一个女人　他因为胆小怕死，不肯上火线去呢。

志村夫人　（和一个刚出来的将校说）你听！真叫人感动万分！那个远远的喊声。看这月光！不是很带有诗味吗？

魏德和　那枪每响一声，我们的战友就要被杀死一个人。菩萨啊！你为什么不替我们那些被敌人包围的人，开一条生路呢？

老婶娘　不要对菩萨怀疑罢！菩萨一定知道他自己的计划的。大家跪下祷告罢。我们诚心祷告，或者会警醒了菩萨，你就来救我们呢。你如果对于菩萨，怀了一点疑，菩萨见怪，岂不什么都完了吗？哪怕到了如今，我们还是应该希望的。

魏德和及女人们　是的，是的。我还是希望！我希望菩萨使我们打胜仗，我希望菩萨把这些强盗都弄死了去！

志村夫人　（很生气，从平台走下到院子里，和魏德和并老婶娘说话）魏夫人，请你不要那样说罢。请你不要用那种冒渎的祷告，使菩萨发恼罢。菩萨已经给过你们一个打击了。你们还是向菩萨请罪罢。请你们不要白白放过了菩萨的教训罢。

魏德和　使我们受苦的，并不是菩萨。和你们在一起的，只是恶魔妖怪，那算得是菩萨？

志村夫人　（愤激起来）喔呀！你们怎么可以这样说呢？你们真是可怜的罪人啊！别瞎说谎话了！

老婶娘　谁说谎？你这话才是说谎呢。谁是罪人？你有说这句话的权利吗？

志村夫人　菩萨总是向着有力量的人和道德高尚的人的。

魏德和　只有为正义而受苦的人，才能得着菩萨的保佑呢。

志村夫人　菩萨是保佑我们的。

老婶娘　菩萨是卫护我们的。

志村夫人　是我的菩萨！——是我的！是我的！

魏德和同女人们　是我的，是我的——是我的菩萨！

志村夫人　望菩萨把他们打得粉碎罢！望菩萨打破他们的傲慢罢！

魏德和　愿菩萨替我们报仇罢！愿菩萨把他们打入烈火地狱，叫他们万劫不得翻身罢。

老婶娘　（像唱歌一样说话）

"他们力只管大，人只管多罢，

被我杀时，要像剃刀碰头发！

听罢！我已惊上飞车鞭着马！

打蝗虫样，把你火烧又刀杀！……"

志村夫人　（也奋然像唱歌一样，说着）菩萨说过的，菩萨说过的：

"向亚麻黎去，向阿麻黎去！

要打坏，那里一切的东西，

一点不要放松，不要介意！

杀完罢，男的女的和小的！

杀干净，骆驼牛羊和马驴！"

魏德和　请菩萨显圣啊！

志村夫人　显圣！

魏德和　你是万能的菩萨。在必要的时候，难道你不能够颠倒宇宙，叫你所保佑的国民打胜仗吗？

女人们　（这时魏德和，老婶娘，志村夫人都把手腕向天上伸着）请菩萨打救我们！请菩萨保佑我们！

这时吕连和其他将校一起高高兴兴的走进来。

吕连　他们都被擒了！大统领也擒住了！一切指挥官也都捉来了！结局把他们擒住了啊！

女人们听见这话，都一面发一种怪喊声，一面搓手顿脚，露出悲惨万状的神气。只有志村夫人很高兴的叫着"谢菩萨的大恩"。

将校们　（非常欢喜的样子，说得不成片段）他们想打开一条出路呢。大统领的马倒了。那老头儿落到泥里去了。我们的兵把他扶起来的时候，他已挫伤了一个膀了，动都动不得呢。他们那方面，还想冲过来把他抢回去，因此我们和他们大大的格斗了一场呢。结局还是我们把他夺来了。我们把他和他几个党羽，当作俘虏擒来了。

一个将校　其余的叛徒怎么样了？

另一个将校　还在顽强抵抗。但是我们已放开花炮打他们了。……他们会像苍蝇一样，倒在遍地都是死尸呢。——元帅在哪里呢？——你看，被擒的都带到了。

齐国大统领穿着扯破的衣服，满身血泥，同着另外几个俘虏，被兵士们推进门来。——大统领的衣服是小礼服，没有戴帽子，长着胡须，身体很大，脸像猴子一样，年纪很高的样子。别的俘虏，老少不等，衣服也很不整齐一律，也有戴帽子的，也有不戴的。——将校们看见他们的样子，都大笑起来。

将校们　你看，这些东西！怎么这么不像样子！哈哈哈……真是丑态！好漂亮的衣服！就是这种东西抵抗了我们吗？和这种人打仗，真正丢了我们的脸呢！真脏得可以！——那老头儿，简直和猴子一样！唔！一个滑稽的老头子！喂！我问你，你都想抵抗月支国吗？应该把他放进动物园的笼子里面去！

这时，失意的女人们，看见俘虏进来，都放出一种绝望的怪声，站了起来。她们向俘虏们伸着手腕，口里只喊"父亲啊！父亲啊！我的丈夫啊！我可怜的小孩子啊！"——月支兵把女人们攥开。

俘虏们非常沉静，露出一种毫不关心的样子。

志村夫人　（高兴极了的样子，把俘虏指给女人们看）如何！这就是菩萨的显圣呢！你们满意了吗？

老婶娘　（把头碰在地面上响）

"往地下看，只看见一切皆空，

往天上瞧，也没有一点光明。"

魏德和　（站起来，伸出拳头向天上打去）啊！已经够了，已经祷告够了！你聋了吗？你欺骗了我们吗？你还配说你存在着吗？你没有存在！你不能够存在！没志气的东西！不中用的东西！我们真是大蠢子，偏会向着你祷告！存在世上的！只有我们自己。可以依靠的，也只有我们自己。能够做出显圣一般的事业的，也还是只有我们自己呢！大伟！大伟！你几时起事？你几时起来杀鞑子？

这时大伟小孩子站在母亲的旁边，只是打颤，现出忧郁的样子，仿佛偷看什么似的，向周围到处望。

将校们正冷嘲热骂着俘虏的时候，元帅也回来了。突然大家都沉默起来。元帅脱了帽子，走向大统领方面去，伸出手来。

栗福　先生，单从两国的力量看来，早应该发生这样结果的。亏得你们英雄武勇，竟把当然的结果，拖延到今天了。我不胜佩服，请接受我的敬意罢。我能够迎接这样高贵的敌人，我真觉得荣幸极了。

大统领睁开一双极忧郁的大眼睛，望着元帅和元帅伸出的手。随即把自己的手，藏在衣口袋里面，并转过脸去，拿背向着元帅。

栗福　（因为被拒绝的缘故，很不高兴，只管皱着眉头。——过一瞬间之后，忽然露出又高傲又气愤的态度，对着黑津说）黑津，你去试对他们说说看。请他们暂时把厌恨的感情收起，和我谈一谈，好不好？

黑津走到大统领旁边去。大统领仍然向他背着脸。

大统领 （好像对别的人说话一样，轻轻的说）我不认识那汉子。

栗福 我就是月支帝国海外远征军的总司令官元帅栗福。

大统领 （仍然不转过头来）你到我们国里来干什么？请早日退出国罢！

栗福 先生，你想闭着眼不承认事实，那都行吗？你现在是我的俘虏。你们打了败仗呢。我承认，你们的败仗，是很有光彩的！但是，你们要想否认败北的事实，那恐怕是白费心罢。我所希望的，只是一件事。——这就是，我希望替你们把你们悲痛极力缩小。像这样的战争，如果长久打下去，只有使你们国民的坑坑越挖越大的，连我看着都过意不去呢。请你把这种两边力量太不相称的战争，结束了罢。这倒很容易。请你对他们下个命令，叫他们投降就行了。这样，我就可以把我国政府所承认的降服条约，送给你了。

大统领 先生，你到底把我认为什么人呢？你认为我可以发那样一个命令给他们吗？你以为他们也和别的国家的奴隶兵一样，只是为我一个人而打仗吗？我告诉你，他们打仗，是为他们自己的良心啊！只要他们的良心相信打仗是好的，他们一定会打到底呢。他们已决了心，不是他们被打死，就是他们把你们打倒，他们只有这两条路可走啊！

栗福 照你这样说，你叫他们大行虐杀，不更好吗？

大统领 我现在也不作别的主张，只任他们随着事情的变化干去。我现在等着呢。

栗福　等什么？

大统领　我等着天赐给我们的胜利。

栗福　你现在已经只剩得两千人了，还说什么胜利！

大统领　要知道，五百人还可以兴邦呢。

栗福　（耸耸肩）你们军队的将领，都被擒了。只有人，没有指挥官，还行吗？

大统领　指挥者哪会被擒？我们军队的指挥者，本是天啊。

栗福　天已经把胜负决定了。

大统领　我们还有最后的五分钟。

栗福　到了最后的五分钟，恐怕你们国民要死得干干净净呢。

大统领　凡是不愿意死的人民，谁也不能够把他杀死的。

栗福　先生想来也知道月支国从来没有对别人让过步罢。

大统领　你们能做什么事呢？

栗福　先生难道决心要逼我走最后的一步吗？

大统领　你们能做什么事呢？如果天想亡我们，你们或者可以杀我们。如果天不想亡我们，任你们怎样闹，也是不中用的呢。我们的运命，全在天的手里。恐怕天已经把你们的运命也决定了呢。我只等着罢了。

栗福　（激怒起来，对将校们）把他们干完了事！忍耐已经忍耐够了。叫他们吹冲锋的喇叭！把那些蠢东西，全都灭了去！叫他们的血向着他们自己身上溅！我是打胜仗的。我是……（忽然枪响，栗福吃了一惊，忙用手摸着胸口）我是要死的……（倒地）

当元帅和大统领说话的时候，大伟没有被人留心。他随便走到桌子边去了。桌子上还放着栗福给前户的那支手枪。大伟偷偷的把手枪拿在手里，露出很害怕的样子，随便玩着。——不料他突然向着栗福放了一枪。——他自己也呆了，把手枪丢在地下。——大家都惊愕起来。一会儿，全院子都混乱噪杂起来。大家都挤着看元帅。魏德和吓呆了，也不说话，身子也不动，只是看着自己的儿子。

将校们和兵士们　（一齐说）放枪！——元帅受了伤！

大统领　（喊叫）天诛啊！

俘虏们　（脱帽喊叫）天罚啊！

将校们　到底是怎么一回事！谁放枪来！

一个人说　你看那个小孩子！

另一个人说　这条毒虫！

将校们一面嘴里喊着，都跑到小孩那里去。

一个大汉子，拔出刀来，想砍小孩子。另一个人连忙握住大汉子的手腕。

这人　季高，不要那样毛包！

大汉子　喂！放开手！小孩放枪打人！我要把他的脑袋，劈成两半！

另一个人　不是吗？我早说过，应该把这条小毛虫踩死！

魏德和　（走到站着不动犹如石头一般的小孩子面前去，遮住小孩子）不准动这小孩子！

将校们　（愤激起来，一齐喊着）这女人才是凶手！他叫小孩子开枪的。不要拉住我啊！管他女人也罢，小孩子也罢，都饶他不得！一起杀了才行啊！

栗福　（努力抬起身子）我禁止你们去……（大家都松手。栗

福的声音越说越低）我禁止你们去向这女人和小孩子动手动脚，

将校们一面气得发抖！一面退开。一场吵闹，变成许多人的低声浓唧。魏德和本来如像兽类护仔一样，僵直的站着，到这时忽然一身都软了下来，带着恐怖的神气，只是望着小孩。

魏德和　（对小孩）你干了什么事！

大伟　（害怕起来，望着自己的手）我不知道。

志村夫人　不要脸的东西！是你啊！教小孩子做凶手的人就是你啊！

魏德和　什么！凶手！啊啊！我的小宝贝！（一面哭一面抱起大伟）

大统领和俘虏　（像唱歌一样）

"打着了七寸啊！

碰断了高鼻梁！"

黑津　闭着你们狗嘴罢！不通人性的狗东西！你们还要夸耀这种卑劣的暗杀行为吗？

大统领　同是一样的杀人，如其是人杀的，那自然是讨厌的事。但是，这并不是人杀的，倒是天杀的呢。这个无知无识的小孩子，不过当了一回天的傀儡罢了。

这时，老医官，志村夫人和其他几个人，都集在栗福的身边。

魏德和　是我杀的！是我的小孩子杀的！罪是由我的心传到这小孩子的心里去的！……

将校们　（相互的问）为什么叫那小孩子到旁边来了呢？

一个将校　因为元帅下过命令，说准那小孩子随时都可以跑到元帅旁边去呢。

这时，魏德和忽然站起来，想走到受伤的栗福身边去。

志村夫人　（把魏德和推开）滚开一点！你真不识羞耻呢！

魏德和　（合着掌）咳！务必让我……我想……我想把他的伤捆上呢……

前户　捆上要紧！

栗福　你们让她捆罢！

前户　有绷带吗？

魏德和　我去找来。

栗福　叫那小孩子过来！

大伟被他们带到栗福身边。小孩子害怕，用力反抗，哭起来。

大伟　不行！

栗福　别哭啊！这不是你的罪呢。——前户兄，我把这小孩子托付你了。你好好照看他罢。这是我的最后希望呢。行吗？——我的小少爷啊……你看看我……你报了仇呢。是我把你杀了。可怜你被我们的野心和怨恨所牺牲了！你是为要受苦而死，才生到这世上来的呢。……

将校们　（大家相互说）在打谵语……

栗福　我把你害苦了。同时我把这齐国的一切小孩子也苦够了。我原来并不想这样做。却是，可惜我没有力量去防止它。无辜的牺牲者啊！请你们恕我罢！我们都是牺牲者呢。一个人要想抵抗这些恶事，总要比我还要生得伟大些才行呢。我并不是一个英雄啊。（这时魏德和回来，替栗福捆伤）谢谢你，这样看来，你已经不能够再继续恨我了呢？（魏德和用激烈的表情，表示她还可以恨）请你不要再恨我了罢。做了恶事的，受这样的罪，也算受够了！

魏德和　如果我们连怨恨压迫者的力量都没有了，我们还有什么东西呢？

前户　（向着魏德和）你真是蠢子！——你把自己的保护人杀了啊！

栗福　不是，不是的！她做的事（指着魏德和）是对的呢。在一切坏人当中，罪恶最大的是那些没有决断力而去做坏事的人。他明知道坏事，他却一面失悔，一面还继续去做。

这时，奥原跪在栗福的面前。在栗福手上接吻。栗福表示很亲近的态度，用手轻轻敲奥原的手。

一个将校　（慌忙的跑进来）敌人投降了！我们完全胜利了！

栗福　谁也不是打胜仗的人。都是打败仗的呢。

栗福说完，断气死了。——大家聚到他死体边来。魏德和站了起来，露出绝望的疯狂的表情，向四周看了看，随后即向着贮水池跑去。把路上碰着的人，用力推开。

将校们　那女人怎么样了？

魏德和　（做出绝望的样子）我已经不能够了……我已经怎样都不能够恨他了！（说完，跳下贮水池去自杀了）

大统领和俘虏们　（他们很冷静的观察上面一切纷扰的场面，这时才用唱歌的口调说）

"国破家亡，自己杀身。

到底，女人还是女人！

临终时，不把敌人恨。

啊！真可怜的女国民！"

古原　（同许多将校登场。都满身沾着泥土和血痕。古原一直向死了的栗福那里走去，脱帽注视着栗福。随即转脸向着别的将校方面，指着俘虏）把他们排成一列罢。（俘虏们站成一列。——大统领不在其内。——古原数他们的人数，每隔五人，指出一人，喊着）枪毙了罢。

被指出的一个俘虏　（倒在地下，向地面接吻）我亲爱的土地啊！我此后将永远不离开你了！

古原　把女人和小孩子都绑起来，他们都是共犯！把农家放火烧个干净罢！明天就把这些坏人，送到海岸去。这个国民是希望着全灭的。这样一来，他们的希望就会达到了！

俘虏们被带下去。

大统领　（很安静的）归根结底，什么东西都是好的。

古原　（看见奥原）那人怎么样了。

黑津　他拒绝了上火线打仗的命令。

古原　（指着已经被宣告死刑的一群）把他放在他们一起去！

古原同着许多将校，都到左边的房子里去。——兵士把栗福的尸身抬走。俘虏们唱着歌，听歌声好像越走越远的样子。——奥原被两个兵士押着，最后跟着俘虏们走。——他神气很安静露着欢喜。

奥原　（用唱歌的口调）

"总有那一天，万人知道真理。

大家卖了枪刀，换钱买锄犁。

老虎狮子，同小羊玩在一起——

总有那一天，到这世上来的。"

——幕——

恋爱舞台

自 序 诗

爱情和革命

"自古英雄皆好色",是陈腐的话,
"食色是天性",这才一点不虚假。

不管他是愚夫愚妇,哲人伟人,
谁人不讲生活?谁人没有爱情?

生活苦了,就免不了发生革命,
革命啊革命!爱情也要被牺牲!

爱情和革命,是难两立的东西?
那样时,革命还有什么大意义!

革命含着牺牲，爱情伴着痛苦，
都要鼓起了情热，才能够去做。

借革命去牺牲爱情，是假革命，
为爱情背叛革命，更是假爱情。

我第一爱革命，其次就爱女人，
谁也知道，这才是英雄的口吻！

无不灭的爱情，有不断的革命，
因为，爱情也含有革命的成分。

革命青年啊！不要为爱情烦恼！
要积极行动，才能把目的达到！

这书既不是教奸，也不是诲淫，
只是把人生的实况，绘声绘影。

好叫孽海中，有一个指导精神，
爱情革命运动，也好早日完成。

一九二八，十一，十五

陈 序 诗

爱神的访问[①]

　　"我愿爱神到我们家里，做一个朋友！"
　　心爱的啊，你会这样说着埋怨深秋。
　　那时夜色绛红，我俩看着一个斑鸠，
　　忽然倒在柳条笼子里，吁吁的发抖。

　　"爱神一定常到我们家里，来做朋友。"
　　我嘴里这样应着，耳里却十分难受；
　　只听得落叶的声音，在菊花园外头，
　　绕着坟上黄叶林，希里哗喇的乱吼。

　　到现在，爱神来拍我们家里的大门，
　　光着赤条条的身子，容貌十分温润，
　　射向落日的箭头，还有呼吸的响声，
　　好像幼神正哄笑着，驱除一切理性。

---

　　①　此诗曾刊于《乐群月刊》1929 年 1 月 1 日第 1 卷第 1 期，第 141－143
页。——编者

爱神啊爱神！请受我们家里的欢迎！
我们等着你呢，准备了炉火和酒樽。
我们的爱神啊！你是个慈悲的神圣！
请把我们怕失望的心儿，温存温存！

爱神含着笑，进了我们家里的大门，
他用两只肥臂膊，抱住我两人的颈，
硬要我们张开嘴，睁起迷忽的眼睛，
说不肯说的话，看从没看过的光景！

到这时候，我们关起了家里的大门，
好留这流浪的爱神，长久伴着我们；
他在家时，使我们忘了飞驶的光阴。
他把四时长乐的秘密，唱给我们听。

我们总有一天，把家里的大门开了，
好让爱神出去，更向人丛当中飞跑，
把许多盲哑爱人，舐眼亲嘴抱一抱，
也叫他们像我们一样，过一过春宵。

那时我们的周围，会合唱"死者复活"，
坟墓下面，也会听见死人祈祷唱歌，
好像睡醒的斑鸠儿，晾晾翅膀取乐；

这时太阳落地，天边刚现新月一抹。

　　上面这首诗是我从前由麦荔叶（S. Merrill)[①] 的《四季集》摘译的。罗江先生写成了《恋爱舞台》——一本由匈牙利文豪莫纳尔（Ferenc Molnar）的戏曲集[②]翻案而成的书——之后，要我做序[③]，我觉得，麦荔叶这首诗很可以表现这本书对于爱情的讽刺和诙谐，所以就把它取来当作这本书的序。

勺水

一九二八，十一，十五

天上的爱情和地上的爱情

　　舞台是一个极清静的郊外。时候是黄昏左右，树枝草叶上都带有一点雾气。远远的在地平线上可以看见市上的街头一排一排的列着。微微的听得着什么地方的车马走动的声音。在舞台正中大路上，有两个男子慢慢的走着。一个生得矮而胖，另一个生得长而瘦。

　　胖子　（露出很从容，很富于见识，很爱说武断话的样子）女人家的爱情这个东西，不是精神的，就是肉体的呀！二者不可得

---

　　①　今译斯图亚特·梅里尔，美国象征主义诗人。——编者

　　②　当指其 1922 年出版的 Louv in Heaven and on Earth 一书。——编者

　　③　实际上，罗江和勺水都是陈豹隐的笔名。——编者

兼，无论什么女人，也只能得着这两个特质当中的一个呢。奚其常先生说的话，真说得不错。

瘦子 奚其常先生说的什么话呢？

胖子 老兄不知道吗？奚先生画了一张极好的画，题目叫做《天上的爱情和地上的爱情》。在他这张画里面，现着两个女人：一个是顶纯洁，顶静扮的，代表着人类的高尚精神，另外一个女人，恰恰相反，全然显得是一团肉欲和快乐。要知道，人生这个东西，结局也不过是这样罢了。

（胖子露出说明得非常得意的样子，把手里拿着的吕宋烟深深的吸了一口，向着天上吐出烟子）

瘦子 人生就只是这样吗？

胖子 实在不过这么一回事罢了。我对老兄说实在话罢。我自己生来天分就很平常——因为我的祖先，完全是乡下人——所以我的性质是偏爱女人的肉体的。自然，我也并不是全然不懂得精神的爱情的高尚优美。如果单单从抽象方面着想，一男一女的两个灵魂，热烈的接触起来的时候，真也令人想见美妙高尚的诗情画景呢。但是，这种感想在我只带有一瞬间的性质，因为我想到了这种情景之后，我的嘴唇即刻就想和女人的又温和又热烈的嘴巴接触呢。这样一来，我的思想就会停止，只剩得我的感觉的活动了。

瘦子 这是女人把你这样教成功的啊。

胖子 呃！你说什么？

瘦子 ——男人们本来是随着女人的种类如何而变更性质的啊！让我说一句失礼的话——自然请老兄不要多心，我决不是盘根问底，胡乱考研别人私事的人——总之老兄的爱人，恐怕是富于肉欲性的女人罢。因此，所以老兄不知不觉的就专想着那女人的肉体了。至于我兄弟的爱人——请老兄不要多心，我并没存心要替自己吹牛——那却是正相反对，全然是精神的女人呢。为什么她会那样，连我也不懂得，大概想是因为她长瘦的缘故罢。总之，我那爱人，的确给了我一个教训，这就是：真正的精神的爱情，真正的灵魂的结合，她是可以承认的，至于不纯洁的关系，她却绝对反对呢。

胖子　这句话真像一个瘦女人说的话啊！

（胖子自以为从生理上说明了这个问题，露出很得意的神气，又大大的抽了一口吕宋烟）

瘦子　我那爱人的爱情，真正是娇羞贞淑的啊！我和她拥抱的时候，总是把两人的身体离得很开呢。我和她的接吻，也是一种幽远缥缈的，好像是梦幻当中的音乐一样。我还有一句话说给你听，你不要笑我罢。我和她分手的时候——哪怕是只有两人在一起，很亲热的玩了半天之后——总是很平和很纯洁的，悠然分别而去，真像我和她是兄妹的关系呢。

胖子　真是那样吗？也就算得是一个很古怪的女人了。我和我的爱人分手的时候，可了不得。我总是变成一个快要被她扯碎的无志气的男子。她也总是变成一个可怜的女人，嘴唇因为接吻太多太强的关系，肿得好像血都要流出来一样，心脏里装满了爱情，嫉妒和怨恨，怦怦的跳着呢。我那爱人的爱情，真好像一团燃着的热火，永远不会消灭呢。

（胖子又大吸其吕宋烟）

瘦子　如果是我那爱人，她却不肯答应那样的事呢。

胖子　但是，老兄的话，如果是我那爱人听见了，她一定要笑话你啊。我当初对她求爱情的时候，我也曾经抱着许多精神的高尚思想，闹得脑筋都昏乱了——老兄是知道的，无论是什么男子家，开头总是会从精神上去空想的——但是我那爱人，从头到尾就没有什么精神的爱情。她只是接吻，只是再接吻，只是拥抱，只是想拿热烈的性爱之火，把自己烧焦呢。她那爱情，真是一个热烈极了，不知厌足的爱情啊！她所要求的，只是这种爱情呢。

瘦子　好奇怪的话啊！

胖子　呃！有什么奇怪！

瘦子　结局，只因为我和你全然是正相反对的啦。老兄是肉欲的，我兄弟却是精神的呢。老兄的爱人，是一位长得肥肥胖胖的，色如玫瑰的女子，我的爱人，却是一位苗条身材，面带梨花的美人啊！

胖子　我那爱人却也算不得怎样丰裕肥美。

瘦子　老实说来，我的爱人，也并不是怎样十分纤削轻瘦的美人。

胖子　我的爱人，实在也不太肥，也不太瘦。她只不过能够对男子给一种匀润圆满，好像很肥的印象罢了。

瘦子　我的爱人也只是一个不肥不瘦不高不矮的中等身材的女人，不过她的风姿袅袅，叫人觉得她很长身玉立罢了。并且她的颜色也并不是白得像梨花一样，宁肯说它白中带红，像秋府海棠一样呢。

胖子　我那爱人的两腮，却红得像玫瑰一样。

瘦子　我想起一个有趣的主意来了。我们把她们两人弄到一处比赛比赛，岂不很有趣吗？像这样性格体质完全相反的两个女人，如果见着面，不晓得要谈些什么话啊……我从前在法国，曾经听人说过这样的事……两个相好的朋友，各把自己的爱人带来，四个人一起吃晚饭呢。老兄你看怎么样，我们也选一天好日子，照样式办一回，好不好？

　　胖子　我想可以不必罢。因为我们这两个爱人，也许是相识的朋友啊！

　　瘦子　哪里会有那样巧的事？她们怎么会彼此相识！

　　胖子　我和你是她们的爱人，都能够是极相好的朋友，安知她们不照样也是相好的朋友呢？

　　瘦子　（红着脸）那末，这……

　　胖子　（做出估量瘦子要说什么话的样子）怎么样呢？

　　瘦子　唔！老兄听我说罢。……请把你那爱人的姓名告诉我，我也把我那爱人的姓名告诉你，先把姓名交换交换，好不好呢？

　　（两人都暂时不说话，只是在路边徘徊，好像都认为这个提议是很有意思的，不过都有点害怕上当的样子。最后胖子停了步，把手伸出去，瘦子握住胖子的手。两人相看微笑，暂时紧紧的握着手不说话）

　　胖子　（低声的说）我的爱人是萨夫人啊！

　　瘦子　（睁开大眼睛，看着胖子）恩！什么？……

　　胖子　我说她是萨爱罗夫人啊！

　　瘦子　（露出过于受惊，说不出话的样子）怎……怎么……叫做萨爱……

　　胖子　现在该轮到老兄说了啊！

瘦子　你刚才到底怎么说？你的爱人叫做萨……什么？

胖子　你还没有听清楚？叫做萨——爱——罗——啊！

瘦子　喔呀！

（他全身发起抖来，用双手抓胖子的肩膀）

胖子　老兄这是做什么？你怎么样了！

瘦子　咳！你那爱人同时也就是我的爱人啊！

（两个人都被意外的消息惊呆了，暂时都不说话）

胖子　我和她总是在星期二，星期四和星期六会面。

瘦子　我和她定期会面的日子，是星期一，星期三和星期五。

（暂时两个人都不说话）

胖子　这样说来，星期日她干什么去了？

瘦子　（含着一包眼泪）谁知道她干什么呢？

胖子　（露出很刻薄的样子）哼！这原来就是老兄所崇拜的高尚优美的精神爱情啊！可不是吗？

瘦子　（很悲伤的样子）不错的！她就是我那又娇羞又贞淑的爱人，就是我富于处女风度的，精神上的妹妹啊！

胖子　但是，她一方面又是我那富于肉体爱情的，和我打得火热，拆都拆不开的相好啊！

瘦子　想起来，真叫我不得不痛哭一场啊！啊啊——

胖子　老兄要痛哭，也是应该的，因为老兄是拿精神的爱情爱过她的。我听见她这样，我却想大笑一回呢，因为那女人始终教我笑着过日子！

（这时嘴里，说要痛哭的瘦子，反转苦笑起来。嘴里说要大笑的胖子，倒反愁容满面）

瘦子　现在怎么办呢？

胖子　老兄，你们专讲精神爱情的人，对于这件事，到底有什么感想，我是不知道的。但是，像我这样平凡的人，不讲别的，只要简单的想到和别的男人共有一个爱人，已经觉得要作呕了。所以，我对于这件事的善后方法，是很明显的：够了，我不要她了！

瘦子　唔！像我兄弟这样，有高尚精神的人们……我们……是断不想再和这女人见面的。

（两个人又握起手来）

胖子　但是，我还……我还有一个小小意见。

瘦子　什么意见？

胖子　是一个极好的意见呢。老实说，我一生一世，也从没有想到过这样好的意见呢。老兄听我说。那女人居然能够设法，把她自己扮出两个性格体质绝不相同的女人，使我们上她的圈套，实在可以算得是一种天才呢。所以，我想我们无论如何，都应该尊重她这副天才，才对啊！

瘦子　你说要尊重天才？

胖子　是的。我和你都是有体面的人，应该公公平平的负一种接受她那巧妙的扮演的义务。这样才不会辜负她那天才啊！老兄想想看，如果那女人真是两个女人，我们能够有什么权利把她看一个女人？她现在居然能够有本事把一个人扮出两个人来。我们还不应该负一种义务吗？

瘦子　但是——

胖子　有什么但是不但是！这个道理很明白的，明白得和青天白日一样呢！论道理，这件事本来就应该是没有再加讨论的余地的。现在一切照从前办下去就得了。老兄想想，是不是呢？

瘦子 （用很暧昧的态度）唔！也是一个道理。

胖子 这样说来，我们两人的意见已经一致了。从此以后，我们大家都绝不开口提到那个女人的事罢。并且我们今天说的这一番话，还要绝对的不叫她知道才行呢。以后，我还是那女人的热烈的爱人，老兄也仍然做她一个精神上的侣伴。我兄弟和老兄，从今天起，永远过一个更幸福的日子罢。好罢，再见罢！

瘦子 再见，再见。

（两个人分别时，露出很冷淡的样子。一个人向右边去，一个人向左边去。都表现出一种特别神气，好像正想着怎样可以打倒竞争者，去独占那女人的爱情似的。两个人都因为伤了自尊心的缘故，非常着恼。大概第二天他们会见那女人的时候，一定会各唱一出热闹戏罢。那女人恐怕会把两人都撵走罢。两个人都会去找新的爱人罢。那女人就会很满意罢）

——幕——

一封不能开拆的信

舞台是一间西式书房兼客厅。房间很宽，陈设也很华丽。壁上挂着画片，地下铺着地毯。

时间是一个春天的早晨，天气晴明。电气暖炉还通着电，露出一点红色，并且发出悉悉的声音。

丈夫坐在桌子旁边，离着电炉很远，表示天气已经很温暖，实在不须火炉了。他一面看报，一面抽吕宋烟，露出一种满意极了的神气，似乎他对于春天，对于报，对于吕宋烟，以及对于自己的生涯，都没有感觉什么不足的样子。但是，下细看来，仍然露出一点无聊的神气。舞台左边的门外，忽然有门铃响着。丈夫把脸向着舞台的右手正面门上。

丈夫　王妈！有人叫门啊！

太太　（在里面房间里说）王妈擦着我的皮鞋，不得空呀！

丈夫　（不得已，走出左边门去）谁啊？（外边有开门声）送信的哟。

（关门的声音。丈夫手里拿着一把邮政信件，从左边门外走进来）

太太　（在里面房间里说）谁来了呢？

丈夫　邮差送信来了。

太太的声音　有我的信没有？

丈夫　等我看看。喂！你还没收拾好吗？

太太的声音　快了，就要完了。

（里面房间有开柜子的声响）

丈夫　（一面用手检查信件，一面很高兴的摇头唱着什么调子）这是中国银行的通知。什么？替财政部承销新公债？好的，宝新电影院的广告……诸位称赞的贾波林又出演《马戏团》了，奉上特别优待券……哼！这是诗钟俱乐部来的，催缴会费？拉倒罢！喔呀！给她的……定婚酒的请帖。唔——！（向着右边门里）仪洛！……

太太的声音　什么事？

丈夫　蓝二小姐定了婚，她家里请你吃酒呢。

太太的声音　和谁定婚？

丈夫　和一个叫做何祖奇的男人定婚。

太太的声音　还有什么别的给我的信没有？

丈夫　别忙。等我下细清一清。（继续检查信件）

太太的声音　那何祖奇是一个什么样的人呢？

丈夫　何祖奇吗？我怎么知道？不错，请帖后面还印着蓝二小姐和他的小照，等我看看。——是一个很漂亮的小伙子呢。

（这时，他从信件当中，找出一封信来，睁着眼睛，很出神的望着。他说下面几句话的时候，声音时而高，时而低）

丈夫　这是给她的信。谁给她的？哼！灰色的洋信封（他把信对着光线照了一照），里面一个字也看不见！明明是男人的笔迹……从哪里寄来的呢？从徐家汇。徐家汇有谁？大学生？这倒有趣！我从来没有看见徐家汇的来信。（他把信封翻来覆去的看）这有点古怪呢。

（这时丈夫渐渐露出忧郁的样子来了）

丈夫　照民国新人物男女平等的道理说来，应该什么也不说，什么也不问，什么也不疑，只把这封信交给她，才是正道理。这封信虽然特别使我注意，比蓝二小姐的定婚请客帖子还加注意，但是，总要不把我这种怀疑的注意，在言语或行动上露出来，才能够保持我们的圆满的爱情，才能够对得起她。但是……

（这时他又重新注视信封）

丈夫　不错，这样才是正当的道理。

太太的声音　王妈！来把这双咖啡色的皮鞋拿去罢。还是把擦好了的黑皮鞋再拿来我换上啊！

丈夫　她好像还要费不少的时间，才收拾得好。老实说，把信原封原样交给她，是顶正当的办法罢。但是，真正聪明的办法，却是……索性……

（这时他露出愤恨的神气，想把那封信撕开）

丈夫　不错的，不错的。这是最聪明的办法。她虽然穿好了皮鞋——她好像还没有决定，到底是穿咖啡色皮鞋好，还是穿黑皮鞋好——总还不会即刻走出来罢……但是，从新道德方面想一想……什么？这是我的权利啊！

（这时他正要使劲扯开信封。但是忽然又停住手）

丈夫　恩！还得下细想一想！这封信是明明白白写着我们家里住址寄来的，一点鬼鬼祟祟的痕迹也没有，想来当中不会有什么不能使我知道的事罢。凡是写情书的人，神经都是很敏锐的。岂有肯把它当作普通的信，和中国银行的通告，蓝二小姐的定婚请客帖子，一样公然寄来的道理！但是，也还有两种地方很可疑。第一，也许寄信的人以为我还在旅行。我前天不是从南京寄信回家，说我多待几天，到后天才能回家吗？现在我特别提早回到家里来，自然寄信的人，还不知道，因此碰得不巧，把这封情书抓住了。这样的事，在外国电影和戏本子上，是常见的，难道谁能不许我今日实行演唱一回吗？所以，也许靠着这封信，就抓住她的真赃实据呢。还有一层，她刚才不是已经问了两次，问有给她的来信没有吗？可见得她今天早晨是等着什么人的来信呢。固然她平常也很注意邮件，但是今天早晨的注意，未免太过度一点，好像和平常有点不同呢。已经问了两回，可疑得很！

太太的声音　到底有给我的信没有？

丈夫　（脸色变青）唔……

太太的声音　（使劲的叫）听见没有？我问你，有什么寄给我的信没有啊！

丈夫　（决了心）没有呢。

（他把那封信慌忙藏在西服上的衣口袋里去）

太太的声音　王妈！来把我这西装的服上的扣子扣好罢。

丈夫　她快要出来了。我须得快点决心。

（这时，他把右手插入衣口袋里面）

丈夫　啊！糟糕！这封信真好像要在衣口袋里燃着一样，好像要烧成一个大洞。岂止在衣口袋里燃着？简直是在我肉里燃着呢！掠夺自己太太的信，这样坏事，今天还是做第一次！为什么拿了她的信？哪里是拿了？简直是偷了啊！我做了窃盗，好不要脸！虽然我还没有拆封，偷东西的确是偷过了！现在纵然要想改过，纵然还在踌躇，但是已经来不及了。我刚才已经对她撒过谎。已经偷了她的信。已经侵犯了她的信书秘密。这不是一件小小的罪恶呢。自己侦探自己的妻。好不下作！并且，也许她实则一点过错也没有呢。如果我拆开信，不知道上面写着什么？也许是徐家汇的慈善团体请她捐一点钱。也许是徐家汇的什么生意人的账单。也许是什么穷的亲戚朋友从徐家汇发一封信给她告帮。也许是什么大学开音乐会，招待她去参加呢。啊！好不令人难过！与其这样一个人在良心上受苦，我何不索性把这件事通通对她说了，挨她一顿臭骂，倒反痛快些？唔！还是一个人暗地里受点罪，保全体面要紧，把这封信丢到火炉去烧了拉倒罢。烧了之后，为减少我良心上的痛苦，我替她买件上好的金光缎衣料罢——什么！那样贵的衣料，也可以不必，捡几件价钱又便宜又好看的衣料买来送她就行了⋯⋯

　　太太的声音　王妈，我还是不穿这件绛色的西装。你把那件天青色的拿出来罢。

　　丈夫　还没有决定穿哪一样颜色的衣服，我还有时间细细想一想呢。

　　太太的声音　恩！不对。王妈！不要拿了。大清早上，我还是穿绛色衣服好。

　　王妈的声音　太太，外面太阳晒着，天气很暖和呢。

　　太太的声音　很暖和吗？那末，把天青色的西装也拿出来看看罢。

　　丈夫　王妈，谢谢你啊！我到底怎样办呢？也许这信竟是一封情书。它起头也许是这样写着："我顶亲爱的姐姐——"

　　（这时他咬着牙巴，倒抽了一口气）

　　丈夫　如果是那样，岂不糟糕？

　　（他虽然嘴里这样说，脸上却现出一种好奇的颜色好像以这种想像为乐似的）

　　丈夫　也许是这样起头："我那可爱的云雀啊！"这更不好了。被别的男人称她为"我顶亲爱的姐姐"固然很糟糕，然而总还算是尊敬的称呼，就算是她养一个小弟弟罢。若称她为"我那可爱的云雀"，她岂不是变成一个什么浪子的玩弄品？那还了得？岂不是一个绝大的耻辱？我的天使，都会变成了浪子的云雀，供他玩弄，那还成一个事体？我断不答应他！

　　太太的声音　王妈，我还是穿天青色的好。

丈夫 （唧唧哝哝的说）你到底改变意见了。你只管在那里穿这件，穿那件的，踌躇不决，却不知道你的幸福已经被这种踌躇弄得快要没有了呢。唔！那封信也许是这样写着罢。譬如："我最爱的天使啊！我想在今天的下半天，和你秘密的会一面，我不胜翘望之至。"或许是这样写着："我那可爱的云雀啊！今天下午，你飞到我们的窠里，纵然爬上我的肩膀，我也是很乐意的！"不过这两种写法，调子都不相称，文章的意思，也不愉快呢。啊！我到底要怎样办才好呢？我平常太大意了，对于这种时候的临机应变的方法，一点也没有准备着。我从来做梦也没有想到，自己家里会碰见这样的怪事。难道我从今天起，要坐上火车，每逢一个车站到了，都得下车一次，一直这样坐到地狱里去吗？那样的生活，还有什么生趣呢？为什么到今天为止，我对于她，一回也没有怀疑过？我平常看电影，读小说，看见许多被自己女人卖了的男人，都是在好几个月以前就怀疑自己女人的不贞节，越疑越多，最后才把事实的真相，显露出来。做丈夫的，本来应该觉得自己老婆的"古怪行动"啊，"异常的态度"啊，或是"几星期间伯爵夫人食欲减少"啊，"平素快活的性质都被忧郁包着了"啊，如像这一类的事，时时刻刻都看在眼里，记在心里，才合道理呢。只有等这样的疑惑，慢慢的在丈夫的心里长成了之后，才能把真相暴露呢。譬如，现在这里生了一个疑心，做丈夫的不应该只是成天抱着这个疑心去空想。他应该留心考察种种事情。他应该在取断然的行动之前，先抓住绝对的确实性，握着明白确实的证据，然后给罪人们一个冷不防，当面把奸夫奸妇捉住啊。如果不是这样做，那反不如坐着一声不响为妙呢？聪明的男子汉，应该把横在自己面前的桥烧了去——把走到不幸的路上的桥烧了去。不错的，这是对的。我应该把这封信烧了去。我不想知道信里写的什么。管他写些什么？快丢到火里去罢！等到我老婆穿好东选西选，选定了的衣服，走出来的时候，什么事情也都完毕了。所剩下的，只不过是我的不幸的残灰罢了。这的确是最聪明的办法呢……

（这时，他站起来，从衣口袋里取出那封信，往正燃着火的电气煖炉那方面走。她的太太碰得不巧，也恰在这一瞬间从里间房走出来。丈夫因为心中怀着鬼胎，露出非常吃惊的样子，急忙把那封倒霉的信，往衣口袋里塞，却又因慌忙过度弄得非常露出痕迹）

太太　呃！你藏着的，不是一封信吗？

丈夫　（很笨的）你说的是我吗？

太太　不说你还说谁！你这人好慌张，你不是自己把一封信藏在自己的衣口袋里去了吗？怎么！你发着抖！简直像杀人凶手受着审问一样啊！喔！我懂得了！那一定是什么地方的女人寄给你的信罢。是不是？

丈夫　不是的！是男人家寄来的信啊。

太太　（冷笑着）还撒谎！你真是个傻子啊。只要看你那副尊容，谁也知道你在撒谎啊！把信给我看！

丈夫　不给你看。

太太　说叫你给我看！赶快的！

丈夫　（很悲哀的样子）不行！

（这时他突然向电气暖炉旁边去）

太太　喔呀！你打算做什么？

丈夫　我烧这封信啊。

（他一面说，一面做出丢信到暖炉去的样子）

太太　（抓住丈夫的手腕）想得好便宜！我肯让你烧吗？好好的给我看！哼！一封不能给自己老婆看的信，到底是谁写的？

丈夫　这封信不能让你看！并且，这又不是寄给我的信……错了，信是寄给我的……但是……

太太　闭着你那张油嘴！信口胡说些什么？好不自量！我告诉你，你没有撒谎的本事啊。你想想你刚才说的几句话，那里像一个谎话？我告诉你，你最好的办法，就只老老实实把什么都说出来，做一个畏罪自首呢。并且要赶快缴出那不要脸的女人来的信，才行。

丈夫　（一直站在电气炉的旁边，露出很勇敢的样子）什么话！那都行吗？我不给你。与其把这封信给你，我宁愿把这双手烧了。

（这时，他忽然使劲把他太太捉住的那双手往怀里一拉，同时把那封信丢进电气炉子里。转眼间，那封信便燃成火焰了）

太太　（大声喊）你丢进去了吗！哼！

丈夫　（露出很苦的样子，吞了一口气）对不住得很。

太太　（哭起来）你太对不起我了啊！随你怎么会辩，谁还相信你的话？你原来有一个秘密。有一个吓人的秘密……嘤……嘤……那个不要脸的女人……嘤……嘤……嘤。你如果把那封信给我看看，我倒也安了一点心，纵然知道你们的丑事，也还不会这样恨你。我也不过放在心里罢了，难道还替你们声张出去吗？……啊啊！我只好当作永远被你骗了就是了。我告诉你，你犯的罪恶是永远消灭不了的呢。随你怎样设法，也……

丈夫　老实对你说罢，这是……

太太　免开尊嘴！谁还相信你的说话？你不是吃了一惊，忙着把那封信丢到火炉去了吗？是不是呢？这就够了。这就十足的了。此外什么话我也不愿意听了。

（太太说完了这几句话，哭哭啼啼的跑进房间去）

太太　你真对不起人啊！

（这时丈夫凑着肩膀，学着外国人的样子，拿起帽子和手杖，从左边的门走出去）

——幕——

告　别

（舞台是一个公园的花木深处。有几条小路，向左右前后通着。在小路上有两个人，一男一女徘徊着）

女的　所以，没有法子了。想来是我两人缘分尽了呢。分手的日子已经到了。生在这个世上，有结合必有分离，也用不着悲叹罢。并且我两人爱情的幸福也享够了，应该没有什么遗憾了。好罢！我们行一回最后的握手礼，好好的分别了罢。

男的　听随尊便。

女的　此时好好的分手，不要留一点不快活的感情在心里，以后回想起来，才能感着我们结合一场的快乐，才能有香甜美妙的回味呢。我两人碰见了——互相爱上了——互相饱尝接吻的美味了——最后互相觉得餍足而分别了——这不是很美满吗？这不是已经十分充足了吗？

男的　是的，是的。（他握着女人的手）

女的　好罢。我从右边这条路回去了。你稍等一等，从左边这条路回去罢。我们还得格外小心谨慎才行。现在我们已经决定分离了，如果在这时候，碰见了我的丈夫，被他拿住错脚，那才值不得呢。

男的　再见罢。

（两个人都不动身）

女的　为什么你不走呢？

男的　因为我有一件事情，想问问你。

女的　什么事？

男的　我头一次会见你，是在苏州的徐家花园，你还记得罢。那时你只和两三个女朋友，在那里住着避寒过冬。你丈夫却还在上海清理年下的账务，没有到苏州来和你同住，因此，我那时始终不曾认识你丈夫的面貌。

女的　这些事，我都记得的。

男的　后来我和你的感情，一天一天好起来，你总还记得，一直到春上你回上海来，我也跟着你走，我俩的关系，一点也没有间断。但是，我仍然不曾认识你丈夫的面貌。是不是呢？

女的　是的啊。

男的　到了上海不多的时候，你忽然拿了一张非常漂亮的男子相片给我看，并且对我说："我把我丈夫的相片拿来了。因为我想你一定很愿意知道我丈夫是一个什么样子的人。"我接着那张相片，细细看了一会，觉得他长得真漂亮；英伟的地方很像世界第一美男子华伦铁诺，同时又有一种温柔的态度，好像平常穿西装的梅兰芳，真正发如波动，眉似新月，眼睛放出优美直率的神光，嘴边露出多情而又有决心，肯担责任的气概。我看见了那张相片之后，冷了半截身子，现在老实对你说罢，那天晚上气得我什么东西也没有下喉咙呢。

女的　对不住得很，我那时还以为你吃得不少呢。

男的　并且当天晚上连睡觉也睡不着啊。要知道，在那时候，我对于你，正抱着一种狂热的爱情，忽然被你把我和那张相片比较起来，叫我自惭形秽，我觉得受了绝大的侮辱，真正有点受不住呢。我站在镜子面前，把我自己的容貌，看而又看，越看越生气，禁不住自己咒骂自己的容貌起来。我自然很有自知之明，我晓得我自己也不算得美，也不算得丑，只是一个平平凡凡的容貌。至多也只不过是一个不讨女人们的厌烦罢了。我那时想到这里，真正连肚皮都要气破了。所以，我从那时起，就决心把自己打磨打磨，也要变成一个美男子。

女的　我那时也觉得你这种决心了。

男的　我一心一意，只想变美，想得晚上睡觉都睡不安然。我真不懂得，你有了那样一个美貌的丈夫，为什么还喜欢我。我到底有什么好处呢？我一心这样想着，到后来，甚至于想入非非，以为你丈夫一定是一个低能儿，是一个中看不中吃的绣花枕头。我想到这里，自己一时间觉得有了不少的安慰。但是，后来下细想想，我自己不但容貌平凡，就论聪明才力，也就平常得很。并且照那张相片看来，我觉得你丈夫实在像一个很俏皮的聪明人，决不会反不如我。我越这样想，越失了自信力，越觉得没有被你热爱的资格了。我对于你那张相片上的丈夫，不知不觉的发生一种越长越大的嫉妒心，渐渐的就和他开始猛烈的竞争了。

女的　那时我知道很清楚啊。

男的　我跑到专做外国人生意的西服店，一家上海第一的西服店，定做了几套巴黎时兴的西装。我天天到万国大饭店的理发处去，叫人烫我的头发，弄成好看的波纹。我成天被嫉妒的念头驱使着，没有一刻的休息，始终只是留心打扮我的容貌和姿势。果然皇天不负苦心人，后来我居然也变成一个美男子了。你那时还时常对我说，你和你丈夫常到万国大饭店去跳舞。我想，如果你那相片上的丈夫穿起夜会服，不知道会怎样漂亮呢。我想到那里，真正痛苦极了。

女的　这我也知道。

男的　那时，你倒也常到我旁边来。我要求你会面的时候，只要你有工夫，你总是答应我的。你还记得罢？有一次，你说你丈夫到北京分行去了，要两星期才回来。所以那时我天天和你玩在一起，一点也没有离开。

女的　那是真的啊。我丈夫真到北京去了呢。

男的　后来，你对我说，你丈夫回来了，我忽然起了好奇心，想会会你丈夫。我把我意思对你说了，你却执意不答应。我说，不必直接会面，就是在旁边偷看一眼也好，你仍然不答应。但是，不久就发生了那件事情。

女的　什么事情？

男的　对不住，请让我老老实实和盘托出罢。现在也用不着隐瞒了。有一天你在我的家里，落下了一封信。你回去了之后，我捡起来看一看，才知道那是你写给你母亲的信。信上说，你们两夫妇第二天晚上要到大舞台看牡丹的玉堂春，已经定下一个优等包厢，打算当天晚上坐摩托车绕道到你母亲家里去，邀她一同去看戏，所以特别通知她。我想那封信一定是你放在手提包里面，打算投邮政箱的，在我家里开手提包时，无意中落在地下了。

女的　你那样想？你说我把它失落在你家里？

男的　是的。那时我得了这个消息，好不高兴！当天晚上，我自然跑到大舞台去了。我看见你们坐在包厢里——看见你，看见你母亲，并且看见你的丈夫！

女的　看见了吗？

男的　你别装聋卖哑了。你以为随便点缀句罢话，就完结了吗？你心里过得去吗？

女的　你要叫我怎样说呢？

男的　怎样说！哼！别只装傻子了！当天晚上，在大舞台，我才开始懂得了——请不要误会，我并不是说你对我撒谎呢——啊！一句话说穿，我才知道我从前想错了啊！你的丈夫，已经是五十开外，好像五十四五岁的年纪，丑得出奇，头发差不多秃完了——说句老实话请不要见怪——那真是一个奇丑的人呢。

女的　我告诉你——我也老实说罢——

男的　你想说那人不是你的丈夫吗？谁相信你？

女的　我并不是想那样说。

男的　我已经探访着一个认识你丈夫的人，从他的嘴里，把一切事情，都问明白了呢。

女的　那自然是我的丈夫啊。

男的　这就对了。但是，你为什么要对我唱一出滑稽戏呢？你拿给我看的那张相片上的男子，到底是谁呢？

女的　连我也不知道。因为那张相片是从日本东京买来的。我还花了一块洋钱呢。大概不是一个什么贵族，就是一个演电影的武生罢。

男的　（露出扫兴的样子）你为什么干这个把戏？

女的　你还不懂得吗？你刚才说的一番话，不是已经答复了这个疑问吗？你要知道，我扯的那个谎，真收了莫大的成功呢。自从你和那张相片开始竞争之后，你的容貌风姿真不知美了多少倍呢。你真有进步呢。可以说，那张相片把你弄成一个又美丽，又漂亮，又俏皮的人呢。所以，那时我才真心爱你啊！要知道自从你变美之后，我看见我的计划步步成功，我心里真快活得了不得呢。

男的　你真聪明！佩服佩服！但是，我还得加一个批评。纵然聪明，也不过是寻常女人家的聪明罢了。到底你还没有先见之明。

女的　你这话怎样讲？

男的　你问怎么讲？听我告诉你罢。你想方设法，造成的那个计划，结局被一个小小事件，被那封由手提包里失落了的信，完全破坏了。那天我亲眼看见你的丈夫——你的真正的丈夫——之后，才晓得你从前那张相片是骗我的，所以在不知不觉中间我从前对你的那种紧张的心理，完全消失了。我的嫉妒，不知道跑到什么地方去了。爱情开始变冷了，到最后也完全消失了——如果你不失落那封信，也许我现今还在很狂热的爱你呢。

女的　（很温和的样子）这样说来，你以为像我这样一个伶俐的女人，居然会在无意之中，把一封要紧的信失落在你府上吗？

男的　你说什么？

女的　一个惯会欺骗丈夫的女人，能够把信件这样随便乱丢吗？如果我是一个那样疏忽的女人，我丈夫不会早已知道我和你的关系吗？

男的 你是说，那封信是你故意失落的吗？

女的 那何待说！

男的 （生气）为什么故意那样做？

女的 这还不明白，你刚才很得意的说出的那番话，不是已经答复这个疑问了吗？我想使你看见我的丈夫，渐渐的把对我的爱情弄冷，结局好从迷梦中醒过来，以便彼此分手啊——对不住——因为我已经不愿意再继续弄把戏骗你了。因为我对你已经饱足了。所以，我特特的把那封信失落在你府上啊！喜得你果然中了我的妙计，不愿意和我讲爱情了。所以我们两人的关系也就可以很自然，很平和的告一个段落了。

男的 你自然喜欢告这样一个段落，因为你——

女的 因为我早已决心想把那张美貌男子的相片，给别的人看呢。好罢，再见罢。请你不要生气啊！不过，男人家的心，真正变得也太容易了！——只用一张相片和一封信呀！——好罢，再见罢。

（女人从右边那条路走了，男人露出呆想的神气，望着女人走，直到看不见女人时为止）

——幕——

青下巴的军官

舞台是牯岭上九十五号旅馆的花园。时候是七月的一个晴天的早晨。有一位四十五岁的年轻女人和一位四十四岁的老年男子，学着外国人的样子，并着肩在树下徘徊散步，身体挨得很近。

女的　和你一起这样溜荡溜荡着，我心里怪不安静，又像很舒服，又像不自在。

男的　为什么呢？

女的　你想，这样——单和你在一起漫步散心，不已经有十五年没有干过了吗？想起那时，真正幸福，你跟着我脚后跟追，差不多要到发狂的程度呢？你还记得吗？

男的　你别拿我开玩笑了。什么幸福不幸福！你那时——对我不是一点心肠也没有吗？恩？

女的　（很低声说）你那里晓得其中——

男的　你说话说得太低，我听不见啊。

女的　要知道，但凡是一个谨慎的女人，在说她过去的情史的时候，总是特别谨慎的啊。

（这时男的忽然停脚不走了）

女的　怎么！你走困倦了吗？

（男的重新伴着女的走）

男的　你说，那时候很想着我？是的吗？不错的！

（这回，女的停住脚不走了）

女的　怎么？你这时才知道吗？那时一点都不晓得？

（两个人暂时都不说话。男的露出很悲愁的样子，把头只往左右摆，眼睛盯着地面。女的睁眼望着男的微笑）

男的　我那时一点也不知道啊。

女的　你这人真是一个书呆子。你那时不是天天都在我们家里吗？难道一点都看不出？那时我丈夫不在家。他时常在外面跑，路局里的事情多，他在一条京汉路上，每个月总要跑过三五次。我一个人在汉口住着，好不寂寞，亏得你常到我们家里来玩，我暗中真欢喜得了不得呢。我那小女孩子也成天在家里等着你来呢。幸喜得她那时刚只有十二岁啊。

男的　为什么你说这样的话！

女的　你听我告诉你这句话的来历罢。你应该记得，那时，或是我不在家，或是我有别的事到别的房间去了的时候，总是你和我那女孩子在一起玩耍呢。在起初的时候，我对于你，本来没有什么要好的心。你那时常常说笑话。我只以为你只是闲得无聊，才随便说笑，并且那些笑话，都是说一些社会上的平常事情，和我毫无什么直接的关系——因为我那时一心只想着我那远在北京河南等处的丈夫，成天只做着甜美的梦，没有心思管别人的事呢。

男的　那时我真是蠢子啊。

女的　不要这样说。我刚才讲的话，并没有含着讨厌你来得频繁的意思啊！那时你真肯来我们家里玩，你每次来我都很高兴，不过你每次从我们家里回去之后，我却也并不觉得不乐。

男的　我那时每次更早一点告别回家去，倒好了呢。

女的　再不然，你每天要晚一点回去，也好啊。

（暂时两人都不说话）

女的　有一天，我收拾书桌子抽屉的时候，无意中发见了一本日记簿子。

男的　谁的日记？

女的　我女孩子的日记，一个刚刚满十二岁的小女孩子的日记。日记当中写着许多幼稚可笑的事，我看了一看，笑得我眼泪都要流出来了。我看得高兴，一直看下去，看到末尾的地方，可了不得呢，我想笑也笑不出了。你猜末尾写着什么？他写着："我爱那青下巴的军官!"

男的　那军官是谁？

女的　就是你啊！大概脸色浅黑的人，剃了胡须之后，胡根子隐隐现着，下巴总是青的，你那时也是那样呢。我看见她这日记，真正吃了一个大惊！

男的　为什么呢？

女的　还问为什么！我女孩子恋爱着你啊！在那时候以前，我固然也时常听见她称赞你，说你的下巴青得好看，却是我做梦也没想到她会这样想你！我那时心里只管吃惊，却仍还把她的日记簿子，放在原处，走下楼来。刚下楼，就碰见你到我们家里来了。

男的　巧得很呢。

女的　当时你很高兴，你同我照例拉手的时候，你还笑着说，你要特别行一个谒见外国贵妇人的吻手礼呢。你平常动不动就学外国人的举动，逗我们笑，我已见惯了，所以我顺便就答应你说，随你的便！哪晓得你效颦效得不好，在你吻我的手的时候，你带着我的手指无意中碰了你那青下巴一下。真也奇怪，我一瞬间觉得好像你那青下巴有什么电流，传到我身上来了似的，我不觉浑身都酥软了！从那时起，你映在我的眼前里，简直是一个和从前完全不同的人了。我渐渐对你放不下心了，因为我女孩子还时时刻刻想着你呢！我想到她热心的爱你，我心里怪不舒服起来了。

男的　怎么不舒服？

女的　因为我从那时起，才把你当作爱人想着呢。要知道，女人家心思的变动，是很古怪的，对于一个男人，哪怕认识得很久，往往要等到别的女人爱那男子的时候，她才对这男子发生要好的念头呢。

男的　这话固然不错，但是，你的女儿还只是一个小孩子，算不得一个女人啊。

女人　你哪里知道！唯其因她还是一个小女孩子，所以我越发不能不对你认真发生念头了。到第二天晚上，我特特先叫小孩子去睡，然后我一个人去找出她的日记看。那天的日记这样写着："我欢喜的军官有两个眼睛，都是很黑的。我被他两个黑眼睛看着的时候，我真欢喜得了不得。"

男的　写得真有趣呢。

女的　真也奇怪。我看了她这天日记之后，才想起我并没有好好把你眼睛看清楚过，所以我看你眼睛的心，忽然迫切起来，只望你赶快到我们家里来，连睡也睡不着。第二天你来了的时候，我立刻注意看你的眼睛，果然你有两个眼睛，都是黑的呢！我出世以来，怀着鬼胎，去看一个男子，那时还是第一次啊！我当时心里七上八下，只是不安静。我也曾想到，应该打定主意，以后决不再想着你。但是，中什么用呢？要叫一个女人不再想心爱的男子，恰和叫一个好赌钱的人发誓不再上赌博场一样，总不过是自欺欺人罢了。

男的　后来怎么样了呢？

女的　后来她的日记上还记着你做的事情。她说："青下巴军官的声音真美，美得像玫瑰花一样。"她这句话，我当时却不能了解，一直过了许久，才懂得了。本来，这样巧妙的譬喻，只有比我当时还年轻的，或比我当时还年老的人，才能领会呢。不过我虽然不懂得，对你说话的声音，却注了意。据我听来，你那时的声音如像铃铛，好不铿锵。……总之，我当时心里胡思乱想，郁结万分，真难过呢。自然，我那小女孩子，她不会懂得我的心事。

男的　我那时怎么那样蠢笨！

女的　她对你的爱情，并不十分特别，也不过是按照世上一般女学生的通例，闹着玩玩罢了。但是她那种行为，却于无意中把我陷在很危险的不好的地位了。在小说或电影或戏本子上面，总是小孩子出来解救母亲的困难，我那小孩子却几乎把母亲送到男人的怀中去了呢。

男的　那时我为什么一点都不觉得呢！

女的　但是，有一天，她那日记上却写着一件真正可怕的事！她写着："今朝同奶妈去散步，路上碰见了青下巴，青下巴带着一个穿西装的太太，一面笑，一面走。西装的太太也笑着呢。但是我却哭起来了。奶妈笑了我一场。"

男的　你听见这个消息之后有什么感觉呢？

女的　我也不笑，也不哭，恰恰在笑和哭的中间。但是，女人家不笑这件事，是什么意思？你知道吗？这比哭还不好呢。世上的人老是拿笑和哭对照起来说，其实，那只是男人家从男人的观点发明出来的话，只对于男人可以适用罢了。从女人家看来，笑的反面不是哭，倒是不笑。因为女人家的眼泪，在生理上，是一种必要的东西，和咳嗽或打喷嚏一样呢——这些都是题外的话，且不管它罢。总之，我那时却没有笑啊。后来你到我们家里来的时候——恐怕你已经不记得了——我曾很愤慨而露骨的质问你，那西装女人是谁呢。

男的　我真一点也不记得——

女的　可不是吗？我想，也许你那时把我的话一点也没有听懂呢。你或者以为我的话别有用意，以为我在借你的西装妇人称赞我自己的丈夫呢。本来，男女间的说话，若在四只耳朵里面，没有同一的意义，兴味就会减少的啊！

男的 请慢慢……你说的话，我越听越不懂了——怎么——你是说，你当时一心一意想着我吗？

女的 呃！结局是那样的意思。

（暂时都不说话）

女的 上面说的还不算得要紧的话，顶重要的话，还在后面呢。从那一天起，有三四天我都没有去偷看女孩子的日记。因为我实在害怕看呢。我心里不舒服极了。我只是拼命写一些富于爱情的信，给我丈夫，或是抱着我那女孩子，拼命的亲嘴。到了你来我们家里的时候——呃——就是那一天。那一天是——

男的 让我说一句。打断你的话头，对不住得很。那一天不是星期四吗？

女的 错了，不是的！是星期一啊！

（男的用手杖突着路旁的草根，露出很不高兴的样子）

女的 就是那一天啊——若是你——如果你——

（女的不肯说下去，露出等男的接着说的样子，把男人热心看着）

男的 如果我怎么样呢？

女的 如果你不出我所料，开起口来啊！要知道，有许多时候，都非男的提起勇气，打断女人的无聊的话，向女人开口谈判不行呢。所以，这是——

男的 你想说这是什么？

女的 没有什么。唔！你听我说罢。你已经走到不能不开口谈判的地点了啊!

(这时男的又想拿手杖戳路旁的草丛,但是忽然又中止了)

女的 大概后来又过了四五天。我偷看她日记的心越发迫切起来了。我又去偷看。这时她日记上这样写着:"青下巴的牙齿真脏。头上有些地方,秃得连一根头发也没有了。青下巴把别的地方的头发挪到秃光的地方去,想遮盖他的秃疤呢。"

男的 好淘气的小孩子!

女的 到第二天,我替我那小孩子,买了一个法国做的洋娃娃,一个很大的洋娃娃,比我女孩子还高一个头。后来你到我们家里的时候,我欢欢喜喜的笑了一场。等你回去了之后,我又哭了一场呢。那时哭得真痛快,真正,我到那时为止,从来没有那样心满意足的流过眼泪呢。

男的 你的话就这样说完了吗?

女的 还有不好的事呢。我对于你的那种热爱,同时也就完了啊!我现在想来,像这样的爱情终局,对于男人方面,真比事实的相爱关系的终局,还更加不好呢。

男的 怎样!你是说,那淘气小孩写的几句话,真正使你断绝我的情丝吗?

女的 是的,真正的。我女孩子有时还这样写着:"青下巴进房间以前,在廊檐下面,把鼻孔哼哼的响了几响。"总之,她是一个小女孩子呢。小孩子的爱情,是天真烂漫的,时间一过,他把从前的一切,都会忘记得无影无踪呢。我那女孩子这样不知不觉的,又把我从爱人的怀中带走了。在两星期中间,忽然发生了爱情,忽然这爱情又烟消火灭了。真正忽忙得什么似的,我简直头晕眼花了。好在，结局走到了应该安歇的地方了——安全的走到了啊！

男的　好恶辣的话啊！

女的　怎么！你把这段话这样解释？在我一方面，却觉得这段话甜而有味呢……真好像陈酒一样的味儿啊！

男的　有什么甜味？我只觉得它酸得不堪呢——好像一樽封得不严，走了气的陈酒一样啊。总之，你封的方法，未免太不好了。我来问你，你到底为什么今天要提起这一段话？

（女的暂时想了一想）

女的　问我为什么？要知道，刚才我说的这一番话，一句真的也没有呢。

男的　你这人真太过于拿人开心了！

女的　刚才说的话，不过是我和你散着步一时高兴编出来的话罢了。你懂得了罢？我为什么造出这段话？因为我须得把这样一段话告诉一个人呢。

男的　须得告诉一个别的人！

女的　是的。我那女儿的丈夫，目前不在家。有一个男人时常跑到我女儿那里去纠缠，我女儿烦麻得了不得，所以特特跑来找我，要我替她想个方法，开导这个纠缠不清的男子。我须得救一救我女儿。今天晚上，我要把我刚才对你谈的一段话，从头说给我女儿听，好叫她——

男的　这样说，那日记的话，怎么样呢？也是你编出来的吗？

女的　关于那一点，你倒不必担忧。因为日记上所写的却是真的。虽然别的话都是假的。要知道，刚才我说的这段话，可以给我女孩子做一个口实，去向那男子说"你以前救了娘的坠落，所以现在轮到娘来救你了"啊！我想这口实一定有功效的。我相信它一定有效验。

男的 请让我再问一句罢。

（男的露出很怀疑的样子，望着女的）

女的 请说罢。

男的 那天的确是星期四啊——你刚才为什么一定说他是星期一呢？

女的 我曾经说过那天是星期一吗？

男的 呃！你刚才不是愤愤的极力主张那天是星期一吗？

女的 真的，那天不是星期一啊。

男的 所以我说是星期四。

女的 是的呢。

男的 这样说来，"那天不是星期一"这句话当中，也应该含着有"事实还是事实"的意思呢。但是，你刚才却断然的说，一切都是编出来的。叫我相信哪一边才好呢？我问你，你现在究竟心里想怎么办呢？

女的 我刚才正在掉换一个瓶子，去装那瓶陈酒呢。这回我要好好的用塞子塞好呢。老实说，我本想斟上一杯给你喝喝，谁知你——（女人的眼睛，把男的从头到脚，一直看下去，两只眼睛盯着男人脚尖旁边的地面上，直到女人的话说完时为止）谁知你竟不像一个真正会赏识陈酒味道的人啊！

男的 （大大的狼狈起来）那末——

女的 那末，我们且谈别的话罢。

——幕——

钥 匙

舞台是德国柏林东区的高大楼房三楼上的一间客厅。时间是晚上十点钟左右。房里陈设很华丽。大小桌子上杯盘狼藉，露出刚刚开过茶会，许多客人回去了之后的样子。火炉边坐着两个女留学生：一个是主人郑女士，一个是客人张太太。两个人一面喝西洋红茶，一面低声的谈心。

郑女士 刚才人多口杂，不好和你细谈。我很想问你几句话，你度过蜜月，回到柏林以后的生活，自然是很得意的？新陶街的新房子还如意吗？

张太太 房子倒不错，眺望又好，周围也清静。至于结婚后的生活得意不得意，那倒没得说的。难道你还不知道我的性情吗？

郑女士 不消说，张先生是要拜倒石榴裙下的了？

张太太 那个书呆子，蜜月还没有过完，就拼命做着博士的梦，倒好对付。唔！我老实对你说罢，论我的本事，我原可以把他装在鼓里，但是，我前天一时大意了，几乎闹出不得开交的事情来呢。我就对你说，恐怕你还不相信呢。

郑女士 你说的话，我没有不相信的。

张太太 阿张虽然有一点书呆子气，到底世面见得很多，有时候却也精明过人呢。这段故事，说起来，又好笑，又叫人害怕——

郑女士 说给我听听啊！

张太太 这是前天星期三那天的事。但是，如果不是你，恐怕谁也不相信呢。真是——有点什么——

郑女士 我是相信你的，赶快说罢。

张太太 听我说。前天晚上，七点多钟的时候，我才由阿鲜那里回家。谁知道阿张这天回家回得特别的早，我进门一看，他已坐在饭厅里火炉边看晚报呢。他平素总是在八点钟以后才回家，这一天我吃他一个冷不防，心里头未免有点不安静。我进门脱了外套，正要把它挂上衣架，我忽然想用小手巾起来，所以我就伸手到外套口袋里去拿手巾。那时我正心虚得了不得，没有想到那里有一个特别钥匙。我一个不注意，就把这钥匙带出来，刚刚扔在阿张的脚边。

郑女士 一个钥匙落在地下，有什么稀奇呢。

张太太 有什么稀奇！你不知道，我们搬到新陶街的那一天，就从看门的收到两份钥匙，每一份是三个：一个是共同楼门上的，一个是我们大门的，一个是我们卧房。我和阿张曾经当面交代过，各把三个钥匙放在一个钥匙圈上，以免遗失呢。所以忽然从身上落下一个单钥匙在地下，是很不合情理的啊。

郑女士 唔，那时张先生怎么样呢？

张太太 阿张只是随随便便说了一声"钥匙。"我一听他这样说，不觉得脸上发起烧来，心里越发慌起来了。阿张和我，在平常是很讲究西式的男女道德的。每逢我落了什么东西在地下的时候，总是等阿张去替我捡起来。但是这一次因为慌了手脚，竟至连忙自己去捡起来了。你想想，我刚来的时候看见他坐在那里，不觉吃了一惊，已经神色不对，过后又因为落下一个单钥匙，不觉红了脸，现在又违背平日的惯例，慌忙自己去捡钥匙，怎么不会使阿张动疑呢？那时我已经明白知道，把事情弄糟了。

郑女士　怎么？随后发生了什么不好的事情吗？

张太太　是的。阿张忽然笑起来了。他发一阵冷笑呢。别的话却一句也不说，只是冷笑。只是睁眼望着我。一定我那时在实际上也是狼狈万状罢。我听见他冷笑，当然一时也找不出相当的话对他说，所以我也不做声。稍微停了一停之后，阿张忽然用很尖的声音说："什么钥匙？"

郑女士　恐怕你很难于答复罢。

张太太　"什么钥匙？"这声音真好像锥子一样，刺进我的心里，叫我怎样答他呢？如果这钥匙是一个平常的钥匙，那倒一点也不成问题……无如这是一个特别钥匙啊！这钥匙还放着光。并不是因为使用久了，摩擦出来的光，倒是一种还没有使用的新钥匙的光。因为这个钥匙是刚刚配好的呢。要知道，但凡一个旧钥匙，都能够使人放心，使人信用它。旧钥匙好比旧朋友一样，无论是谁，如果把自己用旧了的钥匙，眼睁睁的看着，联想起来，一定会觉得那钥匙好像活着的东西一样呢。这个新钥匙却不然，好像挤眉眨眼的怪不好看，明明显出它是一个手艺拙劣的工人配成的，所以看见它的时候，就会叫人联想着——

郑女士　那些话且不管它。我只问你，后来怎么样了呢？

张太太　阿张说："什么钥匙？"我一听见，要知道事情不妙了。无论怎么想回答，都瞒他不下来了。但是，真也奇怪，你猜我那心里忽然想着什么？我从前未结婚时，曾在一本小说上看见这样一个故事：有一个女人从她爱人家里回来的时候，她丈夫问她到哪里去了，她立刻答应说："到爱人那里去来。"她丈夫听见这样回答，不唯不生气，反转笑着说："以后不要再去了啊！"我那时忽然想起了这个故事。真想答应阿张说："这是我爱人房间的钥匙"呢。好在我即刻又想到，对阿张那个人，纵然说这样的笑话，恐怕他也是不懂的，也许还要把事情弄得更糟，弄得自己下不得台，所以忍住没有说出来。我那时真着急，真不知道要怎么办才好。万一我和阿鲜的关系，由这个钥匙，暴露出来，怎么了呢？到那时，不消说，立刻就是离婚问题啊。离婚之后，我岂不是又像从前一样要发生回国问题吗？但是我一回想，好在我年纪还轻，又没有生什么儿女，纵然离婚，也总算比别的离婚人少一点困难，我又何必害怕呢？要离婚就离婚罢。想到这里，我胆子倒反壮起来了，只管站在那里也用冷笑的态度望着阿张。

郑女士 后来怎么样了呢？

张太太 后来吗……你听我说罢。女人家的心，真正奇怪呀。……那时候，我忽然心平气和起来了。也不红脸，也不慌手忙脚了。如果阿张是一个聪明的人，也许能够由我几分钟间颜色的变动，把一切事情，都看出来呢。我那时为什么会说那样的话——为什么会有那样的念头？这连我自己也不明白，总之，在事实上我却很安静的对阿张说："这个钥匙吗？这，这是饭厅的钥匙呢。"

郑女士 你说那是饭厅的？

张太太 是的，饭厅的。完全是信口偶然说的。照当时的状况看来，也许我会同样偶然的说它是厨房的钥匙，便所的钥匙，甚至于教堂的钥匙呢。但是，在事实上我口里说的，却只是饭厅的钥匙。仿佛有一团发了狂的冷血叫我说它是饭厅的钥匙似的。我说过之后，就低下头，等着暴风雨打到我身上来。但是，哪晓得居然没有发生暴风雨呢。

郑女士　怎么不会发生呢?

张太太　那时阿张说"是饭厅的吗? 恩?"我重新答复他说:"旧钥匙失落了,所以叫人配了一个新的来。"阿张此时倒也伶俐,他听见我的话之后,立刻从我手里,把钥匙拿去,忙着向饭厅的门边走。饭厅本来有两个门:一个通着廊下,一个通着书房。阿张先走到通书房的门边去,想把钥匙套进钥匙洞,却因为大小不合,套不进去。阿张很得意的,回头望了我一眼。我也不说话,只在鼻子里对他嗤了一声。阿张随即跑到通廊下的那个门边去,把钥匙放到钥匙洞上,直往里边塞。那时我背上不觉得发起冷来呢……但是,钥匙却合了洞呢,放进去之后,居然把锁打开了呢……那个钥匙,真好像就是那个门的钥匙一样,合得非常之巧,把它扭转的时候,还推着锁心,放出嘎打嘎打的声音呢。

郑女士　呃! 那是什么缘故呢?

张太太　你还记得罢,有一天阿鲜对我们谈天,曾说过,英国文豪纪尔蔽做了一首诗,咏叹耶稣圣母的显圣,说有一个女人瞒着丈夫做了怪事,几乎被丈夫发见了,亏得圣母显圣,才救了这女人,使她从此不敢做怪事了。我虽不相信耶稣教,怕不是也有圣母来救了我吗? 我管它是显圣也好,是偶然的暗合也好,总之,事实却是事实呢。

郑女士　你真正侥幸! 后来怎么样呢?

张太太　后来的话,还待说吗? 你是知道我的本事的,自然可以推想出来。前面说的话,都带有神秘的性质,令人很难相信。自从钥匙合了饭厅门上的锁之后,一切事件的进行,自然是平常的,只要是一个知道操纵男子的方法的女人，谁也想像得到啊！我自然对阿张生起气来，把双眉竖起，鼓起眼睛，露出又生气又伤心的样子，对他说："哼！你见了鬼吗？平空白地，疑心自己的太太，你害羞不害羞？亏你满口自由平等，还做博士的梦！我算上你的当了！好罢，你既不相信我，我们就趁此大家作个归结罢！"……阿张对于女人心理到底观察得不清楚，他以为真把我冤枉了，所以立刻软了下来，赌咒发誓的赔不是呢。当男人的，真正可怜，没有拿着真凭实据，对于自己的老婆，一句话也不好乱说呢。阿张自然更特别可怜，他拿着了真凭实据，却还碰着了鬼呢。

郑女士　后来你怎么办呢？

张太太　后来我和阿张勉强弄晚饭吃了，两个人都觉得无趣得很。虽然勉强找出一些别的话来说，到底说不起劲……后来他借口和朋友约着讨论同乡会的事就出门去了。等到我一个人在家的时候，忽然觉得满身都不自在，觉得浑身发颤呢。

郑女士　你总算是侥幸极了啊。唔！这样侥幸的事恐怕不容易常常碰着呢——

张太太　你这话是想叫我警戒吗？

郑女士　实在应该注意，别弄得身败名裂才好呢。

张太太　你这话自然不错，谢谢你。我以后再不那样大意了……昨天晚上，他又跑来会我呢。

郑女士　谁跑去会你？

张太太　那个人啊……那个特别替我配了一个钥匙的人啊……他跑来的时候，阿张还在大学听课，没有回来，所以只有我和阿鲜两个人坐在饭厅里说话。我把刚才这番话，告诉了他呢——不是的，不是完全告诉他——只告诉他，他门上的钥匙，也可以开我们家里饭厅的那扇门。

郑女士　阿鲜怎样说呢？

张太太　他说："只讨论那个钥匙能够开什么门，那有什么趣味？不如问问，那个钥匙能够锁上什么门呀！"

郑女士　什么？

张太太　随后……他就用他的钥匙把饭厅的门锁上了啊。

郑女士　喔呀！你这人好大胆子！刚刚逃出虎口，又干那样的事！用那个钥匙！锁那一扇成过问题的门！真正——

张太太　真正什么？这些事情和那钥匙有什么相干？和那扇门又有什么关系？从表面上看来，还不是同一的钥匙，同样的门！……

（张太太说到这里，忽然站起来，穿上皮外套，和郑女士握手，匆匆的走出去了）

——幕——

挨打的比赛

舞台是北京中央公园后面的树林。时候是秋天午后二时左右。出着太阳。树下摆着一些藤做的桌椅，上面搁着茶杯。因为时间还早，喝茶的人还不多。舞台正面茶桌边，坐着两个好像中学生的青年，但是似乎知识已开，头面已经修饰得很好，衣服穿得很时髦。

黄又衡　今年秋雨真多，好容易今天星期天碰见天晴，正该大家快活。你怎么只管坐着不说话呢？昨晚熬夜了吗？

艾若飞　唔！哪有精神熬夜！

黄又衡　身体有什么病？

艾若飞　哪里话？病是一点没有的。

黄又衡　今天你一进公园门，就只是愁眉不展，刚才和你打桌球，你也老是心不在焉的，毫无精神。干什么这样无兴致呢？

艾若飞　对了，我今天没有兴致。

黄又衡　为什么？

艾若飞　啊！那个女人家真爱撒谎！

黄又衡　怎么！又受了小红的骗？

艾若飞　别瞎说！谁还同窑子里姑娘争闲气！

黄又衡　那末，什么女人呢？

艾若飞　还不是斐亚女士！

黄又衡　喔呀！你和培华的斐亚女士到了这种程度吗？怪不得老谢近来也不吹牛了。怎么！干上了？

艾若飞　你这东西！只晓得下等的快乐！别唐突了美人呀！

黄又衡　你看，你说起女人，你精神就来了。还骂别人！斐亚女士对你怎么样了呢？

（艾若飞暂时不开口，黄又衡只望着他，露出催促他说的神气）

艾若飞　她倒也没有别的，只不过是薄情罢了。女大学生大概都是薄情的，薄情的东西呀！

黄又衡　到底是怎么一回事呢？

艾若飞　你知道公园里水榭的池子旁边的秘密吗？

黄又衡　秘密？

艾若飞　那是女学生们的密会所呢。每天到断黑以后，不知道有多少对有情人在那里喃喃私语呢！我和斐亚也时常约定在那里密谈。

黄又衡　在中央公园密谈，她不怕别人把她错看成窑子姑娘吗？

艾若飞　又在瞎说！你几时看见断黑以后还有窑子姑娘游公园？亏你还自称为行家？我告诉你，我们这一向都是在六点钟以后离家，她说是到学堂去练习钢琴，我说是要到京师图书馆去抄讲义，其实都是瞒家里人的话，我们大概七点钟左右，总在水榭旁边一带地方徘徊呢。要知道，我和她还是纯洁的热爱，只不过携着手散步谈心，连接吻都还没有做过呢。论我和她的亲爱程度，本可以要求接吻了，但是她怕人碰见，总是羞涩涩的表示不愿意的态度，所以我也不强逼她了。我们始终除了随便谈天之外，总是商量着以后我和她结婚的事情啊，怎么同到外国去玩的话啊，老是在未来的空想当中求快乐呢。有时候我们也拌嘴闹着玩儿。我对她那表兄——住在她家里的表兄，很有点醋意，所以我特地编一些话去打趣她，哪晓得她一点也不在意。我又说我新认得一位美貌的女大学生，想叫她也起一点酸化作用，哪晓得她还是毫不在意。但是，她的确爱着我呢。

黄又衡　够了罢！你那种肉麻的话。倒是把要紧的薄情谈说一说呀！

艾若飞　别忙，我刚才说的，就是薄情谈一个序言呢。我和她虽然常常见面，然而有时也得通通信札。有一天我的信被她母亲在途中截留着拆看了呢。这也只怪我自己。我不该把水榭相会的话，写在信上。本来只写在照例的地方会见就行了的，不知道碰见了什么鬼，居然大意写上水榭两个字，所以弄出事来了。她母亲虽然偷拆了信，却还装做不知道，仍然把信封好，交给斐亚。斐亚到第二天晚饭完了之后，换上一件新衣服，抱着书包出门，对她母亲说，要到石驸马大街学堂里去练习钢琴，她母亲真老辣，仍然装做什么都不晓得的样子，却是斐亚的后脚刚出大门，她母亲的前脚已经达到门坎，暗中跟上前去了呢。这不是一个很讨厌的女人吗？恩？

黄又衡　唔！

艾若飞　真好一个恶辣的老婆子！那天我先到，我坐在水榭山凹里的亭子上等着。一会儿斐亚来了，我们携着手走到山上树丛里去。我问她到底爱不爱我，她回答我说，自然是爱的。我问她爱到什么程度，她回答说她以全体全心爱我。我欢喜得了不得，对她说，我真喜欢她。她说她的欢喜还在我的欢喜以上。我说，她是我顶欢喜的人，我欢喜她，比欢喜谁的程度都高。正说到这里，她母亲忽然从旁边松树林子里面跑了出来，好像一条公牛一样。

黄又衡　喂！什么话！一条母牛一样罢。

艾若飞　像一条母牛，倒不出奇了。她原是母的，现在变得凶神恶煞一样，所以才像一条公牛啊。她母亲跑了出来之后，就站在我两人的当中，只是瞪眼睛。我那时本想逃走，但是一想，把斐亚一个人留在那里，仿佛对不起人似的……并且她母亲已经站在眼前，逃也无从逃呢。她母亲对我一句话也不说，她还认不得我，当然也不便说话。她只把斐亚肩上抓了一把，口里骂着："这就是练钢琴吗？哼！怪不得要换件新衣裳呢！"骂得斐亚无话可答，只是站在那里发抖。不料那条公牛居然伸出右手，皮亚打一下，就在斐亚脸上打了一个耳刮子，那公牛真是手脚灵敏，连我想上前止住她也来不及呢。

黄又衡　什么！打在那嫩红的脸上？

艾若飞　打在左边脸上啊。我正在迟疑，不知道怎样对付这公牛才好，她母亲已经拖着斐亚往山下去了。我呆呆的看见她两人走开，心里好不难过。但是，我对于斐亚的爱情，却反因此增加了呢。她当着爱人的面前，被母亲那样殴打，我知道她一定伤心得非常的，并且被打的原因，又是为我，我怎么不越发爱她呢？我这样想着，信步走回家去了。

黄又衡　这段话就这样完了吗？

艾若飞　还有还有。还有比这个更难过的事呢。第二天我又用一个方法写封信给斐亚，约她星期四仍在水榭旁边相会。我知道这一回是可以放心的，因为料想她母亲自打了她一顿之后，不会疑她到即刻又来和我相会呢。

黄又衡　斐亚女士来了没来？

艾若飞　来了煞。她来了之后，拉着我的手，痛哭了一场，哭得仿佛连她的心脏都要破了似的呢。自然因为她觉得面子上太下不去。她对我说了又说："在你的面前，那样被打，好不令人难过！若是在家里，哪怕打得再利害些，我倒一点也不要紧。"我那时真想不出安慰她的方法了。因为斐亚是生性高傲的，很不好随便用话去敷衍她呢。她哭了一会，就回去了。我也无精打彩的向家里走，在路上想来想去，却想出一个顶好的方法来了。

黄又衡　什么方法？

艾若飞　我想，她为了我的缘故，吃了一个大亏，所以我得想法顾全她的体面，恢复她的感情。

黄又衡　你想出什么顶好的方法呢？

艾若飞　如果我不写那封蠢笨的信，她母亲一定不会跑到水榭旁边来，当着我的面前打她一顿了，是不是？所以我想，要恢复她的感情，只有叫我的父亲当着她的面前，也打我一顿。你懂得我的办法了罢。

黄又衡　还不懂得。

艾若飞　这还有什么难懂。我用左手拿笔，写了一封匿名信给我的父亲。信上这样写着："径启者，近见令少君每日午后六时左右常偕一妙龄女子徘徊于中央公园水榭山池之间，相倚相傍，殊不雅观。似此放荡情形，若任其继续，不加裁制，恐不但于令少君前途有关，且亦难免贻误良家少女。属在交好，用特奉告。望于午后六时左右亲往水榭一探，便知所言非谬，令少君之行为实应痛受父兄批耳之罚也。此上即颂训安。某友谨上。"

黄又衡　你真干这样古怪的把戏吗？

艾若飞　怎么不真？我信上说的值得父兄打耳刮子的话，是有特别理由的。我父亲的人品是很高尚的，轻容易不肯动手打我。若不给他一个暗示，纵然他拿住我的错脚，他也不会打我呢。但是，斐亚因为我的关系，已经挨了她母亲的打了，我必得挨我父亲一顿打，才对得起斐亚呢。如果我也当着斐亚的面前挨了打，斐亚想来也就不会特别感觉她挨打的丢脸了。我这叫做"舍命陪君子"，是一种豪侠的行动呢。你看是不是？

黄又衡　那是不错的。

艾若飞　一个男子汉，爱上一个女子，这点点牺牲，总是应该做的。

黄又衡　对啊！

艾若飞　我在琉璃厂把这封信投了邮政箱。第二天吃中饭的时候，我父亲只是拿眼睛望着我，我知道那封信发生作用了，我放了心。那天下午，我父亲始终注意我，我只当作不知道。吃了晚饭之后，我拿起书包要出门，我父亲问我到哪里去。我回答他说，要到京师图书馆去查一查英文大字典。我出了大门之后，慢慢走着，在立早胡同转弯的时候，用眼睛偷着往后面瞟了一瞟，果然不错，我父亲远远的跟着我呢。我当时心里真好过！我进了公园，到水榭西边山上的时候，斐亚还没有来，过了两分钟的时候，我偷眼看见我父亲由照相馆那边绕道到山后来了呢。约莫经过五分钟的时候，斐亚来了。我和她即刻携手徘徊起来。我特特大声的问她："你爱我不爱？"她回答说："怎么生疏起来了！我先问你，你到底真心爱我吗？"我答应她说："我真爱你，牺牲一切来爱你！"这时我的父亲忽然从山后松林里飞跑出来了。他一面伸手抓我，一面说："好啊！这就是图书馆吗？好小子！"他话未有说完，就照我信里开的条陈，伸开五个大指头，皮亚打一下，打了我一个大耳刮子。他一面说："还不快给我滚回家去！"他带我走下山的时候，还恭恭敬敬的对着斐亚，行了一个脱帽礼呢。他真算是知书识礼啊！所以，我始终还是尊敬我的父亲。

黄又衡　那是不错的。

艾若飞　第二天，我又会着了斐亚。你猜她怎么样？好可恶的东西！她笑话我呢！

黄又衡　怎么！笑话你？

艾若飞 她真笑话我啊！……她说，我挨打时候的容貌，真正滑稽得很，她从没有看见过那样可笑的面孔。她一面说，一面还大笑不止呢……自然我即刻告诉她，这是我一种安排好的计划，并且把那封信的稿子，取出来给她看，说明我的意思，是叫我也当着她丢一回脸，以便和她那回当着我丢了的脸相抵，免得使她心里长久不快活。并且对她说，我纵然在挨打时面孔不好看，那也只为肉体痛苦的缘故，并没有什么可笑的理由。谁知道无论我怎样说明，她都不相信，仍然只是笑，笑得和蠢子一样。我不由得不生气了。她看见我发急，才对我说："请不要见怪，实在没有法子呢。自从看见你挨你父亲的打之后，我一看见你，心里就忍不住不笑起来呢。"

黄又衡 她居然说那样的话？

艾若飞 你以为我说假话吗？……真的呢……我听了她的话，自己都觉得面皮发烧起来了。我什么话也说不出了。她看见我为难的样子，仿佛也露出一种过意不去的神气。但是随即又对我说："老实说，你被你父亲打耳刮子的时候，真正可笑得很呢。现在我无论怎么样努力想去照从前一样爱你想你，都还是无效呢。阿！我已经厌烦了。我一点也不想讲什么爱情了！"她刚说完，又叽叽的笑起来了。我实在忍受不住了，只得一句不说，和她分手跑回家去了。我觉得，她那叽叽的笑声，到今天还在我耳朵里响着呢。

黄又衡 这段话这样完了吗？

艾若飞 完了。

（暂时两人都不说话）

黄又衡 那女人的事，你可以不必老是挂在心上罢。要知道，她是一个杨花水性啊！与其受她的气，不如还是去和小红闹着玩罢。

艾若飞　女人家的性质，总不过是那样罢了……你若向她逞豪侠，表现一点牺牲的精神，结果还是你当了傻子呢。特特地叫人打耳刮子，还只落得被爱人笑话呀！

黄又衡　难道你当初以为，你牺牲脸皮去挨一个耳巴子之后，她就会特别增加爱情的热度吗？

艾若飞　老实说，我当初何尝不是这样想呢？就是这个想头想坏了！这也怪不得我，因为我自她挨了母亲的打之后，我比从前还加爱她……比从前还加尊敬她呢。哪晓得她——她——啊！我真不懂得是什么道理！一点也不懂得！

黄又衡　我也不懂得。

（这时两个人都露出很不高兴的样子，从椅子上站起来在树下徘徊）

——幕——

最后的冲突

舞台是上海静安寺路的一座大洋房的二楼上一个房间。房里有许多漂亮家具，乱杂的陈设着。桌上有些吃剩下的杯盘。沙发椅上，放着一件旧大衣。地板上虽然铺着毯子，却是毯子上面散着一些包东西的纸包，当中有一包，还露着里面的酥饼。一个男子在房里走来走去，露出不高兴的样子，显然是等人等得不耐烦了。过一会儿，一个女人进来了。她长得极美，年纪又轻，衣服穿得极时髦，显然是一个出风头的女明星。

男的　已经九点半了。

女的　还只九点十五分钟啊。

男的　别瞎扯。九点半了！

女的　真的吗？也许是那样。也许是九点半。九点半又怎么样呢？笑话！你是我的丈夫吗？

男的　你到晚上九点半钟才回家，到底跑到什么地方去了？

女的　你管我跑到什么地方！

（女的脱下帽子和大衣，挂上衣架。顺手在桌上拿起一张报纸，一面看，一面坐到沙发椅上去）

男的　（突然大声喊起来）哼！你存心要和我过不去呢！我可不能饶你。你从两点钟跑出去，九点半才回来，这几个钟头中间，干什么去了？好罢！把你杀死，倒干净！

（这时，他一面说着，一面顺手提起一把椅子来，想要朝女的头上打去）

女的　不要瞎闹！住手啊！叫你住手就住手啊！这还成什么样子！出去罢！你若不出去，我就要叫印度巡捕了。（忽露出一种笼络他的口吻）你也太暴躁了啊。到底怎么样了呢？请你不要那样肝火旺！要好好的说，才像一个样子啊！像你这样，那不完全成了一个没见过世面的大少爷吗？……来啊！来这里坐坐！我们亲一个罢……来罢。

男的　（他咬紧牙巴，做出不愿说话的样子）唔，唔……唔！

（这时男的虽不说话，但是在态度，已经露出回心转意的样子了）

女的　听我说，不要再干那么不成体统的事了！

男的　（走到女人的旁边，在她颈骨左右细声说）从两点钟到九点钟，你到底跑到那里去了？

女的　我一直到四点钟，还在家里呢。

男的　你骗谁？我两点钟的时候来了一次，你已经不在家啊。

女的　我在家，在三楼上。我到马太太那里去了一次。

男的　马太太那时也不在家啊！

女的　是的，因为她不在家，所以我即刻下来了。

男的　即刻下来？哼！我在这里，差不多等了一点钟，你何尝回来呢。难道你下一层楼梯，要费一点钟工夫吗？

女的　别性急！听我解释罢！我正要下来的时候，恰恰碰见了看门的上去。他对我说，他的老婆今天早晨生了一个小孩子，所以我即刻下楼去，到看门的家里看小孩去了呢。啊！真是一个可爱的小孩！今天早晨刚生下地的小孩！

男的　哪里有这样的事？看门的的老婆，的确在半年前才生了小孩，我记得很清楚，那时我还送了他五块钱贺礼呢。说他老婆今天又生小孩。这才真是骗小孩子的话。一个女人那里会这样快又生小孩子。

女的　真的吗？怪不得我那时觉得，怎么刚生下来的小孩子就有那样大呢。可恶的看门的两夫妇，真会扯瞒说谎啊。

男的　后来你到什么地方去了？

女的　我看了小孩之后，即刻回家来了。一直到七点钟为止，坐在家里，什么地方也没有去。

男的　瞎说！哪会有那样的事！我六点钟又来了一次，你还是不在家。并且我三点半钟从这里出去的时候，曾经搁了一根火柴在钥匙洞里，到了六点半钟的时候，这根火柴还在那里，动也没有动呢。所以你从两点钟出去，一直没有回家，是很明显的。你还要扯谎吗？我现在可不能再受你的谎骗了。你这家伙，专爱扯谎。叫我吃亏！好罢，杀死你倒干净！

（这时男的从桌子上拿起一把吃西餐的刀子。露出要行凶的样子）

女的　喂！我问你，你是谁啊？你是我的丈夫吗？好不害羞！放下那刀子罢！好好的给我滚出去罢！巫妈！巫妈！

巫妈　（走进来）小姐叫我？

女的　去叫印度巡捕来罢。

巫妈　就去。

（巫妈走出去）

男的　你骗了我。

（这时他从地毯上捡起酥饼，即刻又掷在地下）

女的　来罢！和我亲一个……

男的　（走到女的颈项旁边，叹了一口气，露出很怀疑的样子）你到底还爱我不爱我？呃？怎么样？

女的　你怎么会说我骗了你呢？这话从哪里说起？

男的　因为你专爱撒谎啊。什么马太太啊，看门的生了小孩子啊，对于出去的时候和回家的时候，几时说过一句真话！你以为我真不知道你到什么地方去了来吗？我知道很清楚呢。你不是同李老三两个人到万国体育会去溜冰，后来还一起到万国大饭店去开房间吃饭吗？哼！你纵然赌咒说没和李老三亲过嘴，谁肯信你？……像你这样杨花水性的东西，杀掉倒干净些！（他抓住女人的头发）哼！看我一拳要你的命！

女的 别扯人头发啊！放手！

男的 偏不放手。

女的 不放手？你不放手我就开咬哟！

男的 你敢咬人！咬来试试。（女的果然咬男人的手）好罢，饶了你罢。若不是你学狗一样咬人，我早把你打死了。

（这时他又在地下捡起酥饼，看了看，又丢下地去。随后不走了，坐向一张椅子上去）

女的 （走到门边去大声叫）巫妈！赶快去叫印度巡捕呀！先前就叫你叫去，为什么不去叫呢？

巫妈 真正去叫巡捕吗？

女的 即刻去叫啊！要知道，现在快要出人命案呢。

男的 （在地下捡酥饼）我先杀了你，然后自己也死了去。

（这时男的捡起地下的酥饼，向桌上掷去，表示一种不屑吃它的样子）

男的 侦探把什么事都告诉我了。

女的 什么！这样说，你叫了侦探跟着我走吗？

男的 有知道你的行动的必要的时候，少不了我得利用侦探。像你这样的东西，世上真也少有——关于你的事，我什么都知道了呢。

女的 关于我的事，请你不要管罢。

（她坐在椅子上哭起来了）

男的 到底你也还有一点良心！我想到这里倒也欢喜！喂！不

要哭了罢。

（这时女的用小手巾遮着脸，越哭得利害了。那小手巾上，混着强烈的香水，冲着男子的鼻子，叫他发生异感）

女的　我的事请你不要管罢。

男的　（站起来，声音发起颤来）如果你的母亲知道这些事，你那漂亮温厚的母亲！

女的　你又在说我的母亲呢！我母亲的事，也请你不要提罢！

男的　如果你母亲知道这些事情——

女的　这和我母亲有什么关系？你这人总是动不动提起我母亲的事来——叫我伤心。你不过因为要想叫我事事如你的意，特特抬出我母亲来压我罢了。哼！我告诉你，那是不中用的呢。（女人站起来，和他对立着。并且眼睛里还露出一种挑战的神气）你如果愿意听——是的，是的，你如果愿意听我——

男的　唔！

女的　你如果愿意听我今天下午的真正的行动。

男的　说罢！怎么又不说了？

（这时男子又从桌上拿起西餐的刀子来）

女的　别动刀动枪了。照你那样子看来，好像真要想杀死我呢。

（女人说到这里，又哭起来了）

男的　那末，你愿意自首了吗？你是承认真正骗了我不是？

女的　且不要说那些话。第一我要说这里是我的家。其次，我要说，现在已经十点半钟了。

男的　还只有十点十五分钟呢。

女的　不是的，实在已经十点半了。我告诉你，无论是谁，都没有在我家里这样夜深瞎闹的权利呢。请出去罢。我不想和你再见面了。你如果不出去，我就真要烦劳巡捕来请你了。我告诉你，你在这个家里，一点权利也没有呢。你懂得不懂得？

（这时，男子捡起酥饼，放在掌中转着玩，仿佛把酥饼看成一枝手枪，只要一扳枪机，就可以消灭他的一切痛苦似的。他勉强苦笑着）

男的　你说我在这家里一点权利也没有？那末，李老三怎么样？他有不有权利？恩？

女的　哼！如果你有权利，李老三当然也会有权利啊！

（这时男子仿佛已经知道他非采取一种断然的态度不可似的，露出认真不快活的样子，点点头）

男的　真没有看见过像你这样的女人。你的什么事我都知道了啊。你和——

女的　爱说只管说罢。随你怎样胡说，于我有什么损失？你这样的瞎闹，也不是从今天起了。巫妈，准备了消夜没有？

巫妈　（在隔壁房间答话）没有呢，小姐。小姐不是说过，今天晚饭和消夜，都不在家里吗？

男的　对啊！你原是打算和李老三一同吃消夜的呢。

女的　原打算和他一起吃消夜，又怎么样？我要同什么人吃饭，谁敢不叫我吃？我重新声明一句，你并不是我的丈夫啊！巫妈，去买两斤挂面，两碟咸鸭子和卤鸡，要够两个人吃的消夜啊。顺便带几块香干回来。

（这时，男人忽然走到女人的面前，把她拥抱起来）

男的　我刚才虽然那样说，但——

（他因为感情兴奋到极点，带着哭声，说不出话来了）

女的　你说什么？

男的　（声音发颤）我嘴里虽然那样说——那些话已经过了，不要再说罢——我和你——仍然是分离不开的啊。

女的　（露出打了胜仗，快活极了的样子）巫妈啊，别忘记，还要买一斤酥饼啊！

（这时，男子又抓起酥饼，握在掌中，仿佛玩珍珠似的，慢慢的测量轻重）

男的　兰珠，我对你说。我——说老实话——细想起来——我还有一个老母亲。母亲的年纪，已经很高了。她只依靠我一个人。我无论如何，到底还不愿做出母亲不喜欢的事情来。因为我实在不忍使母亲受苦呢。

女的　对啊！但是，你晓得顾你的母亲，难道我就可以不顾我的母亲吗？你以为我的母亲就可以不要人依靠吗？像你这样的人。我真讨厌极了。请出去罢。你再要胡说八道，惹我生起气来，仔细我打你的耳刮子呢。来罢！到这里来和我亲一个——我真难过极了。（这时男的把酥饼丢下地，走近女人旁边去）不行，不行，须得先赔个不是。

男的　要赔个不是？——

女的　不要紧的，你不肯赔礼，也不要紧。我知道，你是看不起我的。哼！这个我却不能答应你。好罢！请随尊便罢！请出去罢！李老三比你不晓得要漂亮多少倍呢。

男的　我知道你已经讨厌我了。既然这样，你何不去找李老三？

女的　我想去不想去，谁管得着我？

男的　好罢。（他戴上帽子）好罢。你好好的记着罢！

（男的使劲把脚下的酥饼踏碎，咚咚咚的走了出去。女的倒在沙发椅上。她困倦极了。这时巫妈也买东西回来了）

巫妈　（一面把几个纸包放在桌上，用手解着，一面说）那位先生简直自以为是小姐的丈夫呢。随便小姐到哪里去，随便小姐做什么事，难道那位先生管得着吗？小姐别和那样的人结婚！结婚之后还了得吗？

女的　（微微的笑着）巫妈，别唠叨了，我知道呢。

（女的暂时倒在椅子上好像默想什么似的。过一会儿，她睡着了。几碟消夜菜摆在桌上一点也没有动。楼下有关门的声音。他果然出去了。但是他并没有远走。他只在大门以外转来转去的走着，仿佛他决心要在那里走一夜的样子。他还没绝望，他的心里，似乎已有决心。他正想着他的母亲，正想着怎样写信告诉他的母亲，才能够使他母亲明天早晨看信的时候，少受一点惊）

——幕——

接　吻

有一个男学生和一个女学生，坐在一个公园里背静地方的椅子上。时候约莫在下午五点钟左右，太阳已经挂在树梢了。男学生睁起两双眼睛，注视着女学生，一面无心的用手转着自己的草帽。女学生两眼望着旁边的树枝，一只手弄着衣襟。两个人暂时都不说话。

男的　这样说，无论和什么人……除了我以外，你都没有接过吻呢。你的话是这个意思吗？

女的　没有接过吻。

男的　无论和哪一个人？

女的　自然无论和谁都没有。

男的　这样，我就是你真的最初的爱人呢……

女的　真的，最初的，头一次的。

男的　我的心肝！

（男的似乎以为这是和女子接吻的最好机会了，但是又好像害羞似的，不敢唐突要求）

女的　现在应该轮到你说了。请说点什么给我听罢。

男的　什么？要我说什么？

女的　说你的情史啊！说一点罢。在我以前……你同谁也没有相爱过？

男的　（很热心的样子）这何消说得！

女的　我真是你最初的爱人吗？

男的　自然是头一个……并且还是最后一个呢。我真喜欢你。

女的　你今年多少岁？

男的　二十二。

女的　活了二十二岁，都未曾有过爱人？

男的　这有一个缘故。我天性不爱在外面走动，只是成天坐在家里用功。我到今天为止，真算得一个热心用功的人呢。所以，我从来没有机会认识女朋友。真正开诚布公的肯说知心话的女朋友，你还是第一个呢。

女的　真的！

男的　真的啊！你是我最初的爱人啊！我以后怎么样也不离开你了。

（这时，男的很想和女的接吻，但是仍还不敢造次。踌躇了一会之后，忽然决了心想要向女人要求了。但是忽冷下去，似乎还在考虑是不是接吻的时机似的）

女的　这样，就好了。我真想和你这样一个人结合，过一辈子的幸福生活呢。

（这时男的认为已经没有迟疑的余地了，所以他突然抱着女子的头，行了一个极温柔优美的接吻。起初用嘴亲女子的两眼里边，其次再亲两眼的外边）

女的　喔呀！

（接吻完了。男的露出打了胜仗的样子，望着女的。却还没有注意女子的吃惊）

女的　喔呀！是的啊！

男的　你为什么说"是的啊"？是什么？

女的　因为你行了一个可笑的接吻啊！

（女的这时用手按着两眼被亲嘴的地方）

男的　怎么可笑？这我就不懂了。

女的　我……我……

男的　有什么可笑呢？和你接吻，也算不了一回不可思议的事罢。要知道，我很爱你啊！

女的　我知道你爱我。但是……我可不愿意。我很厌烦。

男的　怎么！因为我和你接过吻，所以讨厌我吗？

女的　不是这个意思。是因为你行了那样一个接吻呀！啊啊！倒霉！我心里真烦极了！

（这时，男的仍然注视着女的，似乎不懂得女的为什么忽然变心。女的看见他这样，才改变一个态度，提起别的话头来）

女的　我问你，上星期四，你不是和一个女人在大马路走吗？那女人是谁？

男的　刚才不已经对你说过了吗？那是魏先生的夫人魏太太啊！还不懂得？

女的　是的吗？

男的　是的啊。怎么样了？

女的　有一天你和一个女人坐着小电船，在黄浦江兜了一点半钟的风。那个女人是谁呢？那也是魏太太吗？

男的　自然是魏太太。那天我还碰见你们坐船。你明明知道，何必问我呢？

女的　知是知道的。难道你以为我还不知道那件事吗？

男的　那件什么事？呃？喔！你原来吃魏太太的醋！要知道，我岂是——

女的　算了罢，不要说了！我们言归于好罢，请你再和我接一个吻！照刚才一样！

男的　我的宝贝！

（男的放了心，再做一回接吻。仍然先亲两眼里面，然后再亲两眼外面）

女的　这就真懂得了！

（这时，女的露出断然的态度，推开男的）

男的　为什么推开我？

女的　我已经厌烦了。

男的　喔呀！怎么样了？为什么？

女的　因为你是一个说谎的人。

男的　什么？说我扯谎？

女的　是的。你是个撒谎的人，骗人的！你和魏太太从前要好得很呢。恐怕现在还是很要好呢。

男的　你怎么说这样的话冤枉我？我断不会——

女的　你还想瞒我？不行的呀！我知道很清楚。如果想听，我就告诉你罢。我的嫂子，和魏太太是顶好的朋友。

男的　但是——

女的　别插嘴，听我说啊！行不行？魏太太和我嫂子是顶相好的朋友。她常常到我们家里来，来的时候，还时常拿我取笑呢。要知道，我比魏太太年纪轻些，又长得体面些，所以她对我怀着醋意，总想取笑我呢。她的真意思，我知道很清楚，但是，她还要故意和我周旋，常常亲我的眼睛呢……自然以后她再不愿意亲我了，我敢担保。就是在我这方面，我也不愿意和她再见面呢。

男的　但是——

女的　听我说罢。那魏太太和我接吻的时候，和刚才你行的接吻完全一样呢。

男的　我——

女的　听我说。最初先亲眼睛的里面，其次再亲眼睛的外面。无论在什么时候，她接吻的样式都是一样。恰恰和你的样式相同啊。你还想说什么不和她相好吗？刚才你和我接吻的时候，我真好像听着魏太太时常对我说的那句照例的话，"今日你真显得好看！如果我是一个男子，也许被你迷住呢。"我什么也知道了，你还有什么话说？

男的 真的，我——

女的 你还要装傻？那有什么用处呢？魏太太的接吻样式，谁也知道。因为那是她的习惯呢。在我们家里，我们都把那种接吻，叫做魏式接吻。你如果不信，可以到我们家里去，向小孩子们说："给我一个魏式接吻！"他们就会立刻来亲你的眼睛——先亲里面后亲外面——同时大家都会笑起来啊。

男的 糟糕！

女的 糟了吗！你刚才倒说好些大话，说什么我是你的最初的爱人，除了我以外，从来没有和别人要过好，骗得我真好。我那时真相信你的话，真想被你抱着，闭着眼睛，真正去接受生平最初的爱情的接吻……谁知道我还是被接了一个魏式的接吻！

男的 这就难了。你简直不懂得——

女的 是的，我一点也不懂得。我原来做梦也没有想到你是一个这样没良心的人。所以，头一次被接吻之后，我还以为是一种偶然的暗合，因此特特地请你行第二的接吻。你还记得你说的什么？你说了一声"我的宝贝"。又行了一个魏式接吻呢。

男的 但是，在实际上我全然——

女的 不要再强辩了。要知道我并不是一个蠢子呢。我虽然没有时时刻刻监视着你，但是，只消刚才那两个接吻就够了，什么都露出来了。你这人真不害臊！还说什么最初的爱人！是的，我倒想起来了。想来你是没有把有丈夫的太太算在爱人当中呢。明天我还是替你去对那太太的丈夫声明声明，好不好？

（男的大吃一惊）

男的　算了罢，别开那样大的玩笑！

女的　你吓着了吗？这不是做贼心虚是什么？但是，我已决了心呢。你这人真没有胆量呢。今天晚上我就写匿名信去。

男的　你实在要瞎闹，就请你随便闹去罢。不过——

女的　但是，请你不要误会，我并不是吃醋。也不是因为受了骗生气。你想要隐瞒那魏太太的事也是当然的。因为，就是我，也对你隐瞒着一两个爱人呢——一个军官，两个学生。所以我想也不能够专责备你。但是，你总算得是一个男子汉，总还算没有应用你那太太教给你的吊膀子的方法来骗我呢。因为你做了那样的接吻啊！

男的　什么！我那太太？真正信口胡说！我岂——

女的　你骗得我真好！我知道，你原来是打算给我一个魏式接吻，叫我着迷，再用另外一种接吻，叫我动心，叫我受着一种像被军官和学生接吻的时候所得的快乐，然后才……哼！好良心！我永远记着你呢。以后，再也不愿意见你的面了。

男的　等一等，等我说几句话。诚然，那天晚上，只是那天晚上，我和魏太太一起回家的时候——

女的　谁爱听那样的话？

男的　那时候，魏太太和我开玩笑，对我亲了一个……我也回答她一个……实在只有这一次。我和她，此外，真的，并无别的关系啊！完全真的没有别——

（这时女的转身走起来）

女的 （回头望着男的，露出冷笑的态度）自始至终。还是那几句话。

男的 （慢慢的走回自己家里去，自言自语的）这场事真没趣极了！果真和魏太太有了关系，倒也甘心呀！

（那天晚上，女的在家写日记簿，在那天日记的最后地方，写着："菩萨恕我，我不该捏造一个军官，两个学生出来骗人啊。但是，如果菩萨站在我的地位，你不怎么办呢?"）

——幕——

理想的丈夫

舞台是沪宁铁路头等车上。人物是母女两个。

女 妈，你看，下一站就是南翔，再过一站，就是上海呢。这回我们要好好的照预定作战计划进行才对呀！我们住哪里？还是到远东大旅馆吗?

母 要想替你找丈夫，还是——

女 自然要把我的终身大事放在第一啊。

母 是的，是的。我们到上海，第一应该计划你的终身大事才对。上海这地方，又有钱又漂亮的男子多得很呢。只要住过十天半月，留心物色，还怕找不着理想的丈夫吗？这里比不得南京，哪里要什么作战计划？我包管你如愿就是了。

女 妈说的如愿，是指的什么心愿呢?

母　那不消说得，是找着一个年纪又轻，身体又结实，又有钱，又老实，并且品行又很方正，对你又有爱情的男子啊！

女　妈！我的心愿，却不是这样呢。

母　为什么？

女　妈啊！你今年四十五岁了，我今年刚刚二十岁，是不是？所以，妈是一个过去时代的女人，我却是一个新时代的女人呢。时代既然不同，心里想的事情当然也就会不同啊。

母　关于小的事情，那自然会有些意见不同。譬如讲究穿西服，学跳舞，什么新式爱情，什么夏季旅行，这些时髦的事情，自然我老了，不能够像你一样高兴去干。但是，说到找一个终身依靠的丈夫，这样大事，那会有什么不同的意见，你难道还能够于我刚才所说的之外，更有什么了不起的心愿吗？无论谁人嫁丈夫，总得要找年纪轻，身体强，又有钱，又老实的品行方正的人啊。

女　妈！我的意思和你不同呢。

母　不同？试说几个条件给我听听。你总不会讨厌年轻的小伙子罢。

女　妈，你的话错了。我喜欢年纪大的呢。我现在二十岁了。妈啊，你要知道，照如今的时势说来，丈夫和老婆的年纪，要约莫相差四十岁，才算得理想的婚姻呢。所以，我如果嫁人，我要嫁六十岁以上的人才行。年纪越大，越好啊！

母　你疯了吗？说这些讨厌的话。

女　妈，这一点也不讨厌呢。只有这样，才真正是顶好的。要知道，但凡是一个理想的丈夫，他总应该少管闲事。一个理想的丈夫，如果太叫我迷着他，始终叫我对他吃醋，叫我心里不得和平，是不行的啊。一个理想的丈夫，决不是一个像小孩子一样，缠人缠得要死的人啊。总要他不缠我，反把我看成小孩子，拿做爷的心理待我才好呢。并且同时要他还是一个有决断力，肯积极活动的人才行。

母　第二个条件是有钱的人。这你总没有话说罢。

女　关于这一点，我只有很小的一点不同意。妈，你不是说有钱的人吗？我想加上一个形容词，改为顶有钱的人呢。要一个大富翁。无论大到什么程度，都是不妨事的。简单一句话，我对于有钱的程度，是不加限制的啊。

母　哼！太过于幸福，反会增加苦痛呢。

女　说哪里话？太过于幸福的时候，也许我的丈夫，会增加苦痛，我怎么会有苦吃呢？

母　第三个条件是身体强壮。

女　不对，不对。那是不对的。既然要年纪大的，哪里还能找得着身体强壮的呢？世上最可怜的，莫过于老年的人，写了遗嘱和遗产处分单之后，还要勉强的活他三几十年，勉强抽着吕宋烟过日子。如果我的丈夫，会在俱乐部里面被朋友们开一百岁寿诞庆祝会，你想我心里会怎样难过呢？妈，我不是那样叫丈夫受活罪的残忍的人啊！我的丈夫，最好还是像世上一般寻常老年人一样，是一个多病的人就行了。总要他慢慢的身体虚弱起来，犹如一个忠实的老年仆人一样，预先告诉我们他几时会死，使我替他有一个准备，然后死了去，才算是顶幸福的呢。

母　你这孩子越说越糊涂了。

女　什么糊涂！当真的话啊！

母　第四个条件是老实。

女　这倒不见得是必要的条件。如果我一定要选一个老实头子，就恐怕不能够在有钱人当中选一个丈夫呢。你知道，有钱的人，哪会有老实的？但是，我一定非挑选一个顶有钱的人做丈夫不行啊。妈，你不要弄错了。我不是在选择账房先生呀！我如果是挑选一个人去当账房先生，打算把生意托他照管，那末，当然应该问问他老实不老实才对。我现在是找丈夫呢？管他老实不老实？

母　你这孩子，越说越古怪了！把我头都弄晕了。

女　妈啊！别生气！别这样不耐烦啊！你不是老早就盼望我嫁一个如意的丈夫吗？现在关于我丈夫的条件还没有讲好，就灰了心？

母　照你刚才那样瞎说，我哪里还有气力去说最后的条件呢？好罢。我对你说，你的丈夫应该是品行方正的人才行啊。

女　妈，你别焦心他的品行如何罢。你要知道，当我丈夫的人，结局应该是一个世上所谓"前夫"一样的人才行呢。不这样怎样能够赶快把丈夫撵出门去，由我霸占他的财产呢？如果运气好，碰见一个品行不好的丈夫，我何必为他品行的关系自苦？要逃出他的范围，方法多着呢。比方到法庭去告他，请求离婚，就是一个顶好的方法，妈，你不知道吗？现在文明人就是帮助女子的，到了离婚官司发生的时候，世上的同情，就会集中于女人方面，再加上一些新人物在报纸鼓吹鼓吹，说罪在丈夫方面的离婚是最合乎人道，合于社会进化原理的事，还怕审判厅不多判些扶养金给我，让我脱离关系？并且，如果我丈夫年纪又大，品行又不好，还怕不早死吗？他死了之后，办事就可以由我作主了。妈！我对你说，总之，我想先当一个年轻的，不幸的，惹人怜悯的，有钱的寡妇，然后再去找一个真正的理想的丈夫，也还不迟呢。在那时——真正的，到那时候——我再从许多候补人当中好好的挑选一个又年轻，又强壮，又有钱，又老实，又品行方正的丈夫呢。

母　你胡说些什么？我真不懂得你是什么意思。我问你——

女　问我什么？

母　你到底为什么不愿意立刻嫁一个我刚才说的那样理想的丈夫，偏要先当一回寡妇或离婚的女人？

女　妈啊！你还不懂得我的真意思吗？你想想，立刻嫁那样一个丈夫，是多么危险的事。如果他是很年轻的，就难免我真正爱上他呢。如果真正爱上他，就很不容易和他分手，纵然受了他的虐待，恐怕也不想提起离婚诉讼呢。并且年轻的有钱人，是顶靠不住的，也许他胡乱花销，转眼间就变成穷人——但是，六七十岁的老年人的倾家破产，我还没有听见说过呢。年纪又轻，身体又壮的人，动不动就会得一种可怕的流行病或花柳病，叫当老婆的跟着受罪。年纪大的却不然，他决不会得什么暴病，只不过身体虚弱罢了，所以一点也不讨厌。并且照世上的惯例看来，所谓品行方正的年轻人，往往会受别人的诱惑，堕落不堪，老年的人，哪怕他本是一个放荡人，也决不会受人的诱惑而更行堕落的。我如果和年轻的人结婚，那才会烦死人呢。你想，如果和他从年轻的时候，就一起过生活，过他几十年的日子，在这当中，难免我不碰见我心爱的男子，也难免我丈夫不遇着他喜欢的女人，那时，动不动就要发生讨厌的问题起来，岂不叫人麻烦死呢？

母　这样说，你是不想生小孩子的呢。

女　是的。年纪大的丈夫，就没有生小孩的危险了。

母　好奇怪的话！在我年轻的时候，谁也把生儿育女看成顶重大的事啊。

女　妈啊！你别说这样令人讨厌的话！妈真不懂得没有小孩子的人的幸福。

母　你说的尽是一些疯话，我真听不下去了！

女　老实对妈说，我打算从头一个丈夫，弄得相当的财产，再拿这些财产，去养育我和第二丈夫之间所生的子女，过一过像样的母亲生活呢。妈，你下细想想，如果你从前在没有结婚的时候，也和我有同样的思想，恐怕我们现在也不会过这样的穷日子，也不必这样费事讨论挑选丈夫的问题了。是不是呢？这样一说，你就会明白了，我的想法，比从前老古板的挑选方法，好得多了。我要结一个美满的姻缘，一个比妈的结婚好得多的姻缘。我将来要生一个比妈还聪明漂亮的女孩子。如果我那女孩子长到二十岁的时候，还要像现在我和妈一样，和我商量挑选丈夫的事，我要立刻把蠢女孩子送到峨眉山上去做尼姑，叫她永远不再到尘世上来呢。

（这时车长走进车室来了）

车长　太太，再过三分钟，就到上海了。

（母亲拭着眼泪）

女　妈！不要哭啊！并没有什么可忧虑的事情呀！请放心罢。世上的许多女学生，总想一步登天，好像一个飞行家想一口气从上海飞到旧金山一样，算不定途中要出怎样大的危险呢。像我这样分做两段走，先飞到檀香山，再由檀香山飞到旧金山去，倒反安全得多呢。你想是不是？

——幕——

丈夫的本相

舞台是电影女明星王飞飞的家里一间西式客厅。时间是午后五时。客厅里坐着李春珠——一个年轻的太太。李太太好像在那里等了许久，等得不耐烦似的。她凭在一张安乐椅子上面，又不像坐，又不像站，露出焦躁极了的神气。开幕后，王飞飞从隔壁卧房走出来了。

王　太太有什么贵干见教吗？

李　（露出感情很恶的神气，一面只是用胸口喘气）是的。

王　到底是什么事情呢？

李　（把两双手伸出去，做出恳求的样子）请你退还我的丈夫啊！

王　呃！退还你丈夫！

李　是的。

（这时王飞飞露出很为难的样子，一句话也不说，只是望着李春珠）

李　你一定懂得的……我丈夫是中等身材，高鼻子，戴着玳瑁框子的眼镜的。我丈夫是一个律师。也是你们贵公司的法律顾问。他的姓名叫做李明法。

王　喔！你说的是李明法李先生吗？若是李先生，我倒知道他……我看见他不止一次呢。

李　所以，我才来恳求你……请你务必把他退回给我！

（在很长的时间中两人都不说话）

王　李太太不要误会了，以为我有了什么对不起人的事，不能够回答你，所以坐着不说话……其实像李太太你这样的说话，本来也叫我不好回答呢……我和你丈夫虽然在公司里会过几面，实则连做一个平常的朋友都还说不上，现在你要叫我退还你的丈夫，我怎么好回答你呢？

李　你刚才不是说过，和他认识吗？

王　我说过我认识他，但是，那并不是说，我和他有什么交情。李太太你想想，同在一个公司里做事，哪里有不认识一面的道理。并且他是法律顾问，少不了关于契约事件都得烦他帮忙。我也就是为和公司续订半年合同的关系，和他会了几面——的确会了三次面……在公司的办事房里。我还记得，李先生很会说话，头发很美……是不是？你刚才不是说李先生戴着眼镜吗？

李　唔。

王　我记得仿佛他没有戴眼镜。

李　那就一定是把眼镜取下了。一定是他因为要和你会面，想显出他的漂亮，所以特特把眼镜都取下来了。我丈夫想你想得要命呢。哼！他在我的面前，几时取下眼镜来过？他当着我，一点也不想装漂亮。他不爱我啊……对不住，请你退还我的丈夫罢！

王　李太太，不瞒你说，你这话也太奇怪了，因为是看在你的面子上，我才能够忍着不生气呢。若是别人，我岂肯轻易放过不理？我问你，你到底据什么理由，硬栽我夺了你的丈夫呢？

李　我知道的，我丈夫始终送鲜花给你呢。不是吗？

王　没有的事。

李　有的。他常常送花给你。

王　笑话！哪有这样的事？到今天为止，我并没有领过一回李先生的情呢。怎么？难道李先生对你说，他常常送鲜花给我吗？

李　不是。是我在鲜花铺问来的。铺上人说，每一星期当中，要送三次鲜花到府上来，花价都是我丈夫给的。

王　那完全是谎话。

李　恩！你说我撒谎？

王　不是说你撒谎，是说鲜花铺对你撒谎啊。

李　（从衣口袋里，掏出一封信来）那末，这封信都是假的吗？

王　什么信？

李　我丈夫写给你的信啊！信上面这样写着……

王　什么？李先生给我的信？在哪里？给我看看……

李　你等着罢！我念给你听。（把信展开，用很悲的声调说）"准今晚赴公司摄影场奉访。急欲一唔，幸少待勿他往。如致飞姐，那请接受我的热情！明法亲吻。"

王　有这样的事！

李　这封信今天早起搁在我丈夫的书桌上，被我发现了。大概他是打算叫人送到你这里来的，哪晓得他走得匆忙，竟忘记叫人送信了。

（李哭起来）

王　李太太，你怎么哭起来？有话好好说啊！

李　（一面抽抽咽咽的哭，一面说）为什么哭都哭不得呢？自己的丈夫被别人偷了去，还要被别人禁止她哭吗？自然，从你看来，为这样的事情流眼泪，是很蠢的。你做惯了偷偷摸摸的事，自然觉得不要紧了。像你这样的人，今天扮这个妖妇，明天扮那个窑子，习惯成性，你还识得什么羞耻？你成天画着眉毛，擦着胭脂，眼睛染得墨青，脸上涂得粉白，靠着花花绿绿的衣服，自然很像一个美人。说惯了淫辞荡语，做惯了娇姿媚态，自然言语举动，都显得非常伶俐。怪不得风流浪子似的律师，要被你迷惑诱拐了。像我这样，只穿着粗布衣服，也不画眉，也不擦胭脂，也不搔首弄姿，也不会灌男子米汤的人，自然竞争不过你了。但是，真正说来，我本质上并不亚于你，不过我不曾像你那样，做出不要脸的样子去骗男子罢了。哼！

王　你说的话真稀奇有趣呢。

李　什么有趣？

王　你的话有趣啊！

李　我说的话有趣？为什么？

王　因为我也没有接过李先生的信，也没有收过他的鲜花，无论什么东西，我也没有受过他的啊。李太太，我问你一句。我想，你们夫妇两个，近来感情恐怕不大好罢。

李　有了你作梗，感情自然是不圆满的啊。

王　但是，从前的感情想来是很好的呢？

李　没有你作梗，自然是很好的。

王　是近来才不好的？

李　唔！

王　这就怪不得了！这是一定的把戏啊……李太太，我对你说。像这样的把戏，我们是常常看见的，所以懂得很清楚。我想李先生也一定是玩着电影上的把戏，想要借此使你发点醋劲，才好恢复你们夫妇间的爱情呢。

李　（呆呆的望着王飞飞）有这样的事吗？你从前遇见过同样的事？

王　我遇见很多啊。但凡稍微有一点风姿和名望的女明星，谁也会碰见同样的事情呢。这种把戏，已经是一些老爷少爷们玩惯了的老把戏。他们总是拿我们当女优和女明星的做材料，去达他们恢复爱情的目的呢。特别是一些和新戏院或电影公司有关的人们，如像写戏本子的，做法律顾问的，画背景的，指挥音乐的，以至于电影的监督技师等等，都最爱玩这一套把戏呢。这些人，在他们想要恢复自己太太或爱人的爱情的时候，总是故意弄成一个圈套，使他太太或爱人疑惑他和某女优某明星有什么关系。却也奇怪，一些太太或爱人，真容易上他们的圈套，即刻发作起来，大受其苦，从旁边人看来，好不可笑呢。我们被利用的人，往往被他们利用了，还睡在鼓里，一点也不知道。有时纵然知道了，还不是让他们利用去就完了。因为他们如果不利用我们，也许就会和他们的太太离婚和爱人分别，现在因为利用了我们，幸而不致决裂，我们又何必戳穿西洋镜，叫他们重新不和睦起来呢。所以我们想到这里，也只好落得做一点好事，积一点阴德了。

李　呃！真的吗？我做梦也没有想到世上还有这种怪事呢……刚才我真对你……

王　（做出很诚恳的样子微笑着）李太太，你何必这样客气！这本来是你全不知道的事情啊。并且他们玩这把戏，玩得非常之巧，无论是谁，无意中碰着他们的圈套，都会认以为真啊。李太太，听我对你说。你从前总以为李先生是被一些没有道德，不识羞耻的明星诱拐了去，是不是？你总以为什么女优啊，明星啊，一定要比平常的女人凶险过好几百倍，是不是？因为这样想着，所以你就痛恨起我们，害怕起我们来了。但是，李太太，你试想想。李先生是世上有名的律师，号称手腕非凡，难道他连你想得到的事情，都想不到吗？他想到了你所想的事情，所以他就利用你这心理，做成这么一个把戏，使你对我怀疑，由怀疑而生气，由生气而吃醋，他的目的无非是要恢复你对他的爱情罢了。你刚才不是说过，李先生把写给我的信，偶然忘记，搁在书房桌子上吗？你想想，如果一个人对于信件，那样疏忽，他还能当一个律师吗？一个当律师的人，他不会在早晨出门的时候。路过鲜花铺，定下一些花，等到了律师事务所之后，再打电话去退掉，或转让给别人吗？我还有一件事，要问问你。你没有发见我的头发吗？

李　呃！发见了呢。在书房抽屉的当中。我已经带了来。

王　我说一定是那样，果然不出我所料。因为一般老爷少爷们，总爱到女子理发处去，花几个小钱，偷我头上的头发呢。照这样形势干下去，恐怕总有一天，我的头上会剩不下了一根头发呢。

李　（露出很幸福的样子）难道李先生也是在理发处花了小钱，才弄得到手你的几根头发吗？

王　如果不是这样，他还有什么方法呢？李太太，我问你，此外还有我给李先生的信没有？

李　（露出吃惊的样子）此外你给他的信？没有啊！

王　呵呵！李太太，你别吃惊！因为我记得我从来没有写过信给他。

李　但是……你为什么——

王　你说为什么我问你有没有我的信吗？李太太，我告诉你罢。我写的信太多，一时也记不清楚。如果李先生很诚恳的来要求我写一封信给他，也许我一时高兴，写一封给他呢。比方他来对我说："王女士，我现在有一件困难的事情，叫我当律师的，都没有别的办法了。你能够帮助帮助我吗？我近来和我太太感情很冷淡，觉得没趣。请你写一封热烈的情书给我罢。我好把他放在家里，叫我太太找着，对我重新发生热爱。"如果他这样来求我，我一定会写给他呢。一定会写给他，好叫你哭两星期。有一次，一个写戏曲的人，曾经来托我写了十封这样的信，我都写给他了。可惜这个文学家的把戏，结局没有成功。因为他的太太，太过于大度包容了，她把十封信发见了之后，一封也不抽开看看，就退回给她丈夫了！

李　你真是一个肯帮忙别人的好人啊！我刚才错怪你了！

王　实在说来，我也算不得是坏人，也算不得是好人。我只是一个世上很平常的演电影的女优罢了。虽然也许你把我们这些演电影的，看成不是人类。

李　（露出失悔的样子）咳！我以前真是蠢子！

王　唔！你这话倒也有趣。据我看来，你现在懂得你那戴着眼镜的李先生实在是仍然真心爱着你，你两只眼睛里面含着一包欢喜的眼泪，你两腮红得光亮亮的，好像满脸都是幸福似的，让我说一句不客气的话，李太太，你实在有点像一个傻子呢。据我想，那个能够享受你的爱情的男子，真也福气不小呢。固然这些事情，都是你的私事，用不着我多嘴。

李　好说了。

王　我还想着一件事，要对你献一个忠告。李太太，你须得留心，不要再上李先生的当啊！

李　我丈夫也未必再做这样的圈套罢。请你不要替我担忧。

王　哪怕在李先生的衣口袋里面，发见着我的信，我的小手巾，我的相片……哪怕李先生送什么样的鲜花，哪怕他写怎样热烈的情书，哪怕此外他还会干种种把戏出来……你都得步步留心，不要认以为真，再上他的当呢。

李　呃！是的，那是自然的。所以，请你对着李先生，也不要露出一点口风，总要让他全然不知道我今天到这里来，和你谈了这许多的话才好。

王　那我就不对李先生说什么罢。老实说，我听见李先生不对我声明一句，就乱用我的名义，去写情书，我真也有点气他不过呢。

李　谢谢你的厚意。我真不晓得要怎样报答你才好啊！

（说着，露出了要哭的声音）

王　李太太，你别又哭起来呀！这算得什么！请不要说了。

李　要知道，全靠你的厚意，我才重新感觉这样幸福呢！

（李春珠满面流着眼泪，和王飞飞握了一回手之后，飞跑出房间去了。一会儿听见关大门的声音）

王　（向着通卧房的门走去，口里喊着）完了，没有事了。老李，出来罢。蠢猪走了呢。

——幕——

寡妇的爱情

人物

关太太　二十八至三十岁之间，是一个寡妇

洪元高　三十五六岁　一个铁路局长

萧志成　二十八岁　一个体格强壮的青年

场面

青岛海岸。舞台正面望着海，右边露着山上的树林，左边是一带海滨景致，远远的望得见五层楼的海岸大饭店。

时候

是秋天的一个早晨。天色不佳，雾气沉沉的，没有出太阳。海水都带着深青色。树叶已经带黄红色了。

开幕时关太太站在海岸边眺望。一会儿洪元高从左边出来了。

洪　喔！原来关太太也在这里散步。天气渐渐冷起来了呢。

关　（露出很冷淡的样子）唔！已经九月末了。

洪　关太太，你可以算得一个起早床的呢。

关　近来饭店里客也少了，晚上很清静。睡得很好，所以每天早晨五点多钟我就醒了。我醒了以后，再也睡不着的，所以索性起一个早，往山上跑一跑，练练身体也好。我刚才已经跟着上山的马路绕了一遍呢。

洪　我天天也都是在这时候起床，到海边呼吸新鲜空气。

（关太太不答他的话，只是望着海）

洪　我和关太太虽然同住在一个饭店里，却是很少有机会，得和你只是两个人在一起呢。

关　唔！我倒不留心这个。

洪　真是那样啊。

（两人都暂时不说话）

洪　本来，和守寡的女人，单只两个人在一起说话，这件事原算不得一回什么事，但是，无论是谁，如果存了一个和寡妇单独在一起说话的心，他总会以为这是一件很为难的事情呢。

关　同时，一个守寡的女人，自己一个人过孤单生活，也本算不得什么难事，但是，无论是谁，如果存了一个寡妇很难过孤独生活的心，他就总以为这是一件顶难的事呢。

洪　哈哈！这样说，我只得回家去罢。

关　别着急，我并不是有意说那样的话，要撵开你。否则——今天有一点冷——并且又是一个雾沉沉的阴天——在这样的天气当中，谁也会觉得悲从中来，心里郁结呢。你想想，这话对不对？

洪　这话一点也不错。却是，这不要紧，我知道一种解毒的药呢。

关　什么解毒的药？

洪　简单得很！只是两个字。但是这两个字的力量却大得很，它可以使冷了的血变热，叫阴沉的天气变成大晴天呢。

关　是两个什么字？

洪　就是"爱情"两个字！

（两个人暂时都不说话）

关　洪先生，你为什么说这样的话呢？

洪　因为我爱着你啊！从关先生去世以后，我就爱着你呢。爱了你整整两个年头了。却是，我从没有说出口来。你应该早从我的眼睛里看出我的意思了。因为在这两年中间，我的眼光充满了爱情的光辉啊。因为我一切的说话当中，都装着爱情的音调啊。

关　真的吗？

洪　真的啊……完全是真的。现在没有别的人在面前，所以我大着胆子，把我的心明白告诉给你了。因为告诉了你，所以我的精神也就不像从前那样郁结了。我爱着你。我用一个成熟的男子所具有的热烈敬爱的心，爱着你。在这颗心里面燃着的，不是一把稻草火，倒是一个慢慢的，却是永远不断绝的火焰呢。

关　这样说，你不变成一口灶了吗？

洪　请你不要开玩笑罢。

关　你真是一个傻子！哼！你真傻得可以呢！

洪　为什么？

关　（笑着）还说为什么！你也太不想了。你想想现在是几点钟。是七点钟啊。你想想今天是什么日子。今天是九月二十九日啊！你看看，今天的天气怎么样。是晴空万里，太阳不热不冷，融融的照着，清风吹来，精神爽健的秋晴日子吗？不是的。是一个阴气沉沉，又温又冷，叫人一身发抖的讨厌的日子啊。我正好像坐在一个湿洞里一样，心里好难过呢。并且是刚才起床，早饭也还没有吃啊。虽然洗了脸，却是那水管里的冷水，已经冻得我手指生痛啊。真正说来，我的眼睛还睁都睁不开呢。我自己真觉得我还没有找着自己呢。却是，你什么时候不选择，偏要选择这样不适当的时候，来对我说什么情啊爱啊，闹个不清。你不是说，你的爱情的火焰，已经燃了两个年头吗？既然那样，为什么你那爱情不会想到一个恰好的时期和天气来对我开陈呢？我告诉你，要对爱人告诉这样重大的爱情，最好是在一个女人的卧房当中，地板上铺着天鹅绒的地毯，窗户上挂着丝的窗帘，火炉里烧着炭火，必必拨拨的响着的黄昏时候呢。如果是在那种时候，也许我还穿着顶美丽的衣服，随便躺在沙发椅上呢。总而言之，背景这个东西，不但是感伤的小说家的著作上所必要的，并且在实际生活上也是不可少的啊……但是，你却一切不顾，只管瞎说自己的主观的话。你也太不讲人情了。据我看，你真算得是一个男子的模范呢。因为一切男子，都是像你一样，把自己的运命随便糟踏，已经等了两年的工夫，却受不住一时的忍耐，随便说出一些无聊的话，把什么都弄糟了。这就是男人家的行为啊。我看你现在不但收不到利息，连本钱都失了呢。真正是在一瞬之间，把一切希望都送掉了。

洪　不是的。那只是……！

关　你这人真也滑稽了。我想，像你这样的人，恰恰好像一个傻子从桥上过河，忽然被一阵风把帽子吹落到河里去，他只呆呆的站在桥上，望着帽子流到下流去，只管打一些怪手式，想伸手在几丈远以外，把帽子拾回来，岂不可笑得很？要知道，帽子已经从桥上吹落下水，无论如何，是拿不回来了的呢。古人说得好，对于打破了瓦甑，弃而不顾的，才算得个有决心的男子。瓦甑已经成为碎块，帽子已经流在河中，还可惜它干什么？那不白费精力吗？算了罢，你别再说了。越说越显出你是蠢子了。

洪　不错的。我真太鲁莽了。

（暂时两个人不说话）

关　对不住得很。

洪　哪里话！我才对不起你呢。

关　喔！这样说就对了。从此以后，你就该懂得怎样去对一个女人诉说爱情了。只要不是在这样一个天气，这样一个时间，我也还想和你谈一谈呢。也许那时你可以成功呢。总望你不要忘记怎样才可以征服一个女人。你只要记着今天这场喜剧就行了。再过过两三年，也许你自己就变聪明了，再不会在女人们肚子饿了的时候，在天气冷的时候，在讨厌什么爱情的说话的时候，去对女人说爱情话了——

洪　够了，不要再说了。谢谢你的教训。我想在我未死以前，总有一次，能够利用这个教训罢，再见！

（洪元高脱了帽子行礼，从舞台左边走出去了。洪元高刚刚走得看不见了的时候，萧志成就从右边树林里跳了出来）

关　（用两只手抱着萧志成的头）来了吗？害我等了这样久！

萧　我的宝贝！

关　快和我亲一个！在这样美丽静扮的早晨，真叫我想着你的温热的嘴唇，想得要死呢。来罢，抱我一抱！用劲抱我一抱！我为什么今天早晨特别想你呢？我为什么这样欢喜呢？啊啊！

（两个人拥抱起来）

——幕——

街名和门牌

舞台是天津特别区公园里面的小路旁边。树下放着一张公共铁椅子，男的和女的坐在上面闲谈。男的约莫五十岁，女的约莫四十四五岁。时间是正午。四月天的太阳照着一半枯枝，一半青茅嫩绿的树木。

男的　后来怎么样了呢？

女的　后来我想了又想，觉得当别人老婆的，不应该太柔顺了，真正变成贤妻良母，万事都听从丈夫去摆布。要知道，家庭太过于幸福了，反转没趣呢。

男的　啊——哈。

女的　到我想到这个道理的时候，我丈夫已经讨厌家庭幸福了，什么家庭的平和啊，夫妇的唱随啊，那样照例的话，已经打不动他的心了。这也难怪。因为那时候，只要是我丈夫想到的，无论什么事，我都如他的意思，给他做呢。吃饭的时候，满桌子上尽是他喜欢吃的菜。他出门的时候，我一定陪着他出去。他在家的时候，当然我也必定在家。就是在两个人一同出去游玩的时候——如像定包厢看戏——万一他半途说头痛要回家，哪怕有顶好的戏，我也舍了，陪着他回家，通夜不睡觉，替他看护。

男的　真正算得是有室家之乐了。

女的　但是，我丈夫却已饱受这个室家之乐了。他对于这种乐趣，对于我自己，都冷谈起来了。我感觉他这种情形的时候，我只得尽力打扮自己，穿好看的衣服，戴时髦的首饰。可惜还是不中用，他仍然张都不张我啊。我看见这个方法不行，又改变一个办法，专拣粗旧衣服穿，也不打扮，装出可怜的样子来，给我丈夫看。我以为这总可以打动他的心了。哪知道还是不行，他仍然不大张我。总而言之，他饱受家族幸福，想别求一点什么开心的东西呢。却是，我得替他声明，他对于寻花问柳的事，倒也一点趣味也没有，请你别误会了。他后来闷得无聊，干起交易所的把戏来了。后来又热心去干了一阵子政治运动。他那回运动当新国会议员，也就是由于抑郁无聊，想借此兴头兴头呢。

男的　喔！是这样！那时你怎么办呢？

女的　我总想设法使我的丈夫仍然对我发生兴趣。我知道他是一个极好稀奇古怪的事情的人，所以我结局想出了一个方法。有一天，我在家计账簿的面子上，用铅笔随便写了几个字。这几个字是："致中里十七号。"

男的　致中里十七号吗？

女的　是的。过了不几时，一天晚上，我丈夫果然不出我所料，因为闲得无聊，去翻账簿看，睁着眼睛看了那几个字一阵，却是嘴里什么也没有说。过了两天，他又特别的翻着账簿看"致中里十七号"几个字，沉思了一会。那时我在隔壁房间从钥匙洞里偷着看他呢。

男的　他已经动了好奇心罢。

女的　我还想更进一步，把他的好奇心增加起来，所以当天晚上，我又用一个纸片也写着"致中里十七号"几个字，搁在我天天要用的首饰箱里面。

男的　到底致中里十七号是什么地方呢？

女的　是什么地方，那时连我也不知道，因为那是我随便造出来的啊。我当时若不写致中里，也许会写什么黄纬路，什么聊桂里，在我完全是一样的呢。不过当时偶然心里头想起致中里，所以就随便写下了……果然我丈夫偷偷的来搜我的首饰箱，把那张纸片找着了。从那天起，我丈夫完全和从前变成两个人了。

男的　怎么样了？

女的　他对于我的兴味，又恢复转来了。我所做的，所说的，一举一动，无论什么，他都极力注意，不肯放过。我每一出门，他必定盘问我到什么地方去。我一回家，他必定追问我从什么地方回来。到这时，我又做出一种样子给他看，使他知道我已经感觉得他注意我的行动了。这样一来，他越发注意我了。这时我看见他已恢复对我的兴味，我暗中好不快活！他照从前结婚时代的样子，每天努力去剃胡子，刷衣服了。他从洋行回来的时间也特别早了。晚饭也吃得很快活了。对于我的打扮穿戴，也注意批评起来了。

男的　这都是因为他看了你写的那个街名和门牌吗？——男子家真也容易受女人们的操纵呢。

女的　话还没说完啊。有一天，我丈夫回家回得很迟，他满脸都是笑容，非常高兴的样子。照那样子看来，他明明是到致中里十七号去来，站在那黄颜色房子外面，看了一会似的。

男的　啊——哈！黄色房子？喇嘛庙吗？

女的　你这人真不老实，随便打趣别人！是带着红黄色的弄荡房子啊。从那时起，我丈夫对我真好。我也知道他每天都要到致中里十七号去一次的。但是，同时对我真能温存，凡是我想做的事，他没有不言听计从的。我真幸福得了不得。所以我也顺便撒起娇来，报一报他从前对我的折磨。现在头痛的是我，晚上熬夜看护的，却是他了。

男的　真好手段！

女的　不错，我自己觉得干得不笨。只用一点点小计策，就把我丈夫拴住，把一个无精打彩的丈夫，变成一个热烈的爱人，我现在想到这里，还觉得畅快呢。可惜，后来却弄糟了！我把我自己造成的幸福糟踏了。

男的 怎么样了呢？

女的 你自命为知道女人家心理的人，还不知道这种把戏对我是一个很大的诱惑吗？

男的 诱惑？我可不懂得。

女的 这样简单的事，都不懂得？我当时变着戏法，越变越高兴，到后来，居然不能够单靠变戏法来满足自己的欲望了。要知道，但凡一个善良的女人，只能给人以慰安，一个不良的女人，却能给人以煽情的力量。你现在听见我的说话，心里不是想着："真的吗？好大胆！真好手段！"吗？你尚且如是，我丈夫自然不消说了。我自己自然更不消说了。你猜我那时干了什么？我心里很想到致中里十七号，也去看看我丈夫天天在那里捕我的房子啊！我这种欲望，越长越大，按都按不住。我明知道，万一在那里碰见了丈夫，我的幸福就会完了，但是我仍然想冒着危险去看一看。

男的 你真去了吗？

女的 去了啊。我特特穿着高领大衣，围着领巾，坐了马车去。致中里是很脏很窄的一条小街。我坐马车慢慢的摇着，通过十七号门牌面前的时候，我从马车窗户上看了一看，我那时真觉得我的心脏一时冻了，停止了他的鼓动呢。你猜我看见什么？我丈夫正在十七号对面街上监视着呢。在那时候，我才知道十七号房子是黄色的。我从那次以后，并没有第二次看见那房子。也无心再去看那房子了。我对你说，当我在马车里看见我丈夫的时候，那一瞬间，我领略了一个特殊的味道呢。我才知道，就是善良的女人，有时也会生一种可怕的不贞节的心思呢。

男的　这段故事倒很有趣……但是，我却有这么一个意思，你应该替你那假想着的爱人，选一个更加宏大漂亮的房子才对啊。像致中里那样……

女的　你要知道，这原是偶然想着的事。并且，还有一层……这刚刚和那里……离得很远……离那地方……

男的　离什么地方离得很远？

女的　你这人好笨！你那时不是住在三合里吗？

（男的笑着点头。两个人都露出埋头默想着过去的历史的样子）

——幕——

回　想

舞台是一个旧文学家兼旧戏编演家的客厅。房中陈设半中半西。书架上和书桌上都陈设着一个半新半旧式的女子的种种照片。当中一张，用特别美丽的银边相镜装着。文学家鄢公子倒在沙发椅上吃吕宋烟，仿佛是等什么人似的。

一会儿佣人引进一位二十八九岁的女人进来，装着极漂亮的衣服，行动实在很风骚，然而又装做老实的样子。这是杜啸仙，从前是一个有名的能演新旧各种戏文的坤伶，现在却已嫁人当着正式太太了。

鄢　（忽然站了起来，把吕宋烟头丢在地下）啸仙！啸仙！

杜　你怕我不敢来，我真来了啊。

鄢　来得好！来得好！

杜　你一定以为我只会说说玩，不会真正跑来罢。

鄢　（带着悲愁的神气）哪里的话！我和……你和……我们两人……自从那时在北京分手以后……经了许多风波——所以巴不得和你——啸仙！喂！

（他一面说，一面走近杜啸仙旁边，拉着她的手，想趁势抱着她）

杜　不行，不行的啊！（一面拒绝他的拥抱）你要知道，什么事都已经成了过去的事情呢。

鄢　（露出失望的样子）成了过去的事？

杜　我告诉你。我不是要想把已经过去了事，重新再演一遍，才跑到这里来呢。只因为我想着，这个房子还是我们没到北京以前常常会面的旧房子，很想再来看一遍，领略点怀旧的感情，温一温少年时代做过的梦罢了。如今年纪大了，什么都没有情趣，所以想着，如能在思想上得着一点旧日的快乐，也是好的，才跑了来。请你原谅我，不要打断我这个幽思罢。

鄢　（露出非常失望的样子，带着一点怒气）那好极了！（即时又似乎觉得还有一点希望的样子，所以口调又软下来）你请看看，不是什么都和从前一样吗？椅子，桌子，穿衣镜，连你的那些戏妆平妆种种相片，都还照旧摆着呢。

杜　（很悲哀的，同时又带着一点笑容）是的呢。亏得你保存着这些东西，我今天才能够借着物件，怀想从前。（她拿起各种照片细细看起来，露出很感动的样子）从那时算起，已经五个年头了，不是吗？我那时真好像一个小女孩子呢。我那时却也真爱你，真爱得利害！现在想起来，真好像做了一个梦一样，我不知道为什么我会那样恋着你呢。

鄠　你说错了。不是五年以前，是八年以前啊！啊！回头想想，日子也过得真快，我们现在都加了不少的岁数了。并且真正说来你比我更老了几岁，我如果加了八岁，你就应该加了十二岁呢。

杜　（生起气来）哼！你这话怎么讲？存心和我过不去，说我比你显得格外老大了吗？

鄠　别误会！我那话不是那个意思……我只因为你当时号称十七岁，其实是廿一岁啊。

杜　你这人还是专爱刻薄人！你再要那样瞎说，我就回去了。

鄠　别那样生气啊！都因为你刚才不肯和我亲一个，所以我稍微有一点发急，不觉得急不择言了。

（这时鄠公子又想和杜啸仙亲嘴）

杜　（更加大声吼着）不行啊！别只做那样讨嫌的样子！你要明白，我不是经过五年之后——照你说是八年之后——今天又来重续旧好呢。即使今天我们能够勉强去续旧好，那又有什么用处呢？不是的，不是的。我告诉你，我只是当成参拜我过去幸福的坟墓，才来到这里呢。所以，最好是，我两个都好好的坐在各人的椅子上，谈一谈过去爱情的历史啊——（这时鄠公子又伸手去拉她，她皮亚打的给了鄠公子手上一个巴掌）叫你不要讨人嫌，还是动手动脚的！

鄠　（很扫兴的把脸转过去背着杜啸仙）好利害！

杜　不要只管瞎缠啊！来罢，请坐在这张椅子上……坐在这张你从前常常坐着写好文章的椅子上！

鄢　别打狗骂人了！你这人还是专爱指桑骂槐，把别人不当人。从前我们在一起的时候，也就因为你这个怪脾气，弄得大家从没有过一天好日子。

杜　没过一天好日子？别吹得不像样了。如果是那样，我今天又何必跑到这里来呢？呃？——

鄢　但是，我记得那时我们成天都闹嘴闹不清啊。

杜　哼！你这是说，我那时并没有爱你吗？

鄢　倒不是那个意思……总之，也算是一种的爱情罢……一种没有多大香气，也没有多大色彩，也没有多高热度的爱情罢……因为只是那样的爱情，所以弄成今天这种状况了——

杜　（大声止住鄢公子的说话）算了罢！不要那样说了！你这人真刻毒！不近人情！你把我怀旧的心思，完全破坏了啊……随你去说罢……你要说我那时接受你的爱情太过于冷淡了，也好，要说你已经把一切忘记了，也好……要说只管说，那是你的自由啊！但是，在我这一方面看来，旧时幸福的回想，是格外神圣的呢。

鄢　（用很柔和的口调，仿佛是替自己辩解似的）啊啊！我真没想到你肯这样一心不舍的记着那时的幸福！做梦也没想到！

杜　你这人真信口胡说八道！这样说，难道在你那方面看来，那时你只是一种偶然的高兴吗？也许男人的心肠就是这样，在你看来，并不为出奇呢。

鄢　（仿佛抗议似的）别再说那样的尖酸话了！

杜　（动了感情）还是你开口对我说，要我到你这里坐坐，谈一谈往日幸福生活，作个纪念……如今我来了，你却这样待我。无论什么事情，都变得非常利害，和我脑筋里想着的，一点也不符合。啊！我真是一个蠢子！怎么轻信别人的话，自己跑来受罪呢？也许是一种思乡病，一种思想过去的幸福的病罢。真的，我刚才进大门的时候真感到我十七八岁时候——刚刚懂得人事时候——的又害羞又心爱的感情呢。我那时只以为你会很亲热很客气的握着我的手……用极低的极安静的声音，告诉一些旧时愉快的事情给我听……一定会拿一种冲淡温和的怀旧的空气，把我包着，所以我进门时，心里还突突的跳呢。谁知道这都成了一种幻梦！你看你在事实上怎么对我。我岂不是好像跑来寻闹抱怨的吗？

鄂　（好像被杜啸仙这一段话感动了似的）可怜！我对不起你了！老实说，我那时也很想抱一种那样的心思来接待你呢。但是，结局是你进房间来的时候，那一瞬间，我两人的感情不幸错开了，不能够一致，所以弄成这种寻闹一样的结果。我对你说，在那一瞬间，我实在是要想你想起我们最初见面的时候的事啊。你还记得我们最初会面时的情形吗？

杜　那是自然记得的。

鄂　（露着怀旧的微笑）那正是你第一次登台演戏的晚上。你那晚扮着玉堂春的苏三……穿着红小袄，好不妖艳动人……那时我已经是一个相当有名的戏评家。我跑到后台去，和你攀谈，那就是我两人认识的头一次啊。

杜　（皱着眉头，露出不高兴的样子）那样的话，有什么趣？

鄂　由这样的话，就可以引出更重要有趣的话来啊！……你头一次到我家里的时候……（杜啸仙这时闭着眼睛，露出很幸福的神气）你走进我这间房间的时候，真是又大方，又年轻，又美貌呢。我那时把你抱在怀中的时候，你背开脸，仿佛对我抗议似的，轻轻喊着："恩！不行啦！别开玩笑啊！"……那时，我就对你发了一个誓……后来……

（这时他不说了，叹了一口气，好像失悔什么似的）

杜　（睁开眼睛，露出不满足的样子）说下去啊……继续着说下去啊！

鄢　还继续说下去？还有什么话可说？我后来虽然也哀求过你，但是你始终不肯答应我了。你曾赌过咒，说是爱我，说是死了也要爱我。但是，因为你的爱情是一个贞淑纯洁的爱情，所以应该是，无论怎么样，都不能够再往前进一步了。所以——

杜　所以怎么样？

鄢　所以我不能够往前说下去了。

杜　（露出不安和为难的样子）就是因为这个缘故，不往前说下去吗？

鄢　都因为你有一种小姑娘们保全体面的思想，所以弄得我两个的爱情，长年隔绝，大家的幸福也就消灭罄尽了啊。总之，我要请你晓得，那种思想到现在是一个钱也不值得呢。

（鄢公子说到这里，下了一个决心，走上前去，想拥抱杜啸仙）

杜　（露出很生气的样子）不行，不行啊！……我要回去了……我真正要回去了。我认为你现在仍旧像几年以前一样……还是肯对我温存爱护。我要把那初次爱情，那种小孩子的爱情的回忆，永久当成一个宝贝啊。……纵然也有许多人爱我……他们总比不上你这样。真能使我心爱的，还只有你一个人呢。……让我回家去罢……让我逃出这种可乐的回忆空气罢。……因为我……我真想……哭起来了。

（杜啸仙站起来，好像在戏台上演戏一样，做出要走的样子）

鄢　（不觉吃惊起来，也想不出什么别的话说，只是轻轻说）你真要回去了吗？

（杜啸仙走出门去）

杜　（在楼下大门口边，自言自语的）真险！回忆这个东西，真正是靠不住的啊！我心里到底把他看成一个什么样人呢？

——幕——

帽　子

甲　我近来很动了结婚的念头。因为你是一个行家，所以特来征求你对于结婚的意见。

乙　我不久以前，很想买一顶新帽子。

甲　恩？你不是要对我谈结婚的问题吗？

乙　我从大马路过身的时候，看见一家帽店叫做益隆的窗子里面，陈设着顶漂亮的新式帽子。我很留心看了它一会。那是一顶极美静的鼠灰色呢帽子，钉着有青色的帽缨呢。

甲　请不要开玩笑。我是请你对我说一点关于结婚的话啊。

乙　我后来不久，又从大马路过身了好几次，至少总有五六次罢。每从那帽子店门口经过一次，我对于帽子的热心，就越发涨高了。说一句老实话，到后来，结局我真看中了那帽子，时时刻刻想着它呢。到了第六次通过帽子店门口的时候，几乎不敢去窥视店前陈设的窗户，因为我一面想着那顶帽子，一面又生怕那顶帽子已经被人买了去呢。这样踌躇了好几次，最后我还是决心去买那顶灰色帽子了。

甲　买了就算了罢，请讲结婚的问题罢。

乙　大马路一带，帽子店多得很，并不只益隆一家。就是在益隆附近，也有四五家帽子店。所以我在实行买益隆的那顶帽子之前，觉得还应该到别的帽子店去看看，以供参考。别的帽子店里面，果然有许多好看的帽子。也有顶漂亮的天鹅绒做的帽子带着黑帽缠的，也有带着深咖啡色帽缠的浅咖啡色的呢帽。也有褐色的呢帽。这顶褐色的呢帽，也摆在一家叫做合记的帽子店的，很中我的意。

甲　你一定不愿说关于结婚的话给我听吗？

乙　真的，我那时实在迷了，不知道应该怎么样办了。我心里非常焦燥，只是在益隆和合记两家帽店之间，来回的跑，看了又看，比了又比，很不容易决定我到底应该买哪一顶。到后来，我觉得还是益隆的鼠色帽子顶漂亮。我随后又好好的看了十多遍，到最后最后，才知道，实在没有一顶别的帽子可以比得上益隆那顶鼠色帽子的。所以，结局是那顶鼠色帽子，在我心里占了胜利。到这时，我才挺着胸脯，走着稳步，昂然的抬起头，走进益隆帽子店里去。在店里选择了一点多钟，才选定一顶和我的头大小相合的鼠色帽子，决定买回去。我带着新帽子，照着镜子看了一看，觉得我因为这顶帽子的缘故，格外变美了似的。我给了帽价，走出店门。但是，刚刚走到街中间，忽然好像鬼使神差的一样，有什么东西逼我戴着新买的帽子，再去看那些没有被买的帽子。这一看，确了不得呢。我觉得天鹅绒的帽子，真正非常的美丽，比我刚买的帽子，还要格外漂亮些。就是咖啡色的帽子，也比新买的这顶，优美得多。等到看见褐色帽子的时候，我觉得到底这顶褐色的，比那一顶都漂亮些，好像无论到什么地方都找不出比它再好的帽子似的。我这时心里好难过，在几个店子中间跑来跑去，走了一会，只是后悔不该那样性急的决心把鼠色帽子买了。我想，我为什么不再等个四五天才买呢！我买那咖啡色的倒好了！不是的，我应该买天鹅绒的！不，不，也不是！实在应该买合记那顶褐色的！啊啊！我为什么那样着急！好像碰见了鬼似的，飞跑到益隆店里去干什么？真是个大蠢子！但是，一切已经成了过去。我已经站在不能收回的事实之前，还有什么办法呢？我回到家里之后，好好的把新买的帽子检查了一遍。它是一顶很美的帽子，不过太质素一点。我怎么会看中这样一顶帽子，为它费了许多精神呢？我越看，越想，越想越觉得不可思议了。我叹了一口长气。我那时才想着，在事实上恐怕比这顶帽子还漂亮得多的帽子，世上不晓得还有多少呢？所以，回想起来，我差不多好像是专为要理会这个事实，才特特的跑到益隆去买鼠色帽子一样呢。

甲　我如今懂得了。你还是在说结婚的话啊。

乙　说结婚的话？哪有的事？我只是说因为买了一顶帽子，受了一个教训罢了。

甲　恩！我是懂得的！既然这样说，也好，就请你再把买帽子的话说一点罢。我要问你，你到底想求什么好处——想从你说的那帽子，求一些什么好处呢？从理想上说来，什么样的帽子才是真正的好帽子呢？

乙　帽子这个东西，第一应该是很轻的。帽子重了，就会使戴的人心里觉得痛苦，那是不行的。

甲　这样说，你以为凡是会使心里觉得痛苦的东西，无论它是什么，都很讨厌吗？

乙　是的。

甲　其次，什么是帽子的第二的必要条件？

乙　帽子这个东西，应该是很快就能够完全和脑壳适合才行。至迟，总应该在戴了两三天之后，和额头，颧骨上面，头上的一切坑坑坡坡，都要恰恰能够相合才行。总要使人在戴它的时候，觉得它只能合我一个人的用，不能够供别人使用才行。

甲　其次还有什么要件？

乙　凡是帽子，都应该是一个随时可以轻容易脱下来的东西才好啊！最坏的帽子，莫过于单脱一回脱不下来的帽子。要知道，如果能够逃出那种不容易脱的帽子的灾难，真是算得免了一重大难，如像孙悟空成佛，脱了金箍帽一样呢。

甲　下雨的时候，应该怎样办呢？

乙　在起初的时候，无论是谁，都很留心帽子，打着伞走路。刚一下雨，一些戴着新帽子的人，就会这样说："糟了！要想法子，不把这顶新帽子打湿才好啊！"所以他们或是坐车，或是借伞，极力去想法保全帽子。到后来，帽子稍微旧了一点的时候，他们的思想变了。他们说："这是一顶极上等的帽子，就稍微淋一点雨，也不妨事的。"所以纵然下雨，他们还是行所无事的，任其淋雨。如果帽子已经旧了，他们就会这样说："今天天气很靠不住。戴那顶旧帽子去罢。纵然打湿了，又有什么要紧？"

甲　我问你，你进酒馆饭馆的时候，不害怕别人把你的帽子掉错吗？

乙　刚刚买来不久的时候，是有一点不放心。走到酒馆去的时候，总是替帽子担忧，生怕被别人错戴了去。但是，到了已经戴旧了的时候，反转会说笑话："谁把我这旧帽子错戴了去，丢下一个新帽子，那才痛快呢！"不过，据我个人的经验，在事实上，那些疏忽的人，总是只会把别人的新帽子掉走呢。

甲　那末，你用什么方法，去阻止别人错戴走你的新帽子呢。

乙　这却简单极了。你只消做一个记号，说这是我的东西，就行了。我自己总是在帽子上盖上我自己的一个图章。所以只要帽子存在一天，我的姓名就会附在帽子上一天呢。但时，遇着十分大意的人，他却不管帽子上盖有图章没有呢。

甲　你曾经失掉过帽子没有？你一直到如今，还没有碰见这样不幸的事罢？

乙　唔！碰见过啊！有一天遇着暴风雨，我的帽子被风吹跑了。像这样的事情，大概都发生在坐船的时候，在航海中呢。如果站在船顶上贪看景色，难保你的帽子不突然被吹到海里去呢。这的确是常见的事。

甲　在那样的时候，你怎么办呢？

乙　我只是依照古来一句格言。

甲　什么格言？

乙　"不要去追它。"

甲　为什么不追？

乙　听我告诉你。第一是追也不济于事。因为帽子被风吹跑了的时候，一定跑得极快，比鸟飞的速度还快。第二，无论是谁，看见别人去追帽子，都会忍不住发笑。这也是当然的，因为自己戴着的帽子会被风吹走，就已经像是很蠢笨的人干的事了。再加上张牙舞爪，想去追回吹跑了的帽子，徒徒费力不讨好，当然更是蠢上加蠢了。

甲　说起来，令人寒心呢。

乙　自然是可以令人寒心。不过在这种时候，除了听天由命之外，还有什么办法呢？我还知道这么一个有趣的例子。一个人的帽子，被风吹跑了，吹到半空中去了。过了一会儿，忽然碰着别的一股风吹了它一吹，这帽子重新被吹到下面来，恰巧落在原落那个人的头上呢。

甲　我还有一个疑问，为什么新时代的男子家，和人见面的时候，都相互脱帽行礼呢？

乙　那只是和在嘴里说这句话一样罢了："喂！你看我，我若不戴帽子，我是这样很漂亮的呢！"

甲　有人说，戴帽子这件事，在身体卫生上是很不好的。你以为这话怎么样？

乙　从一般说来，这句话恐怕是不对的罢。自然帽子这个东西，有时是有一点碍手碍脚的。并且有时还可以成为脱头发的一个大原因。我听说，还有一些人因为戴了帽子的缘故，年纪轻轻的就白了头发呢。

甲　现在我再问你。你该时常看见一些人不戴帽子，光着头走路的罢。你对他们这种办法，有什么意见？好像这种习惯，一天一天会越发蔓延起来呢。

乙　我以为这是很蠢笨的习惯。

甲　为什么？

乙　为什么！很明白的啊。好的上等的帽子，可以防止尘埃灰土沾在头上啊！

甲　我听见，近来在夏季戴轻快的草帽的习惯，也一天一天减少了。你以为这种倾向好不好呢？……从前每到夏天，就有许多人去买轻便漂亮的草帽子，戴着它，意气洋洋的在夏季的晚间散步。但是，一到秋天，大家都把这种草帽丢了不顾。这是从前一般的习惯啊。

乙　这种习惯，结局是因为不时兴，所以减少了。你知道，目前最时髦的，是在夏天戴冬天的帽子呢。老实对你说罢。我看见习惯这样变动，我很伤心呢。据我看，那种轻便草帽，真正优美得很啊！漂亮得很啊！……你想，到了夏天，大家都戴着草帽，到凉爽的地方去享乐……啊啊！什么莫干山哟，青岛哟，北戴河哟，到处乱跑，把戴旧了的帽子扔在家里，只戴一顶轻快新鲜的草帽出门，岂不快活啊？……谁也知道到了九月就要丢下草帽不戴，同时谁也不感觉什么遗憾，这真算得愉快的人生啊！现在这种习惯渐渐减少了，真是一种憾事。不过，从一方面说，夏天戴冬天的旧帽子，也未尝没有好处。现今的世界上，无论走到什么地方，天气总是靠不住的。所以戴一顶戴惯了的旧帽子，倒反能遮太阳，耐大雨，反比那些外貌好看，实则经不住雨打日晒的草帽子好得多呢。到了秋天的时候……或是夏天气候不顺的时节，到底还是会想到家里的旧帽子呢。啊啊！习惯的力量真大啊！你听我说罢。当初我在益隆买了鼠色帽子之后，虽然使我心里难过了好些日子，却是，到了现在，无论你拿什么世上顶漂亮的帽子来和我商量，我也不愿把我这鼠色帽子掉给你呢。

（乙说到这里，用手遮摩他戴着的鼠色帽子，好像很心爱它似的）

甲　你这话一点也不错。你那帽子，真正很好。今天已经很晚了。我还有别的事，非立刻向你告辞不可。过几天我再来领教罢。再来的时候，我可不发那些讨厌的质问了——我只请你对我说说你结婚的历史，就行了。

——幕——

谎　话

最初的舞台是北京中央公园来今雨轩的后面。时候是阳历二月间的一天薄暮。太阳已经挂在枯树梢上了。微微有一点西风，吹着树枝响。男学生王子明（年纪十九岁）和女学生谢博英（年纪十六岁）在树下散步。远远听见什么地方响了一下钟。

谢　（看看自己的手表）可了不得！七点半了！
（做出要回家的样子）

王　喂！忙什么！再玩一会儿罢。

谢　不行。我须得即刻回家去。让我走罢。回家迟了，赶不上晚饭，又要挨骂了。

王　你们家里的晚饭，照例是几点钟？

谢　别留我，让我回去罢。是八点钟。你看，已经七点半了。

王　放你走也行，须得和我亲一个。

谢　（露出很正经的样子）那可不行！

王　你不亲我，我来亲你罢。

（做出要接吻的样子）

谢　讨厌！不行啊！还不滚开？让人看见了，成什么话？

王　你从前和什么人接过吻没有？

谢　瞎说！我怎么肯和别人接吻？

王　那末，我还是你第一个爱人呢。

（拉住要接吻）

谢　不行，不行啊！滚开！

（但是，到了王子明嘴唇到她唇边的时候，她也不拒绝了）

王　博英，你爱我吗？

谢　呃！我爱你呢。子明！……我把性命交给你都行呢。你可不要忘记我！

王　我岂是忘恩负义的小人？放心！

（两人又强烈的接吻）

谢　让我回家去罢。真是，再迟就定要挨骂了。

王　我送你到家门口去。

谢　不必到家门口，送到三道门就行了。太走近了，碰着家里人，反不好呢。

王　就照你的话做罢。

谢　子明，你真正爱我吗？

王　这还消说？你要我挖心给你看，都可以！我爱你啊！

谢　你这句话，真像音乐一样，我真爱听。请再说一遍罢。

王　说一百遍都行。我爱你啊！我爱你啊！我爱你啊！我爱你啊！……

（这时舞台转了，现出南池子的大街。天色黑了，没什么多人在街上，只看见谢博英和王子明两个人走着）

谢　过了八点钟呢。今晚上少不了要被父亲骂一顿。

王　放心，不要紧的，菩萨会保佑天下有情人的。

谢　菩萨！如果有菩萨，他不会对我们生气吗？如果我是菩萨，我对于临时抱佛脚的人，一定不保佑他呢。我反要对他说："你现在用得着我了吗？为什么平日把我不看在眼睛里呢？"

王　别瞎说！菩萨是大慈大悲的啊！无论什么时候，只要求菩萨，总是好的。

（王子明说了这番话，自以为说得非常聪明，露出高兴的神气）

谢　（感动起来）子明，你真是一个伟大的人啊！

王　（仿佛辩解似的）也算不得是什么伟大，不过我从来都是持心端正，一点不苟且的。如果你家里知道我和你要好，如果你因为这个缘故受了苦，我怎么对得起你啊？只要你肯当我的太太，我为你牺牲什么都可以。我要使你成一个世上最幸福的女人。使你坐摩托车。只要是你喜欢的，无论什么东西，我都替你弄去。

谢　你那时还同现在一样爱我吗？

王　比现在还要爱得利害啊！我要把你看成世上最重要的人。

谢　（认起真来）就是我骗了你，你也还是爱我？

王　什么？

谢　（更露出认真的样子）就是我对你说了无论什么样的谎话，都一样爱我？

王　说谎？如果你做那样的事，我会把你一刀杀了去呢。但是，我知道，你是决不会撒谎的。

谢 （很认真的样子）是的。我是很老实的人。（她眼睛里面，露出爱情的光辉）子明，我除开你之外，什么爱人也没有呢。

（这时舞台又转了，现出北池子的街。谢博英和王子明在街上走着）

王 你到家之后，打算怎么样对家里说？

谢 只好临机应变。

王 临机应变？

谢 就是说，要看家里人在什么地方碰见我，才能定一个说法呢。如果在北大附近碰见我，我就说在北大练习钢琴。如果在我们那条街口碰见我，我就说到图书教员李先生家里学画去了。如果在公园碰见我，我——

王 你出门的时候，对家里说过到什么地方去没有？

谢 我母亲那时不在家。我只对老妈子说，我去练习钢琴。不过我同时却带了滑冰鞋在身边。你看，这不是吗？我想，我母亲回家的时候，老妈子一定对她说，我带了滑冰鞋去练习钢琴呢。也许母亲还称赞我，说我今天真肯用功，又练琴，又滑冰呢。如果他们不知道我到过公园，我就只说学音乐去了，不过恐怕还有余剩工夫，所以带了冰鞋在身边。他们如问为什么弄到这样晚，我就说回来碰见李先生，叫我去学画。你看我这种办法好不好？

王 （很暧昧的）唔！但是你为什么拿滑冰鞋出门？

谢 怎么？还没听清楚？我问你，我们刚才在什么地方？

王 （很安静的）在公园啊！

谢 还不是！所以，如果他们晓得我到了公园，我就对他们说，我滑冰去了啊。懂得了罢。如果不是滑冰，我就没有凭空白地一个人跑到公园游玩的道理。

王　（显出很佩服的样子）唔！很有道理。

（暂时慢慢走着不说话）

谢　你想什么？

王　你真聪明——你真会说谎呢。

谢　我只对母亲说谎，对父亲是不说谎的啊！

王　我告诉你。我对于你这说谎的事，真有点心焦。因为你将来当了我的太太之后，也许对我说那样巧妙的谎呢。到那时，你不会随便骗我吗？——要知道，你刚才说的对答你家里的方法，实在妙得很，我梦也梦想不到呢。你有这样本事一定也会对我说谎，不当一回什么难事呢。对于这些事，我完全是外行，蠢笨极了。不过，我总是老实的。

谢　你这是说我不老实吗？

王　别误会！我并不是说你不老实。我知道你是一个可爱的，比谁也老实些的女孩子！不过，看见你那样会撒谎，我有点不放心罢了。

谢　你这人！我刚才不说过吗？我只对我母亲撒谎啊。并且这个谎还是为你而说的呀！

王　（露出很悲伤的样子）我到底还是不放心。固然我很感谢你的盛意，但是，我仍然不懂得，你为什么要说谎？我想到这里，恐怕今天晚上睡觉都睡不着呢。你自己不晓得你自己做的事情的重大意义——（做出很悲观的样子）我本来是绝对依赖你的，现在我这个心肠被你这种说谎打断了！

谢　（很悲观的样子）你是看不起我呢？

王　不，不是的。不过，我想着，如果你不是那样会说谎，岂不更好。再不然我如果聪明一点，能够随时晓得你这种巧妙的说谎也好呢。博英！我太蠢笨了，我无论长到怎么大的年纪，一定还是不能看出你的说谎啊。

谢　（稍微带羞态）但是，我对你决不说谎啊。真的，我并不是一个惯爱说谎的人。

王　不错，这是我很清楚的。不过我仍然为你不放心啊。如果我两个结了婚——（突然大声说）喔唣！听我说。我还有一句话问你。别跑那样快啊！

谢　恩！迟了，我回家一定挨骂。

王　不要紧的！叫你等等，还要跑！（两个人都站住）请你和我定一个约——我说你听，今天我们头一次接过吻，所以请你拿这个接吻做纪念，和我约定，从今天起，以后永远不说谎了。行罢？

谢　从今天起？

王　是的，从今天起，不再说谎。

谢　（踌躇了一会）但是，你今天把我留到这么晚不放我回家，不是叫我不得不说谎吗？——如果不撒谎，我对他们说我六点到八点钟之间在什么地方呢？

王　你只是说到公园散步去了，不就结了吗？多余的话，可以不必说啊。哪怕被家里人手打脚踢，不回答他们就行了。

（这时，他想到他这话太过于使谢博英为难了，所以忽然止住不说了。但是立刻又提起劲来，很勇敢的继续说下去）

　　王[①]　哪怕被他们手打脚踢，总不要说谎呢。要知道，说谎是坏事啊。哪怕被鞭子打到头上，也要像男子家一样忍耐着，不好随便说谎啊。请你为我受点苦，好不好？

　　谢　（露出心悦诚服的样子）好的，好的！我要真正做一个老实人了。

　　王　（很欢喜，但是忽然又害怕谢博英是和他讲笑，所以又皱着眉头）不是说着玩的，你要和我约定才行。

　　谢　自然和你约定。

　　王　是从今天起不说谎吗？

　　谢　唔！是从今天起。

　　（两人又走了几步，已到三道门了）

　　王　（紧紧的握着谢博英的手）博英，再见罢。明天午后，在同一个地方。

　　谢　再见。

　　（这时舞台又转成谢博英的家里了。他家里人正在吃饭）

　　母亲　怎么到现在才回来！

　　父亲　喔唖！这几点钟，跑到哪里去了？

　　（这时谢博英一时找不出话来回答。父亲放下碗不吃饭，露出威吓她的样子。老妈子也躲出门外去了）

　　母亲　（很柔和的）你看现在是几点钟了？玩得把时候都忘记了吗？

　　父亲　（大声喊）哑了吗？怎么不答我的话？我问你这几点钟

---

　　① 原作"谢"，据文意改。——编者

跑到哪里去了啊！

谢　到北大音乐传习所练琴来。

父亲　（露出轻视音乐传习所几个字的样子）音乐传习所！练琴练到八点钟才完吗？

谢　不是的。练完了之后，我又到中央公园去滑冰来。来回都是走路，所以就回得迟了。——

（这时谢博英越说越高兴，仍然随便说谎）

（舞台又转了。仍然是中央公园来兮雨轩后面，时候也是黄昏。王子明先在那里等着。过一会谢博英也来了）

王　（很热心的样子）来了！我问你，昨天晚上，回家之后，你怎样对他们说的！说了谎？

（这时谢博英似乎很为难，不晓得怎样回答才好。但是她即刻又装做没一点事的样子，面对面，只管看着王子明）

谢　没有说谎啊。我只简单的说在公园里散步来。

（谢博英看见王子明把她的话信以为真，觉得很不好过似的。她想着不但骗了母亲父亲，并且连王子明都骗了，不知不觉的就垂头丧气起来了。但是她忽然又想到这些谎话，都是不得已而说的，所以心里又安静起来了）

王　你没有挨骂罢？

谢　没有。

王　（好像世上普通的老实头子的贤夫一样）你看，不是吗？不说什么谎话，不也就结了吗？（但是，他面上又立刻显出疑惑的神气）那末，你没有骗我罢？

谢　（好像世上普通的，专会扯谎，专会骗丈夫的女人一样）

那还待说？我怎么会对你说谎呢？

——幕——

幸福的太太

舞台是上海大马路大隆输出入贸易公司楼上经理室。墙上挂着好些名人相片。条桌上堆着一些关于财政和贸易的书籍。墙边有一个西式火炉，炉边安着写字台。公司经理徐大良坐在写字台边，仿佛是等客人进来似的。一会儿果然进来一个油滑的人。这是著名包探哈福安，是徐大良请着的跟徐太太的包探。

哈　你好吗？

徐　谢谢你。请坐在火炉边，好说话。（两人都坐下）哈先生，你来得恰好。我昨天下午还想打电话找你来谈谈呢。我昨天早晨才从天津回上海来。我在北京寄给你的那封快信，不消说你早已收到了罢。我为那件事，在这两星期当中，一点心也放不下。不是为要和天津外国人打交涉，我早跑回来了呢。我拜托你的事，怎么样，得了点什么新的材料吗？

哈　你离开上海以后我调查得的结果，我都写成报告，带来了。我在这两星期中间，很留心监视徐太太，她的一切行动，无论巨细，都被我查着了。

徐　结果怎么样？我内人没有什么可疑的事罢？

哈　先生不信用我吗？……

徐　当然信用你。我刚才这句话，并不是对你怀疑啊。这样看来，发生了什么奇怪的事吗？

哈　徐先生，请听我一件一件的对你报告罢。先从先生离上海前一天接到的那封匿名信报告罢。（他念信）"敬启者，尊夫人近来与劳飞鸿名为朋友交际，实已缔结不解之缘，街谈巷议，人言啧啧，恐憒然无知者，唯先生一人而已。先生为商界要人，若不注意防范，实恐有累盛德。闻彼等在先生离沪之际，双飞双宿，形同伉俪，行动大胆，极不谨慎，欲双双捉住，实属易事。特此通知望祈留意。徐府旧友上。"

徐　唔！此外还有什么？

哈　从先生离上海那一天起，我就着手调查这件事。那天下午，尊夫人和劳飞鸿就一同到万国滑冰场去滑冰，我当时立刻设法追踪他们，把一切都调查清楚了。先生请听，这就是我的第一号报告书，是他两人在滑冰场的会话记录。劳说："我老实对你说，我很久很久以前，就想着你了。你还记得我们在苏州留园的会面吗？那时我看见你那神仙一样的风姿，我实在忍不住了，所以才老着面皮，暗中捏了你一把，和你搭话呢。"

徐　我内人怎样答应他。

哈　尊夫人说："你这人真厚得起脸呢。"劳说："太太不喜欢我吗？"尊夫人说："你这人，越说你，你脸皮越厚了！"劳说："我真正想你想得我要死了……"尊夫人："你纵然死了，和我什么相干？"劳说："哼！好罢，我就把你也杀了去，大家死了算了罢！你这专爱蹂躏男子的女人！"尊夫人："你如再说这个话，我就要和你绝交，永世不见你的面呢。"他们刚刚说到这里，就碰着罗士泰先生来了。

徐　来什么地方？

哈　来到滑冰场啊。罗先生是百华银行的总经理，并且是招商局和永安公司的大股东。

徐　不错。我认识这个人。

哈　罗士泰先生和年轻的风采大不相同了。他现在年纪又大，身体又胖得不成样子，老实说，一点也不漂亮了。不过财产却比从前多得多呢……

徐　你打算替我绍介罗先生吗？这倒不敢劳驾。他是我的好朋友，和我简直像兄弟一样亲热呢。

哈　罗先生来了。劳飞鸿就对尊夫人说："糟了！我的事完了！你看，罗士泰来了呢。"尊夫人回答："你这人为什么对我说这样的俏皮话？你不是自己说，你是上海第一的吊膀家吗？你有那样的本事，还怕你不所到之处事事如意吗？"劳说："如果得不着你的爱情，我纵然抱着一身本事，又有什么趣呢？纵然我漂亮得貌似潘安，有什么用处呢？"尊夫人说："漂亮！我告诉你，我从来不曾因为男子生得漂亮就爱他呢。"

徐　呵呵呵……我娶得这样一个贤妻，真正幸福得很啊！（很自己悔恨的样子）真对不起她，我错心疑她了。

哈　尊夫人说了之后，就站了起来，离开劳飞鸿，和罗士泰一同走了。他两人同去坐罗先生的摩托车。在没有走到放车地方以前，在路上，他们说着下面的会话。罗说："那个轻佻的人是谁？"尊夫人："那是上海著名的折白大家劳飞鸿啊。"罗说："我告诉你，如果我再看见你和那个坏蛋在一起，我一定把你杀了去！"尊夫人："别误会！我讨厌那人极了呢？那样轻薄人，谁也讨厌他罢。"

徐　呵呵呵……对于这样贞淑的女人，为什么会有人写那样的匿名信呢。你看，是不是？我想，大概的女人，若被劳飞鸿那样漂亮人说几句恭维话，恐怕百个人当中，倒有九十九个会喜欢得了不得呢。

哈　这话是对的。真对。我每星期中，大概要替人调查两三件事情。差不多都和劳飞鸿有关系呢。

徐　有关系！怎么样？

哈　无论哪件事，总是这个劳飞鸿和别人的太太闹不清楚……

徐　但是，我的太太是靠得住的啊。

哈　是的。因为尊夫人给了那折白鬼一个大钉子碰呢。

徐　却是，对于这样贞淑的女人，还有人写匿名信来诬告她。上海的人心真正太不好了。你且继续把你的报告说下去罢。

哈　（拿出另外一宗文件）这是第二号报告书。过了一天之后，在午后三点钟，劳飞鸿在大舞台旁边街等候尊夫人。尊夫人走到劳飞鸿的旁边来，对他说："比约定你的时间稍微晚了一点，是不是？"

徐　喔呀！（露出很疑惑的样子）怎么？

哈　劳说："你这人真正古怪。为什么要跑到这样冷的地方来？为什么不到我那暖和的家里来？"尊夫人："我已决心再不到你府上去了。"

徐　你看！这才对啊。

哈　劳说："再不去了？"尊夫人说："是的，再不去了。"劳说："不错，这也应该的。因为你害怕罗士泰。"尊夫人："哼！无论我害怕谁，和你什么相干呢？不要费心挂念罢。要知道，我并不是一个蠢子，会上你这样不值钱的漂亮男子的当呢。"

徐　好一个贞淑的妇人啊！好一个节烈的女子！哈先生，你说，是不是呢？

哈　在我的经验上，实在从来还没有遇见过这样可惊可叹的事呢。

徐　（很放了心的样子）接着说罢。

哈　劳飞鸿随后伴着尊夫人，走到大马路去。罗士泰的摩托车停在那里等着呢。他们刚到那里，就看见罗士泰另外坐了一架小摩托车来了。劳飞鸿对尊夫人说："不好了，那位先生又来了。我还是回去的好。"尊夫人说："你跳下黄浦江去好了。如果有这个勇气，我倒要看重你啊。"

徐　你看！如果上海的太太小姐们，都能够做同样的回答，那里还有这种专爱破坏别人平和家庭的折白党的存留余地呢？这些鬼东西……这些畜牲……

（这时徐大良激昂起来，满脸通红，话也说不出来了）

哈　尊夫人和罗士泰坐上小摩托车，跑到惠罗公司去，直到卖金线栏边的所在，请尊夫人选择栏边。尊夫人选定之后，罗士泰即刻买了一大捆。

徐　买金线栏边干什么呢？

哈　本来罗士泰的大摩托车，是上等的备克车，一切都漂亮。不过那天他们坐的却是小摩托车，带着灰色，没有什么装饰，所以他特为买这金线栏边，去加一层装饰。他叫惠罗公司的伙计立刻用金栏边把摩托车里面，全部包起来。尊夫人看见，喜欢得了不得。罗士泰对她说："你看怎么样？该是很漂亮罢。我打算把你的新摩托车的里面，装饰得和你的新貂皮外套的里子一样呢。"随后他两人就坐上车，带着许多金线栏边，到法大洋行去买貂皮外套，并且立刻叫洋行的人把金线栏边缝上去。尊夫人穿上新外套，罗士泰付了九千五百块的价钱。两个人一同出来坐车。那时，罗士泰对尊夫人说："请问你，你可以准我同坐你的新车吗？"尊夫人："但是，这还不算得是我的车罢。你不是说要到过新年的时候，才把它当作年礼送我吗？"罗士泰说："哪里话！这早就是你的东西了！"说着，两个人一同坐车。这时他的帽子忽然落在车里了。他弯腰去拾帽子。尊夫人看见时不可失，就在他秃头上亲了一个嘴。这时，恰巧劳飞鸿站在马路那边，把一切情形都看在眼里。两人驱车前进的时候，劳飞鸿冷笑着，把帽子抬了一抬。他两个的车，一直到龙华，进罗士泰的别庄去了。

徐　为什么？

哈　那天晚上，我彻夜在别庄外面监视他们。到第二天早晨，我还站在罗士泰别庄的面前。头天晚上，尊夫人在别庄吃晚饭，一直到第二天早晨九点钟，还没有离开别庄。这时忽然发生了一场好看的戏。劳飞鸿突然从别庄外面小路上走出来。站在大门边恐怕他也是来追踪尊夫人的罢。当尊夫人走出大门的时候，劳飞鸿轻轻的把她的肩膀，打了一下，他自己脸上发青，四肢都抖起来了。劳飞鸿说："昨天晚上的晚饭，到现在才刚刚吃完，正预备回家去，是不是？"尊夫人说："那关你什么事！别唠叨！"劳说："一餐晚饭要吃一个整夜，一直吃到第二天早晨，真是好漂亮的宴会啊！"尊夫人说："你到底是什么样的人？是社会道德的监视人吗？"劳说："你的丈夫，为要赚钱使你过好日子，正在天津北京一带辛苦奔走，你却背着他做好事，真对得起人啊！"尊夫人说："瞎扯些什么鬼话？请不要拿我丈夫开心罢。我告诉你，你想替我丈夫擦皮鞋，他还不要你呢。"

徐　（满眼含着眼泪）好可恶的折白党……

哈　（继续念下去）劳飞鸿说："我现在正想着一件事。我想我有告诉你丈夫，叫他醒悟的义务呢。因为我很尊敬你丈夫。"尊夫人说："我也想着一件事，我想，我断不是一个会被你这种无价值的人说东说西的女人啊。只管到我丈夫那里去诬告罢。恐怕他要把你撵出大门呢。别多说了。好好的回去罢。以后无论怎样，我都不和你再见面了。"尊夫人这样说着，就坐上摩托车去。自然是罗士泰的摩托车。尊夫人很生气似的，用力把车门关上。连驾车的也惊得回头看她呢，尊夫人就这样回去了。

徐　唔！要对付那种折白党的畜牲，只有用这种办法呢。上海的太太小姐们，应该都照我内人办就好了！以外还有什么事？

哈　报告只有这些，以外没有了。总之，事情已经很明白了，也用不着我再去调查了。尊夫人很勇敢的，从她自己面前，把劳飞鸿排斥走了，而……

徐　这种事情，不是随便什么人都做得到的呢。

哈　是的。真正不错。老实对先生说，关于劳飞鸿的事件，我虽然被人托我调查了无数次，然而像这回一样的消极的结果，却还是第一次呢。

徐　到底上海这地方也还有很正派的女人呢。

哈　这样正派的女人是很少很少的。不过一个两个人，总还是有的啊。

徐　不错的，不错的。正派的女人是顶少的。并且这样顶少数的正派女人，还要受诬告和匿名信的陷害呢。我现在真后悔不该相信那封匿名信。不过，虽然劳了一番神，总之，能够得着我内人无罪的证据，我已可以满足了。你看，她不是很勇敢的把那个折白党驱逐走了吗？

哈　是的，一点也不错。尊夫人对付那折白党，对付得真痛快。

徐　唔！费你的心了……调查费是多少呢？

哈　谢谢你，但是，请不要费心罢。

徐　呃！哪里话！那有白白劳驾的道理？请告我照例应该奉送多少呢。

哈　不敢当。说不上应该多少。因为我只得一个消极的结果，并没有什么成绩啊。

徐　不是那样说。并且，因为是消极的结果，才更应该多奉送一点呢。到底是多少？

哈　为这点小事，使你费心，真正对不起。我且到罗士泰先生那方面，多取他几块钱罢。因为那先生近来也曾托付我调查一件事。

徐　他也托你调查一件事？

哈　他也是托我调查尊夫人的行踪。并且他那方面，是约定随时付款的，关于你先生这笔调查费，我随便加在他那方面的账上，也就完了。所以请你先生不必费心了。

徐　还有一层，我请你去跟随内人，调查她的行踪这件事要不叫内人知道才好。

哈 那是自然的。我自然不会告诉她。

徐 这样就好了。老实说，这样糊里糊涂的去疑心内人，已经十分对不起她了，如果再使她心里难过一回，我自己心里怎样过得去呢？

哈 不错的。恐怕罗士泰先生关于这一层，也一定是和先生有同一意见的呢。

徐 这样说来，关于这回的事情，内人还是一点也不知道呢。是不是？

哈 当然她无从知道。

徐 这就放心了。好罢，再见罢。

哈 再见。（走了出去）

（这时徐大良叹了一口气，好像他心里一块重石头忽然滚了出去的时候一样）

——幕——

神圣的污脏艺术

舞台是某总长家里客厅隔壁的一间小书房。时候是夜间。好像客厅里面，已经开酒席。有音乐声，酒盏声和谈话的声音。开幕之后，过一会子，李总长太太跟着一个美术大家从客厅方面进来了。总长太太年纪虽然不甚轻，长得却很漂亮，装起西式夜会服。美术大家眉目清秀，年纪甚轻，装着极漂亮的西装，明明显得他是刚从巴黎回国的画家。

美术大家　请进来坐罢。

总长太太　（很害羞似的）已经有好几桌客上了座呢。我得去应酬应酬啊。

美术大家　忙什么？趁他们喝酒的时候，我正好和你说说那天谈的那个话呢。这里没有一个人，顶好谈话。

总长太太　但是——

美术大家　不行吗？我真有句话对你说呢。他们喝酒的喝酒，抽大烟的抽大烟，那厢房里赌牌九的，更不必说了，他们哪里注意到我们？并且我和总长是在外国的老朋友，他一定不会见怪的。

总长太太　你把我引到这里来，到底有什么话说？

（说着走进来坐下）

美术大家　怎么！我引你到这里？这是你的家里呢！哈哈哈！……李太太！你那头发真香呢！我在法国也见过不少的贵妇人了，哪有一个比得上你？——

总长太太　这是我母亲亲自秘密制的香油的香味啊！

美术大家　香油的香味？哪能够——

总长太太　你要我进这房里，就是专为说这些闲话吗？

美术大家　李太太，别这样说啊！我——

（他这时把两只手交叉起来，好像演戏一样）

总长太太　你那是干什么？扮外国戏？

美术大家　不是讲笑。我正被爱情压着我的心呢。

（他叹了一口长气）

总长太太　被爱情压着？你爱人是谁？

美术大家　远在天边，近在眼前，就是你啊！

总长太太　喔呀！说你扮戏，你就真正唱起武家坡来了。（忽然装做正经的样子）哼！我告诉你，说话要留神呀！你怎么会有说这句话的权利呢？这是中国，不是巴黎，别弄错了地方呀！

（她说着，就站起来往门口走）

美术大家　（露出后悔的样子）李太太，别生气，听我说啊！不管我有不有权利，说我是要说的。杀了我，我都是要说的。我说了这句话，死了也甘心。好罢。我已经说过了。请你告诉李总长罢。请你叫他随意把我处置，照中国的例，把我用棒子打死也好，照外国的例，把我用手枪打死也好，这都是你的自由，我甘心忍受，一点也不埋怨你——但是，哪怕在李总长面前，我还得要说，我爱你，我想着你啊！

总长太太　（变成温和的态度，好像想借此圜他似的）黄先生，你——你怎么——？

美术大家　我回国以来，这几月当中，连画也懒得画了，一心只想着你，总想得一个机会，诉我仰慕的衷曲。好容易今天晚上有了这个好机会，我怎么能够不说话呢？看见你那成熟的红嘴唇，你那双放着神光的媚眼，你那苗条的身材——啊！李太太——我真要发狂了！

（这时他突然跪到李太太的脚边去，拉着她的手，想要照外国的礼，在手上接吻）

总长太太　不行啊！黄先生，那不行啊！哼！你真看人不起！你看我是一个会被人背后指摘的人吗？你要知道，我是一个有体面的人的太太呢。放手罢！请出去罢！哼！看见你那热烘烘的嘴唇，你那饿得要吃人似的眼睛——啊！我真觉得头都发晕了！黄先生，好好的出去罢！出去罢！我不想再和你见面了！

　　美术大家　（露出质问的神气）你这是撵我出门吗？

　　总长太太　（忽然又软下来，很柔和的说）唔！是的。撵你出去，是最好的方法呢。于你也好，于我也好。你要知道，我这心里的顶深的地方，已经长出了一朵爱你的小小青花儿——但是，为着我丈夫的体面，我应该闭着眼睛——把这朵小花儿踏碎啊！黄先生，懂得了吗？

　　美术大家　（露出绝望的样子）你还是要撵我出去呢！

　　总长太太　请你不要那样说了。如果再说，我就会哭起来了。你看，我已经忍不住流眼泪了。（她取小手巾擦眼泪）好罢，拿这块擦过我眼泪的小手巾去做纪念罢！一个很好的纪念品呢！

　　美术大家　我要把这块小手巾——永远保存在我心脏里。

　　总长太太　好了，握手分别罢。（这时她伸出右手去，美术大家接着她的手，突然照外国式行一个吻手礼）不行啊！黄先生，放手！有人来看见了，还成一回什么事体？

　　美术大家　李太太，我至少总得画你一张像啊！不是那天当着李总长也谈过吗？他也很赞成呢。啊啊！我应该画你一张什么像呢？我应该把我一切的爱情，把我一切的感情，把我一切的崇拜，都聚集在这张像片上才行啊！我应该画一张从来没有画过的杰作——如果这张画像成了之后，我应该把画箱画笔画架都烧了去，永不再画别的画才对啊！李太太，请你至少准我替你画一张像罢！

　　总长太太　这倒是一个很好的想头呢！

　　美术大家　请你准我画一张罢！请你到我的画室来，准我替你画一张像，画一张像天国里的夏娃一样的裸体像！

总长太太　喔呀！黄先生！

美术大家　是的，是的。——一张裸体像——一张玉洁珠浑的裸体像！只当作我两人的神圣的感情的结晶！

总长太太　黄先生！你疯了吗？这是在中国呢！我不是外国女人呢！

美术大家　是的！是的！我疯了！

总长太太　我不是外国人呢！你刚才这话不是侮辱我吗？呃？别侮辱我罢！听懂了没有？请你不要打灭我的幻想！我很想把我对于你的回忆，弄成一个纯洁甘美的东西呢。

美术大家　那末，画一张半裸体像好不好？——从你的雪白的肩上起，往下面挂一幅白纱。

总长太太　（露出断然决然的样子）不行！

美术大家　还是不行吗？那末，这样罢。画一张穿着西装夜会服的像，就像现在一样的装束，不过在颈头和肩头的地方，要加一种特别光线。是的。我应该拿破碎了的心，在冷静的画布之上，把你这副绰约缥缈的仙姿，画了出来。这总行了罢。务必请你准我画这样一张相片啊！我用十分的诚意，恳求你！老实说，像你这样的美人，对于艺术家，本来负有一种神圣的义务呢。

总长太太　你真正只画这样一张像就满意了吗？

美术大家　（很热心的）是的。只要你肯准我替你画这样一张相片，我决不再作别的要求了。

总长太太　你既然有这样的诚心，我倒不忍把你拒绝到底呢。那末，就请你照我现在这样的装束，画一张像罢。我可以站在摩德儿台上，对你送一点贞淑的妻的忧郁的微笑呢。请你再把这种微笑描画下来罢。来罢，让我学一个外国礼，在你额上接一个吻，以志画约的成立罢。

（这时李太太在黄先生额上亲了一嘴）

美术大家　啊啊！我愿意在这种幸福当中，死了去！啊啊！这种贞节的，亲姐妹一样的外国礼！我永远不忘记你啊！

总长太太　好了，到那边去罢。因为我觉得心里悲惨起来了啊！

美术大家　（呆呆的站着）这样，你真肯让我画你的像吗？

总长太太　一定的。

美术大家　你真是好人……菩萨一样的好人！我真心满意足了。……不错，无论什么用品……我都自己买罢……画布——颜料——一切东西——都自己——

总长太太　什么？喔呀！那不行啊！画布应该由——

美术大家　请不要那样说！关于这样的事，请不要过虑！什么东西我都自己买去。画布也好，画框也好，颜料也好，都自己买！这样才能表示我诚心诚意！（好像抱怨她似的）请不要那样说。请不要叫我丢脸！

总长太太　黄先生，但是，你——

美术大家　不，不。纵然我穷得没有钱替现在病中的母亲买药吃，无论如何，我都得自己买一切用品。

总长太太　但是——

美术大家　是的，是的！哪怕你家里有几千百万的家私，我也不想要你为我的创作花费一文。是的——是的——为这个创作的关系，叫我像讨饭的一样，向你伸手要钱，我宁肯饿死了去。把母亲也饿死了去。也不给她药吃，也不给她饭吃，把她活活的杀了去。我真想为你的关系，那样做去呢。为你受苦，是我的大欢喜啊！

（这时他背过脸去，像是故意藏着眼泪，不叫李太太看见似的）

总长太太　这样，你还说是爱我吗？

美术大家　如果月亮出来了，你去问月亮罢。如果花开了，你去问花罢。

总长太太　如果你实在是爱着我，你就不应该说那样顽固的话啊！不要再争论这样无益的话罢。一句话也不要再说了。你难道以为我能够看见你那样牺牲，一句话都不说吗？

美术大家　至少关于创作方面，请你一点也不要过虑呢。否则我就要很为难了。左右，只不过花十来天工夫就行了，十来天的工作啊！作为爱情的代价，未免太少了呢！在这十来天，哪怕天天饿饭，我都要努力把这创作完成起来！

总长太太　我能够任你饿饭吗？你如果一定要固执己见，我就要永远不和你见面了。好罢，这里有两千块钱（从胸口取出一个小皮夹，从皮夹当中取出一张支票）的支票，请你暂时收着罢，一千块作为材料费，一千块作为创作费。认真说来，这几块钱，当然是不够的。因为艺术这个东西，本不是可以用钱买的呢。

美术大家　但是——

总长太太　自然不是可以用钱买得到的啊。好罢，就这样约定了。我的可爱的少爷，是不是？

美术大家　这却叫我为难了。

（但是他很柔顺的在她手上亲了一下）

总长太太　（用着十分的热情）你真是一个可爱的，初出茅庐的艺术家啊！

美术大家　我真崇拜你！

总长太太　叱！算了罢！他来——

（这时李总长走到门口望了一望但是并没进来）

美术大家　那末，明天见罢。

总长太太　明天见。

美术大家　我在十点钟的时候，等候大驾。

（美术大家出去了）

总长太太　（自言自语的）真正可爱，好一个真性情的人！

（舞台转了。美术大家被李总长送出大门之后，他高高兴兴的在街上走着）

美术大家　（自言自语的）两千块钱（说着，从衣口袋摸出支票来看看）不坏呢！李太太如果真肯裸着身体画一个像，我一定可以敲她四千块钱呢。

——幕——

最大的罪

舞台是一个避暑地的大饭店的凉台。有一个年老的男客人对着一位年轻的女太太，说他过去的爱情事件。

女太太　你后来认得的那位太太，是怎么样的一个人呢？

男客人　提起她来，还令我痛恨不已。因为她才是一个最残酷的人，比先前那两个女人还利害呢。

女太太　那样利害吗？她干了些什么事呢？

男客人　她干的事，是一个女人对于一个男人可能够干到的顶残刻的事……照诗人的话说来，一个永远不可赦的大罪，叫做叛逆。但是，那只不过是男人的罪罢了。像这个女人对我所做的事，简直可以说是女人们所能犯的最大的罪呢。

女太太　什么样的罪？她犯了什么样的罪？

男客人　因为她对我说了真话。

女太太　（露出不懂的神气，只是眼睁睁的望着男客人）恩？

男客人　女人家说真话，这件事和男人家犯了叛逆大罪一样，是不可赦免的事，你不懂得吗？是的，你现在年纪还轻，也难怪你不懂得这个道理。听我告诉你罢。我家里财产是很多的，用不着为财产焦心，唯有女人这件事，是我那时最感觉痛苦的。若是别的年轻男人处在我的地位，也许他们能够对于政治啊，社会啊，实业啊，艺术啊，对于种种东西，感生趣味，唯独我的天性，生来就和别人不同，我所过的，只是一种大少爷的生活呢。我的青春时代，完全在锦绣香粉，秋波远黛之中，葬送了。所以，到了我三十四岁的时候，差不多我把女人家一切鬼马路道，都懂得了。我看见女人家的颜色，就立刻懂得她们心里想着什么，我看她们的颜色，犹如读书一样，看得非常清楚呢。所以那时无论什么女人家，在我面前，都弄不了鬼。据我所知道的，女人这种东西，到了十五岁，就成了一个普通的说谎的，到了二十岁，更成了一个漂亮的说谎大家，到了三十岁，竟会变成一个惯常的说谎专家。

女太太　有这样的事吗！

男客人　当然有的。但是，无论什么说谎专家，她碰见了我，也就不中用了。因为她们无论如何，胜不过我的长久的经验啊。这样说，或者你还不能十分明白，但是不要着急，听到后面，自然你就会懂得了。比方，如果我向女人问她爱不爱我，她的回答，不是"呃！"就是"恩！"罢。但是，为懂得这个"呃！"或"恩！"的意义，我花了三十四年的时间呢。举个例说，我那时听得一个女人说她在市上买东西来，我就立刻知道她实在是和一个心爱的男子喝茶去来。如果听得她说的话仿佛是叫人要知道她和一个男子去喝了茶，我就知道她实在没有离家一步。你懂得我的意思了罢？

女太太　还是不懂得。

男客人　我知道，你懂得了偏说不懂得呢。

女太太　什么话！我实在不懂得。

男客人　唔！你嘴里虽是这样说。

（暂时两个人都不说话）

女太太　这且不说它。你刚才说的那个残刻的女人，到底对你做了什么坏事呢？

男客人　那个女人，一起初，就很懂得我是一个什么样的人。她懂得，我不是一个初出茅庐的青年，也不是一个执拗顽固的老头子，倒只是一个把一切应该知道的鬼马路道都被别的女人教会了的，最爱怀疑的人。所以她当然知道，要想骗我是很不容易的事呢。

女太太　唔——哼！

男客人　但是，在最初我和她认识的一个月之内，她也很巧妙的说了一些谎。譬如，如果我问她："昨天和你在街上一块儿走的哪个人是谁呢？"她就会一点也不迟疑的，答应我说："那是我丈夫的兄弟啊!"却是,后来我查明她丈夫并无兄弟,所以我就和她去捣蛋。最后她对我说:"别缠我了!我老实对你说罢,那是我的爱人啊!"

女太太 那时你怎么样呢?

男客人 我笑了一会。我心放下了。过了不久,我发见了那人真是她的爱人。所以,她对我的计策可以算得是很巧妙的。她以为我决不会认以为真,所以把真的事告诉我了。她这办法,在结果上,却真骗住了我呢。

女太太 后来怎么样呢?

男客人 后来发生困难的事情了。有一天,我等了她许久,她才来会我。我问他,为什么来得那样迟,到底到什么地方去来。她回答说,她到纪常明博士那里去了来。你猜她到底到什么地方去了来?

女太太 唔!到什么地方去了呢?

男客人 她真到纪常明博士那里去了来啊。你猜她到那里去干什么?

女太太 唔!干什么呢?

男客人 她去看他的画来。

(男客人说到这里,叹了一口长气)

女太太 看画来?

男客人 所以,我不知不觉的,就开始相信她一切的话了。一直到有一天,她对我说,她在半天当中,会了两个男子来的那一天为止。到这一天,我心里这样想着:"哼!她在变戏法呢。她要利用我对她的信用呢。她起初说了一些真话,使我相信她,现在她要突然说谎话来骗我了!"不幸我这种想法,都想错了。到后来,我查出来她那天真去会了两个男子来呢。

女太太　这位女人一定是一个很高贵的人罢!

男客人　是的,很高贵的!她是生于名门的啊。她和政界商界的名人常常见面呢。

女太太　她丈夫是一个什么样的人?

男客人　是一个很聪明的男子呢。我当时虽然常常以为他是一个利己的人,实则是很有才干的人呢。但是,现在他已经死了。

女太太　她丈夫死了吗?她说了真话之后,发生了什么样的结果呢?

男客人　结果是我吃了亏啊。因为我太把自己看得精明过人,所以上了一个大当。我只以为凡是关于女人的事,我尽都知道了,正在高兴——只以为凡是女人家的谎话,哪怕一丝一毫,我都看得出来,正在自负得了不得的时候,哪知道已经被一个女人骗了。一直到我受骗之后,我才知道我自己想错了。我的过错,结局是假定女人家的谎话有一定的组织呢?总而言之——

女太太　我越听越糊涂了。总而言之,什么呢?

男客人　总而言之,女人家的说谎,是没有一定的组织的。她们的谎话是和男人的谎话绝不相同的。……那个女人虽然骗了我,却是给了我一个很好的教训,所以其后我遇见别人女人,我不敢自逞聪明了。真也奇怪,那个说了真话的女人,反转像替后来对我说谎话的女人们开了眼一样呢。所以那种经验,也不为无益,它留下一种很有价值的东西给我呢。

女太太　什么东西?

男客人 它告诉我，决不要拿一定的原则去看女人。本来拿死板板的规则，去看一切事情，原是男子家最易犯的毛病啊。女人家这个东西，决不是一个专重死板板的规则的蠢子。她决不会说："男子家是这样这样的东西，所以对于男子，应该这样这样对付。"是的，女人家真像一个漂亮的摩托车夫。

女太太 那是什么意思？

男客人 听我说罢。摩托车夫，应该常常记着他的车，随时可以发生突然的事故。应该随时准备着对付那些突然的事故。应该想到在同一条街上，不见得需要同一的解决方法。因为也许今天在这条街上要加足速力才能避一个危险。明天却须减少速力才能避开危险呢。总而言之，摩托车夫应该临机应变的去避免种种冲突呢。一个女人也是一样，她应该临机应变，有时说真话，有时扯谎，才能避免一切突然的冲突呢。

女太太 这样说来，你为什么把那个说真话的女人说得那样可恶呢？

男客人 为什么说她可恶吗？这有一个道理。是这样呢。男人家这种东西，无论是谁，他对于叛他，苦他，要挟他，抛弃他的女人，都是可以宽恕的。但是对于那种在事实上证明自己是蠢子的女人，却是，无论如何，无论如何，都不能宽恕她的啊！

——幕——

酱色的心

序

1

听说，好良心是红色，坏良心是黑色。

2

听说，富于爱情的人们的心是玫瑰色，聪明人的心是透明的。

3

如果一个人在公的方面，良心是好的，而在私的方面，良心却是坏的，那个人的心是什么颜色呢？和这人恰恰相反的人，即是说，对于公的方面没有好良心，对于私的方面却没有坏良心的人，应该有什么颜色的心呢？

4

如果一个人又富于爱情，又不富于爱情，那个人的心是什么颜色呢？

5

如果一个人对于一部分的事很聪明，而对于全体的事，却非常愚昧，那个人的心又应该怎么样呢？小事糊涂，大事不糊涂的人的心又是怎么样呢？

6

从事实上看来，现代的中国人们，往往是又有好良心，又有坏良心，又富于爱情，又不富于爱情，又聪明的又糊涂的人们。

7

又红又黑又玫瑰，不红不黑不玫瑰，又透明又不透明的颜色，是什么颜色呢？

8

如果这种混合的颜色是酱色，现代中国人的心就应该是酱色的心。

9

红色易绘，黑色更易绘，玫瑰色透明色也不是顶难绘的东西，最难绘的就是酱色，就是又红又黑又玫瑰，不红不黑不玫瑰，又透明又不透明的，混合的酱色。

10

明知难绘，而偏要去绘，岂不太多事吗？

11

明知难绘而偏要去绘，岂不是因为这种颜色值得一绘的缘故吗？

12

是的，是的。不，不是的。呃？？？

勺水

12，6，1929

酱色的心

一

一辆蓝色轿式摩托车，放射着明晃晃的漆光，从致中里王公馆，滑了出来。只听见公馆门口的两个穿黄色军衣，戴红领章的卫兵喊了一声"……Hi枪！"接着就是摩托车的呼呼的叫声，叫了两声，在大路上转了一个弯，像飞着一样的向南跑去了。沿着王公馆的右手边马路上，搁着五六辆破旧不堪的东洋车，几个车夫好像是等生意等得不耐烦了似的，都站在一起说瞎话。摩托车从他们旁边经过的时候，只听见他们中间，突然发出了一些类似喊口号时的喊声："萧姨太的车哪！""萧耀南狗东西！也碰着对头了！""现眼报！"……

摩托车上坐着的，自然不是萧姨太。革命军到了武汉的时候，萧姨太们早躲到上海租界去了；她们把所有的家财，除了在事实上拿不走的东西之外，都搬走了。她们搬不走的，只是几处房产和几辆最新式的毕克摩托车。在那种军事紧急的时候，她们遗下来的房屋和车辆，自然被革命军征用了。她们的四辆车，都被王公馆的秘书下条子给公安局长，征发了去，王太太一辆，谷太太一辆，张秘书一辆，柳局长一辆。现在坐着蓝色摩托车走出王公馆的，正是柳局长。

柳铁笙虽然只穿着一身很旧的草色布军衣，斜挂着一根完全失掉了光泽的皮带，然而他那焦红色的面孔，反映着四月天下午五六点钟时候的墙上的太阳光，却从他那付玳瑁框眼镜的下面，露出一团喜气。有什么喜事？不消说，革命家最大的欢喜，必定是关于革命进行的顺利的欢喜啊。不过，这时的柳铁笙，却于一般的革命顺利的欣喜以外，还有一些关于私人方面的喜事：第一，他在两星期前，当了逆产管理局长，他从此可以大大的发展他那事情越多精神越好的特性，以补过去几个月间的空闲倦怠之苦；第二，他的太太前五天才跟着她的干姐姐即王太太从上海到来，他正在久别重逢的快乐当中；第三，他的爱人陈眉君也在昨天到了汉口，他现在正要到贯忠里的闽粤桂联合办事处去看她呢。

柳铁笙的一团高兴，突然的被洋车夫们几句喊口号似的说话，打破了。他不觉凉了半截，好像被人劈头泼了一勺冷水一样，"他们把我看成和萧姨太一样？从他们眼睛里看来，我们只是军阀萧耀南的一个对头？他们以为我们是以暴易暴？他们如果知道我去会她……"柳铁笙这样想着，不觉得背脊上发了一下冷，差不多连额头上也出冷汗了。

蓝色摩托车仍然呼呼的叫着往前飞跑，一转眼间，快到华商街了。街上站岗的巡警，认得这辆车和车中的人的都行着立正的敬礼。这些敬礼渐渐恢复了柳铁笙的高兴。他想着："呃！只要替他们谋真正利益，他们一定会慢慢明白我们的好处的。况且我们宣传工作正在改良，将来一定可以使他们跟着革命政府的脚跟走的。会会她又有什么不行？只有我肯牺牲，对得起革命，就算对得起中国民族了。私人间的小小的行为，于革命有什么关系！昨天易寄庵不说过吗？'革命家的行为的标准，只在革命的利益：对于革命有益的，都是好的，对于革命有妨害的，都是坏的，对于革命的利益无关系的，都是革命家可以不管的。'是的，是的，老易的话不错，我会会她，也不会和革命的利益发生什么关系……"柳铁笙想到这里，不觉有一种心安意得的微笑，从胸口上一直涌上来，直到嘴边，把他的嘴唇掀开，把他的鼻孔张起，把他两双眼睛的缝子合拢起来，几乎忍不住要笑出声来了。但是，他在微笑的一瞬间，忽然又得着一个联想："老易当闽粤桂联合办事处的常务委员，她当办事处的秘书，他们当然在一处办事，并且常川①驻扎在办事处，他们……"他想到这里，不觉又把眉头皱起来了。他的摩托车到贯忠里口了。

二

柳铁笙走近议事室的时候，当天的例会刚刚开完；他看见一些人站着伸懒腰，一些人手里拿着帽子，预备走路。陈眉君穿着耦合色的上衣，还伏在桌上写什么东西，露出溜光的短发和雪白圆肥的半边面孔。易寄庵已经离开了主席的坐位，站着和另一个人说什么话。

柳铁笙和几个认识的人应酬了几句话，才连忙跑到陈眉君旁边去，陈眉君已经写完了。正掩着记事录，站起身来。她抬头看见他就笑嘻嘻的说：

"刚刚开完会，委员就到了，算是迟到，还算是缺席呢？"

---

① 意为经常。——编者

"应该罚他请一餐饭！"易寄庵这时也回到桌边来。都着尖削的下巴，歪眉斜眼的，敲着陈眉君的边鼓，和柳铁笙开玩笑。

陈眉君和柳铁笙握了一回手，对他说：

"这里即刻还有别的团体借去开会，我们到楼上房间坐坐罢。寄庵，是不是？"

易寄庵和柳铁笙自然都愿意顺从她这个提议。她抱着许多记事簿子和纸张，走头领路，柳铁笙和易寄庵跟在后面。

联合办事处是接连两栋三楼三底的房。陈眉君住的恰恰是议室上面的那个楼上的右边前厢房。柳铁笙走进门一看，只见窗房面前摆着一张红木长条书桌，房中间放着一张方桌，上面堆着一些茶杯和什物。两边挨壁胡乱的列着几张椅子。和正面窗户相对的地方，安着一个铁床，后有帐子。上面铺着雪白的被单，靠里边堆着一堆大红色的铺盖。床的左边，开着一扇门，微微的透着后厢房来的光线。

"好一间清爽的房间，好像是大家小姐的绣阁，哪里像女革命家的卧房呢？"柳铁笙一面坐下，一面故意闹着玩。

"不要瞎说！难道革命的人就不应该清爽吗？……"陈眉君的话刚说到这里易寄庵就接着说：

"不应该，不应该！听说外国的女革命家要专门装成女劳动者或不良的妇女呢。"

"Chieh！男子家都爱这样瞎说，真该打嘴巴！"陈眉君说着，恨了易寄庵一眼，便做出要伸手去打嘴巴的样子。

柳铁笙心里有点不安起来了：他觉得陈易两人的亲昵，未免太过分了。他等他们的讲笑讲完了之后，才慢慢抽着纸烟，转了一个话头，问她：

"陈同志这次是从福州来的吗?"

"是的，不过，半途在上海却住了一个月，啊! 真正在上海闷得要死! 成天躲在客栈里，不敢出门，又没有什么旧朋友；那时我真羡慕你们极了呢。我一天不做事，就会感觉无聊，我这贱骨头就有点……"

"这该不是我和你开玩笑了，自己说自己是贱骨头，还怨别人!"易寄庵笑着说。

"无聊的话! 谁理你?"陈眉君又恨了他一眼。

"你一个人上路，没有同伴吗?"

"和 Miss 黄同来的。你记得罢，那位漳州的黄肖云?"

"怎么不记得! 她和你顶要好，不是吗? 她也住在这里，住在后厢房?"

"她和我同住一间房。后房……不是她住的。"

"谁住后房?"

"这位大委员易大人啊!"

柳铁笙心里更不安起来了。他觉得脸上有点发烧。他连忙努力抑制着感情，装做心里坦然的样子，继续说：

"你们原来是一个真正的隔壁邻居，怪不得刚才要开那样大的玩笑，我先前还以为你们是在此地才认识的呢。"

"怎么! 你忘记了，你随军到福建去的时候，我和眉君同是在汕头的福建特别委员会的委员吗? 我和她在汕头共了三个多月的事呢。"易寄庵很高兴的说着。

"唔……不错的，有这么一回事。"柳铁笙一面这样说着，一面感着一种绝望的悲感，正在踌躇，不知道要怎么自处。他忽然看见陈眉君看了一看手表，侧头对易寄庵说：

"已经六点过了，不好叫他们久等罢。"她回转头又对柳铁笙说：

"你今天来得真不巧，恰恰碰着有人请我们吃饭，时间已经到了，我们只得失陪。对不住得很！如果没有人约定，我一定要你请我吃喜酒呢。当了逆产管理局长，太太又来了，岂不是喜上加喜？"

柳铁笙听见她下逐客之令，不觉怒气冲了上来；他暗想：你们想避开我，我偏要追着你们。他带着冷笑问她：

"谁请你们。我不能跟去吗？是陆小晴罢？"

"呸！"陈眉君听见陆小晴几个字，忽然露出又羞又气的样子，正都着嘴巴，要想发作。这时易寄庵忽然插嘴说：

"方鸿雪夫妇请客。"

"方鸿雪？他请客会不请我？没有的事罢？"柳铁笙跳起来说。

"谁骗你？我给他的信与你看看。"她说着，便站起来向书桌上拿一张信纸过来递给柳铁笙。只见那张白信纸上面印着"《汉口民国日报》用笺"几个大字，下面却用极秀丽的小字行书，写着几行字，当中有"在杏花春晚饭一叙，同座有吴夫妇，林——攀，黄——唐，石夫妇，……"几句话。最后一行却写的是"眉君——寄庵同志。"柳铁笙在气头上看见果然是方鸿雪请客，也无心研究这封信的特别样式，只有一心怪方鸿雪不请他吃饭，并且他已经存心要跟着易陈两人同去，所以，他做出生气的样子，大声说：

"老方真可恶！往常请客没有不请我的，怎么今天撇开了我？我昨天还看见他，怎么他一声也不提？并且请的又是熟人。可恶

239

极了！"

"想来他以为你事情忙，并且太太新到，恐怕你没有时间在外面应酬，所以……"陈眉君还没有说完，柳铁笙就接着说：

"这都成理由吗？两三天以前，我还常常和他一起在外面吃饭呢。他不请我，我偏要去做个不速之客，看他怎么样？"

陈眉君露出很为难的样子，只是信口说着：

"去不去丢脸，还不是由你？"

"丢脸？怎么是丢脸？我倒要问你。"柳铁笙气又上来了。他把眼光由陈眉君转到易寄庵脸上，只见易寄庵仍然露着得意的神气，满脸都是神秘的冷笑。易寄庵看见陈眉君不说话，突然放开嗓子，用一种蓝青官话的调子，对柳铁笙说。

"老方提起请客的时候，我和老唐都在场，所以我知道很清楚，听我告诉你罢。他这回请客，有一个特别原则：他是一对一对的请的，他本想请你和你太太，后来因为恐怕你太太不肯到杏花春那种小饭馆去，所以才作罢，他自然不好请你一个单独的人啊！"

"我一个单独的人？老唐……和你，不也是……"柳铁笙刚刚说到这里，他忽然脑筋清醒起来，想想起刚才看的那张信纸上写的什么"黄——唐"，"林——樊"，"眉君——寄庵"，一类的字样了。他懂得了，他也不继续说下去了。他回头看陈眉君，陈眉君只是背脸向着床边，做出整理衣裙，预备出门的样子。他满腔怒气，无可发泄；他口咬紧牙关，望着眼睛和鼻子中间的辛酸，勉强说：

"喔！请吃一餐饭，还有这许多讲究，老方真不愧是一个文豪！既然这样，我自然不去打破他的高远理想。好罢，我先回去罢。明天再见！"

柳铁笙说着，拿起桌上的军帽，向易寄庵点了一个头，侧头向陈眉君望了一望，望见她还是背着身子。他提起脚向前开步走，走出了房间之后，才听见陈眉君的娇滴滴的声音，在后面说：

"局长老爷！今天好了你，明天后天不请我喝喜酒，我可不答应你呢。"

柳铁笙装做不听见，踱踱踱的跑下楼去了。

三

柳铁笙出门坐上摩托车，怒火还烧着胸口，痴情还蒙住脑筋，他连对驾车的发命令的事，也忘记了。驾车的不敢问他，只是等着。柳铁笙过了几秒钟。才晓得车没开动，便移怒到驾车的身上去，厉声说：

"喂！怎么不开走，开玩笑吗？呃？"

他听见驾车的向他请示，往哪里开，他才知道自己有点头脑昏乱。他将错就错，仍然做生气的样子，大声叱咤说：

"到局去啊！这还要我说？"

柳铁笙也不打算回家和太太一起吃晚饭了，他想：他宁愿到局里一个人喝两杯闷酒。女人家真太过于玩弄男子的感情了！他从前在广东时，陈眉君对他何等要好？她不是许过他，到军事完了时，要以终身托他，一同到外国留学去吗？她不是始终还不断的写着情致缠绵的长信给他吗？谁料她还是一片虚假？她居然和易寄庵要好！她居然当着他的面前和易寄庵做出丑态！……

柳铁笙想到这里，不禁心里发了一个狠，又咒骂起易寄庵起来了：

"好不要脸的大委员！口口声声说什么革命牺牲，暗中却做得好事！昨天还对我说什么'革命家的行为的标准！'说什么'万事都要以革命的利益为主，不必管个人私事！'难道你以为夺了像我一样的革命家的爱人，对于革命的利益会毫无损失吗？你哪里知道别人所受的精神上的打击？老易，你简直是糟踏我！我非和你斗一斗不可！……但是，他恐怕未必知道我和眉君的关系罢……眉君哪里会把自己的秘密告诉他？恐怕老易连眉君丈夫陆小晴的事也未必知道呢。……陆小晴……是的……是的。全然是眉君这东西水性杨花，从中作怪，哼！你想丢我，看我对付你！……"

柳铁笙到了逆产管理局，装做有特别要事的样子，一面叫人弄晚饭，一面自己一个人躲在局长室打军用自动电话。约莫过了一个多钟头，他饭也吃完了，酒也喝得有点醉醺醺的样子了，他自己觉得主意也打定了。他叫勤务兵去请陆科长。

总务科长陆小晴是常常代替柳铁笙住在局里的，所以听见局长叫他，就立刻走到局长室去。他生得一个矮小的身材，尖下巴，大鼻子，深眼睛，脸上皮肤，也带着焦红色，显然是久在军队过着生活的样子。他左手抱着一包卷宗，右手拿着军帽，走进局长室，向柳铁笙鞠躬致敬。

"请坐，不要拘礼罢。"

"局长有什么事情吩咐?"陆科长坐在局长桌子对面一张椅子上，笑着问局长。

"没有什么事情。我因为在这两星期当中，一到晚上，都得在外面应酬，不能到局，全靠你替我招呼着使你辛苦，未免太对不起你了，所以趁今天晚上有空，特来看看。"

"请局长不要这样说。我跟局长学习革命工作，得了不少的益处，应该替局长帮忙的，在革命进行期间，那有什么辛苦不辛苦？只要于革命有益，就是牺牲性命，也是应该的呢。这是情报股刚才送来的报告，这是侦探局对于外国兵船和日本租界情形的报告，这是来往轮船的报告……"陆科长一面说，一面把他抱的卷宗，打开给局长看。

局长翻了几下，露出似乎已经看懂了的样子，对科长说：

"没有什么重大报告。还是请你替我照例处置就行了。喔！你替我找的房子很好，又便宜，又宽广。谢谢你啊！"

"还好吗？我那时还害怕局长夫人挑剔呢。"科长得意的说着。

"我们是过穷苦生活过惯了的，那有什么挑剔不挑剔。"

"不过，我想，局长夫人常常和王夫人她们交际，自然也应该有过得去的局面才行。"

"你这话也不错。现在这座房子的局面也足够了。房宽人少，我们还很不放心呢。内人还要我找一个有家眷的朋友来同住。不错，说起家眷，我想起你的家眷了。听说你太太陈眉君来了，你们住什么地方？"局长殷勤的问着。

"她住在闽粤桂联合办事处，她在那里当秘书呢。"

"闽粤桂联合办事处？那里人杂得很，你们怎好会面？这样好不好？你们两人都搬到我那里去罢。左右我那里有多余的房间。"

"谢谢局长的厚意。我今早晨会见她，我本来也想替她租一间小房子，谁知她不愿意，她说，在革命进行当中，大家应该为革命努力，不应该贪家庭的快乐呢。"

"你自己的意思怎么样？难道你不能做主吗？"局长很热心的问着。

"不是不能做主，实在她说得有道理。像现在这样，局长外面事情非常的忙，我正好趁此尽我的力帮忙，哪能够贪图安逸？并且，我如果搬出局去，局长对于局里的晚间的临时事故，岂不是又要特别费心。所以，我赞成她的话，我和她分途替革命努力，等到革命告一段落的时候，再说别的话。"

"你们不感觉寂寞吗？"

"我和她只要有革命工作做，哪会感觉寂寞！"

"我真佩服你们这种精神，如果是我，恐怕我不……"

局长说到这里，忽然想到这话太冒昧，有点说不下去。恰好在这时候，有一个勤务兵进来对科长说，特别第一区长有电话来报告要事。局长乐得趁此把原来的话停住，连忙叫科长快去。

柳铁笙一个人默想了一会，忽然提起笔，写了一封简单的信：

"眉君同志，夕刻晤谈，未尽欲言，为慊！顷小晴来谈，提出一重要问题，望我调停，我义无可辞，只得应允一试。明晚八时，盼移玉到鸿雪家中一谈，至恳至恳：鸿雪处已由弟电知，知注并闻，此致革命的敬礼！弟铁笙上。"

柳铁笙写完之后，看了一遍，觉得很满意。他用心封好，叫人立刻送去。

四

杏花春晚饭吃完之后，易寄庵和唐长风跑到什么地方开会去了。陈眉君和黄肖云也不坐车，只是并着肩慢慢的向贯忠里走回去。陈眉君今晚的不快活，显然摆在面上，她刚才在吃饭的时候，明明露着心不在焉的样子，人家和她说话，她也只是随意敷衍，有答无问。她这种情形，当然逃不了黄肖云的慧眼。她俩走在半途，黄肖云忽然问陈眉君！

"你今晚有什么心事？怎么老是露出不快活的样子呢？"

"饭也吃得，路也走得，有什么不快活！没有什么心事！"

"你瞒得别人，瞒不了我。是老陆方面的问题吗？"黄肖云陪着笑脸问她。

"呸！那个傻子也会在我面前成问题？别瞎猜了！"

"那末，到底是为了谁的问题？"

"不为谁的问题，我只为一般男子家太不公道，太无志气。"

"这话怎么讲？"

"他们只愿意占有女子，却不愿意为女子所占有，稍微有点油头，就好像狗争骨头吃一样，闹得个不亦乐乎，你说令人可恨不可恨？"

"你这话有头无尾，我如何懂得？详细告诉我罢。到底是一回什么事？"

"我现在懒得说。横竖你后来会知道的。"陈眉君说着，把脚步加紧了。黄肖云也无暇再加追问。

陈眉君和黄肖云回到贯忠里，忙着换衣服，洗脸，铺床，忙了好一会，才忙完，预备歇一歇睡觉。

陈眉君走到书桌旁边去，看见一封信摆在那里。她拆开一看，只气得两眼直竖起来，大骂"浑蛋！"黄肖云连忙站起来，走到她身边去，问她为什么生气。陈眉君把拿着的信摔到黄肖云手里，嘴里说"你看！"一屁股便坐在书桌前的藤椅子上，埋头流泪起来。黄肖云看完了信，点头说：

"喔！原来是老柳作怪。"黄肖云拉了一个椅子，坐在陈眉君的旁边去，拿出小手巾，替陈眉君擦泪，劝她不要伤心：

"老柳那个人是好说话的，他耳朵软得很，一定是听了老陆的一面之词，就信以为真，所以写这封信，他原是好意调停，你不要错怪他罢。他和姐姐在从前不是很要好吗？哪里会有什么歹意？"

"你哪里知道，他明明是要挟我呢"。陈眉君抬起头，怒目的说。

"怎么是要挟你？"

陈眉君把白天的事，一五一十的告诉了黄肖云。黄肖云听完。也帮着她骂了几句，随后才露出很担心的样子，对陈眉君说：

"这事如果闹出来，恐怕于老易的面子上不好看呢。老易知道你从前和老柳要好吗？我想……我替你去找唐长风出来打个圆场罢。你说好不好？"

陈眉君听她这样说，连忙摇着手站起来说：

"使不得，使不得！你这人还是像从前一样鲁莽，一点进步也没有！女人们的事，怎么可以找男子出来调停？如果找唐长风调停，唐长风又想从中得点好处，结果不单是不会把事情弄妥，恐怕他还要减少对你的爱情呢。懂得了罢。"

"但是，你总要想法对付老柳才好啊！不然的时候，一旦闹出来……"

陈眉君不等黄肖云的话说完，便抢着说：

"你不知道，老柳的性格是最无决断力的老好人，他哪里会说得出做得出。并且，他会要挟我，我就不会要挟他吗？只要或是陆小晴知道他的好局长的内幕，或是柳太太知道她的好丈夫的行动，恐怕老柳所受的痛苦，还要大过我的痛苦几十倍呢。"

"你到底怎么办？"

"我暂时不理他。"陈眉君做出很有把握的样子，毅然的说。

"暂时……暂时不理他？唔……姐姐对他还有……喔！我懂得了。我真佩服姐姐的本事！"

"Chieh！小鬼头！只要于革命的利益没有冲突，那有什么关系？"

陈眉君说着，便拿起自来水笔，在一张中国纸的信纸上，胡乱的写着：

"示悉。我从明天起，要到政治委员会书记长姚任奇处工作，已经不受闽粤桂临时委员会委员的指挥。所请恕不应命。此覆局长大人。知名人。"

五

一间见方不到两丈的房间里面，横七竖八的摆了七张办公条桌，加上七张椅子和两个文件大柜，真挤得连伸懒腰的余地都没有了——这就是华商街中央党部二楼上的政治委员会办公室。陈眉君担任的职务，是事务员，专门管理卷宗和庶务。政治委员会办公室从来没有过女性，现在忽然增加了一位年纪又轻，样子又美的办事员，小小房间中，便呈了一种特别的活气：办事人都格外装正经起来了，办事的效率似乎都增加了，无事跑到这间办公室来访朋友的人也增加了。他们的目的，自然都是来审美的。

陈眉君初到，万事生疏，生怕做出错误，惹同事人的笑话，所以她很努力办公，并且，姚任奇那种古板板的面孔，也使她不能不格外留心学习：她觉得，姚任奇老头子的口气，简直是把她当做一个一点办事经验也没有的小孩儿一样；她决意要争一口气。

午后四点多钟，姚任奇和两位任记录的干事，开会去了。这是隔一天照例有的会，一天常务委员会，一天政治委员会，隔一天轮着开会。

陈眉君觉得房内人少一点，正想拿起当天的报纸副刊读读，忽然听见背后有人叫"陈同志"：她是背着房门坐着的。她回头一看，原来是柳铁笙穿着军服，站在那里。柳铁笙不等陈眉君让坐，就坐到姚任奇的座位——正对陈眉君面前的一个座位，嘴里大声的说：

"正忙得不可开交，又有了新任务，真正跑不过来……王主席因为目前河南战事紧急，恐怕地方上有什么意外，特别叫我每天下午到政治委员会报告治安情形呢。"

"列席政治委员会吗？我去告诉姚书记长罢。"陈眉君的职务意识，被柳铁笙的几句话引动了。

"不，不是列席。只要在开会后和政治委员会主席见见面，或报告，或是接受指令，就行了。我恐怕主席们在开会中间对我有什么吩咐，所以特早一点来这里等着。吵扰诸位办事，对不起啊。"柳铁笙一面向陈眉君，一面又向别的办事员周旋。

那天的会开了很长的时间，直到七点多钟才完。姚任奇回房时，柳铁笙又把刚才的话说了一遍，姚任奇连忙引他去会还未离党部的主席。

第二天，柳铁笙来得很宴：他到六点钟才来，正碰着开会将完的时候，他把帽子丢在办公室，他和主席见面谈了几句话，重新回来取帽子，等着陈眉君把卷宗收好，才一同出去。

第三天，柳铁笙在四点多钟的时候，到了政治委员会的办公室，他和陈眉君说了一些话之后，不等见姚任奇和主席的面，就匆匆跑走了。

第四天，柳铁笙到得很早：三点钟他就到了。那时姚任奇都还没有到。他等到姚任奇到来，和他闲谈一些国内国际的政治情形。到了四点钟后姚任奇刚刚要抱起卷宗去开会的时候，柳铁笙忽然像想起了一件要事似的，大声对姚任奇和陈眉君说：

"我这一向记性真坏，几乎忘记了别人托我的一件事。今天早晨，方鸿雪到我那里去交涉报馆工人事件的时候，曾托我对你们二位说，他太太的家乡人从南京带来绝好的板鸭，今晚要请我们到他家里吃便饭呢。并且说，要我负责任，一定邀到，邀不到二位时，还要罚我呢？"

"几点钟吃晚饭！"姚任奇忙忙的问。

"说是六点钟到七点之间。"

"那我就没有这个口福了。今天议案积得很多，准要到七八点钟才开得完会。陈同志，你去罢。把钥匙交给听差，回头我替你收拾案件好了。请你们替我对老方夫妇道谢啊！"姚任奇好像生怕赶不上开会时间似的，也不等柳陈二人的回答，便急忙忙的走快步，挟着一大包卷宗，跑出去了。

柳铁笙这一天也很早的就走了。

陈眉君到泰安里的时候，已经快断黑了。她看见蓝色摩托摆在巷口，她知道柳铁笙早已到了。

方鸿雪住的是一座两楼两底的房屋。楼下是新闻记者联合会临时办公处和厨房。方鸿雪夫妇住在楼上前后两间小房子里面。楼上过厅摆着吃饭的桌子，碗筷都摆好了。陈眉君走进前房一看，却只有两男两女：方鸿雪夫妇，黄肖云，柳铁笙。唐长风和姚任奇都因为开政治委员会的关系，不能到场。

吃饭的中间，方太太忽然提出一个提议：她想去看《黄巾贼》的中国电影。方鸿雪听见了，立刻痛骂这个影片的无意识，他说他非西洋片子不看。方太太恼了，一定主张要去看。闹了一阵，结果还是愿去者去，愿在家听新从上海带来的留声机器者留在家中。

方太太和黄肖云看电影去了。

陈眉君坐在前厢房喝茶，听柳铁笙唱留声机器，方鸿雪用文学家的眼光，批评着王又宸的南阳关和余叔宕双师图。唱不到两三张片子的时候，只看见厨房婆子上楼来说，"请方先生听电话"，方鸿雪匆匆的跑下楼去了。

柳铁笙把十二张盘子都唱完了，方鸿雪还不上楼来。

"主人到哪里去了？"陈眉君问着。

"听电话啊！"

"听这么久？"

"怎么，你不知道？他不是在家里听电话，是到前面报馆里去听电话呢。"

"主人再不回来，我就要不辞而去了。两个客坐在这里，有什么趣？"陈眉君说着，就站起来，走近床边去拿床上搁着的女草帽。

柳铁笙连忙跟她到床边，随手拖了一张椅子去，自己坐在椅上，让陈眉君坐床沿。嘴里说：

"眉君，我有几句话，要对你说，请你和我作两分钟的谈话罢。行不行？"

"不行，有话明天说。天天见着面的，哪有什么许多话说？"陈眉君一面说着，一面拿起帽子，做出要走的样子。

柳铁笙急了，用右手拉着陈眉君的左手，哀恳一样的求着她：

"眉君！难道你这几天还看不出我的心吗？你如果再不理我，我真真要闷死了！"

陈眉君听见这句话，把右手拿着的帽子，向旁边茶几上使劲一摔，只听茶杯相碰的声音和她的笑声同时合奏起来。她一面笑一面说：

"好一个革命的青年！为一点点小事，就说寻死寻活。怎么男子家都是这样没见识呢？哈哈哈……"

"那也不奇怪。我专于情，就为情而死，专于革命，就为革命而死。拼命的讲革命，同时并拼命的讲爱情，这才是真正革命的青年呢。"

"一派胡说！我来问你。你说你专于情而死，如果现在有一个和你一样有革命性的青年，同时爱上了我，你是不是要把他杀了去或自杀呢？如果那样，你不是会①损害革命的利益，变成一个反革命呢？"

"……这……难道革命家就没有讲爱情的权利吗？"柳铁笙忸怩

---

① 原文为"不会"，据文意改。——编者

的反问着。

"谁说革命家没有讲爱情的权利？爱情是人类的本能，谁也不能禁止，也不该禁止人类的本能的发动啊！革命家也可以讲爱情，不过应该讲革命的爱情。"

"革命的爱情？那是什么样的爱情？"柳铁笙急忙问着。

"第一是无条件的性质。"

"无条件？"

"不懂得吗？就是说，爱就是爱，不许有什么独占的心理或金钱势力的目的啊。第二是不违背革命利益的性质。如果爱情和革命利益有冲突，就应该立刻牺牲爱情。"

"如果爱极成迷，爱'爱情'比爱革命还爱得利害，那怎么办呢？"柳铁笙红着眼睛说。

"哼！让他去当反革命罢！那还有什么说的？"陈眉君厉声说着，突然站起来，伸手要到茶几上拿帽子，她刚把眼睛离开柳铁笙的面孔，只听见柳铁笙说：

"眉君！不要叫我着急了！无条件的爱情也行的！"同时只听见铁床边低笞的响了一声，电灯忽然灭了。陈眉君这时眼前发了一阵黑，连视觉，听觉，嗅觉，都没有了，只剩得满身满手满口的触觉和味觉！

六

在约莫一个多月中间，陈眉君的无条件的恋爱，都美满的实行着：她仍然和黄肖云住在贯忠里易寄庵的前房，每天白天到政治委员会做工作，晚上或是一个人到方鸿雪家里去，或是和黄肖云到唐长风的秘密房子里去。

河南和鄂西的战事很顺手，柳铁笙的职务，也渐渐苦尽甘来，不必日夜提防意外了。他奉着政治委员会和军事委员会的命令。练一师保安队，预备在几个月以内，待攻克北京时，调往京津一带，维持那种最难维持的治安。他这时比前一个月还更高兴。

一天早晨，他到局里，办完了照例的公事，正站起来，想出门到伤兵救护会去看看，忽然看见陆小晴愁眉不展的走进局长室来。他心里吃了一惊，只得仍和陆小晴坐下谈话。他问陆小晴有什么事，陆小晴吞吞吐吐的迟疑了半响，才毅然的说：

"不是公事，是私事。其实也算得是公事。"

柳铁笙更不好过起来了。他只得一声不响的听陆小晴说。

"我打算向局长辞职。"

"辞职？为什么呢？正是苦尽甘来的时候，倒辞职不干？有什么私人的理由吗？"

"不错，我是以私人的理由辞职。陈眉君要替我丢脸，我怎么干得下去呢？"

"……"柳局长张开口只是说不出话。

"我只以为她一心做革命工作，谁晓得她不顾羞耻……"

陆小晴说到这里，声音都变惨了。柳铁笙也不觉得心里突突的跳起来。陆小晴继续说：

"……好几个朋友对我说，他和那个姚老头子要好，还有人看见她和姚拉着手在江边马路上散步呢……"

姚老头子四个字，把柳铁笙的心弄安定了。他越装做镇静的样子，侧耳静听。陆小晴还继续的说：

"……也有人说她和易委员要好的。总之，不管事实如何，既然有了这种谣传，叫我面子上什么下得去呢？所以，我想趁此辞职回家，把她带回去。我因为局长和我交情不同寻常，并且上次局长很有先见之明，劝我不让她住在办事处，所以我不避羞耻，特特对局长说明，准我辞职罢。"

柳铁笙等陆小晴的话完全停住，才笑吟吟的说：

"喔！我怕是什么重大理由，原来是一些谣言。常言说得好：'有女人的地方，就是有谣言的地方！'你怎么把谣言当做真话呢？你说的姚老头子，那简直不成问题！我很知道他，他不但有太太在这里，并且他每天做十六点钟工作，在报馆当主笔熬夜，累得他筋疲力尽，哪里还有时间和精力让他去讲爱情？至于易委员，那更不成问题了。我仿佛听说你太太的好朋友黄肖云才是他的爱人。你想，在现今的世上那有两女合意去同爱一男的呢？并且，陈眉君是何等有见识有决心的人，怎么会有轻容易丢开革命工作，去讲恋爱的道理？我劝你不要多心罢！世上的谣言，哪能理得那样多？时候一久，谣言自会消灭的呀……"

"唔！眉君的操行我本来是相信得过的。不过，好几个朋友都来对我说世上的谣言，所以我不能不疑心她。我且去调查调查再说罢。"陆小晴口气已经软了。柳铁笙是聪明人，哪肯放松一步！他接着说：

"对付谣言的办法，最好是置之不理。如果去调查，就中了造谣者的诡计了。要知道，造谣者的目的，就是挑拨离间呢。近来造谣的风气，流行得太厉害，真正非想法抑止抑止不可。"

"局长这话不错。近来谣言多着呢。特别是关于男女问题的谣言，多得厉害。我认为这是很不对的：革命将士正在河南冒暑血战，后方的同志们却恋爱长，恋爱短的，闹得乌烟瘴气，这不是恰恰应了古人所谓'战士军前半死生，美人帐下犹歌舞'那句话吗？我看这不是好现象，应该设法防止才好。"

"法子是很容易的。等我去告诉王主席，请他自己或叫人做篇把文章，在党报上宣传宣传，一定可以挽回风气的，他的魅力大得很呢！"

陆小晴听了局长这一番话，欢欢喜喜的出去了。柳局长却疲倦极了，他褪下军衣，抽着一根纸烟，倒在沙发椅上，含笑休息。

七

那天晚上十点钟，方鸿雪坐在报馆二楼上的大房间旁边的一间小房间里面的书桌前，低头构思。他想了一会，提起自来水笔，写了几句，又搁下笔摇着头想。他笑了一笑，重新提起笔来写，写了几行，写得兴致勃勃起来。他突然听见背后有人穿着皮靴，毫不客气的大踏步走进小房间来。他有点着恼，猛然回头，想骂出来，只听见来人说："做文章啊！"他定睛一看，原来是柳局长。他问：

"怎么这时候能够有工夫到这里来？"

"给你送材料来啊！"

"有什么好材料？"方鸿雪的气，不知道跑到什么地方去了，他高高兴兴的问局长要材料。

柳铁笙坐在一张椅子上，慢慢把他当天上午和陆小晴讨论的话，述了一遍，并且说，王主席他们对他的主张也极表同情，希望方鸿雪在党报上做篇社论，纠正目前革命的浪漫化：

"你先做一篇，过几天，老王还答应做一篇呢。"

方鸿雪听了，半晌做不得声。他伸手拿根纸烟抽着，慢慢说：

"这倒是一篇难做的文章。论我自己个人的意见，我自然十分赞成你的说话。你知道，我从来就主张忠臣心定出于孝子之门，换现代的话说，就是，我主张，真正靠得住肯牺牲为党为革命的人，必定是对于私德私行都很谨饬的人。不过，从这个报从来的论调说来，他们到今天为止，都主张着'只愿革命的利益，不管私行'呢。目前我恐怕不便骤然违背这个原则罢。"

"从前还从前，现在是现在，只要合乎时宜，又有什么不可以变通呢？现在明明有后方骄安淫逸，战士精神不安的兆候，难道可以置之不理？"

方鸿雪和柳铁笙谈了几十分钟话的结果，是决定在第二天的报上做一篇社论，一篇以鼓舞前方战士精神为主，以警戒后方骄慢为辅的文章。柳铁笙去后，方鸿雪重新提起笔来写文章。他还没有写得两行，茶房忽然又跑进来请他去听武璧东社长的电话。他咄了一声，用力把自来水笔搁在桌上，气冲冲的跑到隔壁房去。他接着电话筒，问有什么事。只听得武璧东说：

"省党部的命令，从明天起不准登载鼓舞作战的文章和消息，更多登民众运动的东西。请你注意，好好的监督他们！"

"为什么要这样？"方鸿雪听见这个意外的指令，不觉得冲口问了一句。

"你照办就行了，有什么问的！你难道不知道，今天省市两党部追悼向先云团长的大会都被军人们干涉吗？他们要进攻民众，民众难道应该束手待毙？明白了罢？有话当面再说罢。"

方鸿雪一阵心酸，几乎流下眼泪。他忧虑了许久的事情果然到来了。整个的革命势力，眼看着要在分化之中，更起分化。攻克北京的梦，恐怕做不成了。他回到总编辑桌上去，把原先写的未完成的稿子，揉了去，只用手支着头，闷沉沉的做新的思索。

八

过了两天，方鸿雪接到政治委员会一封油印的信，要他注意编辑党报，不准胡乱登载关于民众运动的消息，同时还要他继续鼓舞革命军人的牺牲精神。他哼了一声，自言自语的说：

"省市党部的命令和政治委员会的命令，完全相反，这个报还可以办吗？扯蛋！"

他揣着政治委员会的命令，跑到中央党部来找姚任奇，他还希望由姚任奇那里得到一点关于大局的消息。他到政治委员会办公定的时候，正碰着姚任奇一个人伏在桌上拟电报稿子。别的事务员都在饭厅吃午饭。

"政治委员会今天那个命令是什么意思？"方鸿雪坐下问姚任奇。

"那个命令还写得不明白吗？"姚任奇说着，把一支毛笔索性插到笔套去。

"不是表面的意义，我说的是里面的意思啊！"方鸿雪连忙笑着辩解。

"那不消说，是某两方面的政策上生了变化啊！"

"这个变化未免太出奇了：一方面从前口口声声说着民众利益的，现在要禁抑民众运动，另一方面从前高唱着革命军的牺牲精神的，现在也开始骂那种牺牲是无意义的牺牲——这不都是自己打自己的嘴巴吗？呃？"

"打打自己的嘴巴，知道一点痛苦，也未尝不好罢。"

"我平常主张，革命的人也要有高尚的私德，他们都笑我迂腐，他们以为只要有革命的为公的精神，私人的行为是可以不管的。现在公的标准一旦起了分化，我看一般革命家拿什么去作行动的依据？啊！不知要闹到什么样的结果？恐怕难免卖友卖身，自相残杀呢。怎么得了！"方鸿雪叹着气。

"这原是辩证的发展啊！是必然的矛盾！问题只在怎样在这矛盾当中找出路，怎样……"

"矛盾也就够了，还要在矛盾当中找出路！"方鸿雪跳起来说。

"你如果看不惯矛盾，那只有不干，只有提起脚跑路！"

"是的，是的。跑路罢！"方鸿雪说着点了一下头，匆匆的跑出房去了。

九

过了几天，天气越发热了。柳铁笙照例在晚边八点钟左右，到方鸿雪家里去会陈眉君。他走进楼上后厢房一看，只看见一盏暗沉沉的五烛光电灯，哪有陈眉君的影子。他想：为什么把那个三十二烛的电灯泡换了去？他听见前房有人说话。他出房由过厅走到前厢去，只看见方鸿雪夫妇在那里收拾箱子。

"你来得好！我正想打电话找你来。"方鸿雪露出快乐的样子。

"有什么事？"

"因为我决定退租这间房子，想问你愿不愿续租。"

"你们搬到哪里去？"

"她回上海，我要庐山去写点东西。"

"怎么？报馆丢得开吗？"

"报馆我已辞职好几天了。你没有留心吗？社论早不是我的名字了。"

"喔！有这样的事？现在正当整顿战胜的军纪，组织散漫的民众的时候，正该加倍努力的时候，怎么临阵退缩？这不行啊！"柳铁笙一面惊诧，一面慰留。

"为谁加倍努力？"

"不消说，是为公家，为革命的利益，为民众的利益，努力啊！做革命工作的人，哪里还能顾到私益？是不是？"

"你这话在两星期以前都还是对的。在目前却不能适用了。如果他们不要革命，也不要民众，我看你到哪里去找公家？……"

"这话怎么讲？"柳铁笙忙着问。

"说起来话长。现在快到上轮船的时间了。你等我把她送上轮船回来时，再和你细谈，好不好？"

"也好。你们坐我的车去罢。我在这里等你。"柳铁笙好像丧了魂魄似的，坐在书桌边椅子上，只是用手支颐，望着天花板。

十

又过了十几天，武汉情形大变了。

革命政府几乎完全变为汤军的政府。

易寄庵，陈眉君，唐长风，黄肖云一般人，都不知道跑到哪里去了。

报纸上已经没有民众两个字。

街上也没有一点有组织的民众的影子。到处都只看见武装的兵士。

柳铁笙对王主席进了好几次忠言，劝他不要依靠投机的武力。王主席只笑他不懂政治，叫他不要过虑。

但是，王主席看错了：他的心腹的革命军队，也因政治上的见解的不同。起了分化，损失两万多支枪。

柳铁笙伤心极了：他理想中的革命和革命势力，完全化成了水泡。他现在想到方鸿雪的话了：政治是水性杨花的东西，够不上做人类行动的标准；什么革命精神，什么奉公心，还不全是骗人的话？政治家哪有好心？要想政治好，先要私人道德好！

他看看周围，旧来共事的几个朋友，都分散了，他已经感觉不到一点做事的乐趣。他所信仰的王主席一般人，却在心腹军队分化之后，越发仰承汤军的鼻息，到后来，索性借着大兵东下的理由，把名义上的革命政府，都送在旅行中去。世人只看见汤军各司令官的威权，哪里找得着革命政府？柳铁笙又生气，又丧气。他骂了王主席一顿，愤然脱离了革命战线，跑到上海过放浪的生活。

十一

柳铁笙在老靶子路住了几个月，看看到冬天了。和他来往的，还是方鸿雪，唐长风，黄肖云一般人。

一天晚上，唐长风和黄肖云又到他的地方闲谈，他欢喜极了。他这几天看着桂军和汤军的战报，心里痒得很，巴不得有朋友来畅谈呢。

"老唐，有什么新消息没有？报纸以外的新消息？"他忙着问。

唐长风经了几个月的风霜，头上的白发越发加多了，一副焦枯面孔衬着黄肖云的娇嫩的脸，简直像败荷叶上长着一朵鲜艳的莲花一样。他抽着纸烟，吐了两口长长的白烟，才答复说：

"消息不大好呢。"

"不大好！难道汤军久练的精兵还敌不过第 S 军的几万新兵？"

"不过，桂军却很能作战哪。并且，皖鄂人民都痛恨汤军的剥削，在暗中帮助桂军和第 S 军。这是我刚才由广东商家方面从九江得来的消息。"

"不要叫汤兵打了败仗，那就糟了！那样时，老王的政治势力就要根本上消灭！唔！"柳铁笙露着愁闷的样子，正要往下说，只听见黄肖云的哈哈哈的笑声。他恼了。他厉声说：

"有什么可笑？"

"她笑你不忘情于老王呢。其实老王本来不坏，不过旁边几个纸上谈兵的书生替他打主意打坏了，从目前的情势看来，还是老王势力能够存在的好。她小姑娘，那里懂得政治上的奥妙，只是张口就笑，闭口就……"

"放屁！别瞎说了！"黄肖云圆睁着一双小眼睛，恨着唐长风，露出要吃人的样子。"我不是笑他不忘情于老王啊！"

"你笑什么？"柳铁笙又高兴的问着。

"我因为看见你那种希望汤军胜利的神情，忽然想起了眉君和老易之间的悲喜剧。"

"他们有什么悲喜剧？"

"眉君和老易破裂了啊。"

"喔！也破裂了？"

"破裂的原因，就在老易希望汤军打败仗，眉君希望汤军打胜仗，争执起来，弄成人格的问题。"唐长风接着黄肖云的话说。

"又有什么人格的问题！"

"听我说罢！"黄肖云抢着说。"老易认为汤军打败仗，奉军的势力才能够达到长江，才能够促成奉军的分化和崩溃，才能够得着彻底革命的机会。眉君却说他希望天下不太平，是反革命，是违背民众的利益。老易说眉君是小姑娘不懂事，眉君却骂老易是骗人的骗子，是无人格。两个人闹得几乎相打起来，眉君当天晚上，就是前天晚上，搬到一个客栈住了一夜，昨天早晨，到我们那里来，大骂老易，说她自己要到杭州去找有高尚人格的陆小晴呢。你看你们这些人，吃了饭，只管别人打仗的闲事，倒也罢了，还要打打骂骂，岂不可笑？"

"我们是为革命的利益，实行研究呢。你哪里懂得？"唐长风想阻止她说话。

"我不懂得，得你懂？头发都革白了，你的革命的成功在哪里?"黄肖云撒起泼来。

柳铁笙看见势头不好,害怕他两人也像易寄庵和陈眉君一样,闹了起来,惊动邻居,不大方便,所以连忙搬出留声机器来,请他们赏音。

十二

柳铁笙在上海闲住了一年零几个月,闲得他肠胃病发作了:他本是一个一天不做事,就会感觉无聊的人,在闲住期间,身体虽然长胖了,肠胃却变坏了。他跑到日本去,一则医病,二则,也想看看最近的日本。他小时在神户住过家,日本的事倒是他相当知道的。

柳铁笙到东京的时候,恰恰是樱花开后。他住在丸山町的东樱馆。他在东樱馆,碰见了姚任奇。他喜欢极了:因为他以为姚任奇是老日本,一定可以做他的识途老马。姚任奇变得越老了:两个颧骨隆隆的突出在瘦削的面孔上,衬着带霜的长头发,越发显得是一个老学究。姚任奇终日伏案读书做文章,一点也不知道疲倦,从柳铁笙看来,虽然佩服他那老当益壮的精神,然而柳铁笙和姚任奇的见解,却有点不一致。柳铁笙觉得姚任奇退步了,他现在还主张中国革命是一个资产阶级的革命,他并且还主张中国革命成功后的可能的政治是一个民治主义的政治。柳铁笙以为这是两三年前的话,姚任奇太不知道最近的新思想了。

柳铁笙在东京住的时候,正是桂系军阀图谋不轨的时候。他每天早晨都把日本的几个大报纸拿到姚任奇房间去,请姚讲给他听。

他自己从前虽懂日本文，现在却忘记了文法，并且报纸上许多新式的文法，也是他没有学过的。可笑得很！他每去姚任奇房里念报一次，必定要和姚任奇斗一次意见：因为姚任奇对于中国时事的见解和他的见解中间，存着一种根本的差异：他希望桂系胜，姚任奇希望桂系败；他对于中国的中央集权的统一表示不满，姚却认为中央集权是一种政治上的进步。

柳铁笙听说桂系失了武汉，几乎气得几天都不想吃饭。他口口声声只骂着：桂系太不中用了！桂系太不中用了！但是，他还不彻底失望，他认为桂系可以保守两广，他只盼望白军早日到广州。

一天早晨，他照例拿起日本报纸到姚任奇房间去，姚任奇却不在房里。他等了许久，还不见姚进来。他着急起来了，他自己打开报看。他看见"广州陷落"几个大字。他喜难极了，连忙把别种报打开看；他发见各报都登着同样的电报。他跑出房去找姚任奇。到处找，连茅厕内也找到了，还是找不到姚任奇。他跑到姚任奇房里仔细看看，看出姚任奇的唯一的灰色毡帽不在房里，他才明白姚任奇是出街去了。他没有法子，只好跑着一肚皮的欢喜，走到街上去乱跑。他跑了两个多钟头，回家一看，姚任奇还是没回来。

他吃了午饭，再到姚任奇房里去看，还是一个空房。他不禁大骂姚任奇作怪。他抱着欢喜，无可发泄；他在房里走来走去，不知道要怎样办才好。他忽然想起，他有几个朋友，住在目黑。他断然决心冒险到目黑去。他还不熟习东京的交通路径，一个人由东樱馆到目黑去，从他看来，自然是一种冒险。他打开地图，详细看明了路线，才揣上地图，出门去坐电车。

到了五点钟左右柳铁笙才无精打彩的跑回东樱馆。他虽辛辛苦苦的找着了他朋友们的家，但是，他们都上学去了，一个也不在家。他等得不耐烦，只好仍旧跑回来。他到姚任奇房里一看，姚任奇还没有回来。他骂了一声"浑蛋！"便回房换了日本衣服，到家里澡堂去洗澡。

"啊哈！你原来躲在这里！"柳铁笙进澡堂时，看见姚任奇赤条条的在那里擦身，预备出来，不禁大叫起来。

"我怎么躲在这里？"姚任奇反问他。

"我找了一天呢。把我急得要命。你到底跑到哪里去了？"

"我到上野图书馆去借看一本书来。有什么事找我？"

"唔……找你念报。"

"什么了不得的大事！"

"看见了今天的报吗？呃？"

"看见了。白军占领了广州呢。"

"你看我的预料如何？真不错罢？"

"这一次算你猜对了。"

"猜对了？这是必然的啊！"

"猜着的也好，必然的也好，到楼上再谈罢。"

过了一会，柳铁笙披着一件西洋手巾式的浴衣，连腰带也不结，就跑到姚任奇的房里来，嘴里说：

"你赶快念新闻给我听！"

他听完了几张报上关于中国的消息和议论之后，越发得意起来：

"好了！我可以预备回广东了！"

"怎么！白军不是你们的对头吗？你怎么说可以回广东？"

"我不是说即刻就可以回广东，我只说，白军到了广州，我们回广东的日期就比较更接近了。"

"为什么？"

"因为白军凶残点，比较容易招人民的怨恨，所以也比较容易被推倒啊！"

"什么话！"姚任奇不觉叫了起来。"你这种见解简直和易寄庵那们对汤军和奉军的见解一样。他们在汤军和桂军作战的时候，希望汤军失败，在奉军攻江北的时候，希望奉军胜利，他们的理由都是奉军比较带有落后的色彩，易于推倒；其实，在最落后的封建政治下面，人民的力量，反转不易发挥出来，并且希望封建政治的胜利，也未免和一般人民，特别是和大资产阶级并小资产阶级的大众的心理相背谬，那完全是不对的呢。人民希望的是幸福和自由；如果我们希望那种摧残幸福自由的封建军阀的胜利，恐怕人民要弃了我们呢？……"

"难道打胜了桂系，就可以得着幸福和自由吗？这完全是书生之见！"柳铁笙愤然的说。

"不错！这是书生之见！因为从书本子上的道理说来，无论如何，幸福和自由，都是要用一种慢慢的把封建政治势力，一层一层铲除了去的办法，才能够得到的。如果书本上的进化原理，不是说着玩的，恐怕中国也不会是一个例外罢。"

"你这话显然替反动家张目，怪不得有人骂你软化了！"

"怕人骂为软化就不敢说出必然的道理，我却不是那样不彻底的人呢。你倒得睁眼看世界和中国一般民众啊！民众希望统一，你却只愿意给他一种由你自己做出的统一，民众希望自由和幸福，你却只愿意给他一种由你一手包办的自由和幸福，到底是民众对吗？还是你对呢？如果设身处地你是民众，你到底会不会赞成你自己的主张呢？"

"……"

"呃？"

"政治家原是没有好良心的，如果要赤心待人，那就不必当政治家了。"柳铁笙断然的说。

"你这话又全然错了！什么做叫好良心，坏良心？好坏拿什么做标准？……这完全是一句空漠而无内容的通俗的话。如果从学究的眼光看来，那是一点价值也没有的。良心这东西，全然是伦理学上造出来的东西。但是，因为道德是随着经济社会而变化的，所以良心也是随着经济社会而变化的。如像，古时蛮人认弃年老父母于野为有道理，后来认替父母养老送终为有良心，在今日经济发达的先进国里，却又不把父子异财看为不道德了。如果照你的说活，西洋先进国的人的心，就应该是黑的了。那成什么话呢？总之，良心的好坏无一定的标准，一个人只要认识社会进化的法则，觉悟自己在特定的进化阶级上的使命，尽一部分力量，去推动历史前进，就行了。哪有什么红良心，黑良心？……不但对公众的事是这样，并且关于私德，也可以适用同一的理论，没有什么靠得住的良心。你知道方鸿雪的事吗？他三个月以前，也住在这东樱馆……"

"方鸿雪，也在这里？"

"他现在到京都去了。他本是一个圣人君子，主张要以彻底的私德为革命事业的基础的人，他平常认定一个人如果没有好心对朋友和亲属，这个人就一定配不上说革命。但是，他现在怎么样呢？

他爱上了孙雪蔼，和她同栖起来，倒把几十年的老妻，丢了不要。他的理由还是'恋爱和革命没有关系'呢，可见得良心毫无一点定准。什么有好心无好心的话，完全是不成意义的。"

"你只管那样说得头头是道，我自己却感觉得'政治家无好心'是一个真理，并且，我知道，还有许许多多的人，都有一种和我相同的感觉呢。只靠理论，怎么压住得感情？呃？"

"唔……也许这是必然的现象罢。中国经济正当着由封建经济过渡到资本经济的时候，内容是复杂不定的，所以，反映在大家心理上面，也成了一个繁复不定的感情；也许因此从普通的道德观念说来，就发生了一种红黑色的良心呢。"

姚任奇说到这里的时候，女仆送晚报来了。柳铁笙抢着看。他看见"白军复退出广州"的电报，不觉脸上的颜色都变了。他嘴里说："一定有英国人作怪！"

姚任奇接着说：

"纵然有英国人作怪，他也总算是利用着广东民众反抗封建势力的心理啊！"

柳铁笙的心，越变越变得带着杂色了。

7，7，1929

小大脚时代

当什么太太，说什么良妻贤母！

半殖民地的妇女，哪能够雌伏！

做一个姜达克，学一学卢森堡。

纵然受苦，论人生总不算辜负！

一、 从读书到救国

武城刚用手转开西式单扇门，想侧身让两位女学生出客厅去，忽然一股西北风从院子右边霍霍的吹进来，把客厅里面几副破了的石印对联和单条，吹得直是轧轧喇喇的碰着响。

"好冷的风，出门得穿大衣了。"武城这样随便说着。

"姚先生不要客气，请进去罢！天气冷得很呢。"一个女学生说。

"不要紧。哪有主人不送客的道理！"

"先生现在既然答应到我们学校授课，自然就是我们的授业老师了，真不要和学生们客气才好。先生这样客气，我们倒不敢常来请教了。"另一个女学生一面走，一面说。

"先生穿着西装，不穿大衣，应该是很冷的。真正请留步罢；别着凉呢。"

"我在零下五十度的莫斯科过了两个冬，身体冻惯了，这点冷，倒算不得什么。两位有工夫，只管请过来谈谈，我刚回国来，一切情形都不清楚，很希望你们把北京学生界近来的情形告诉我呢。再见罢！"

武城重新回到客厅去。他一面走进门，一面说：

"Miss 金，对不住。叫你等了许久！"

"今天是星期，当学生的完全闲着呢。我许久就打算来看先生，因为忙着补功课，所以耽搁到今天才来。先生想来很忙罢？"金道三斜靠在一把榆木做的仿西式的大椅子上，露出很无聊的神气，这样答应着。

"担任的课，倒不怎么很多，不过杂事和应酬，却忙得要命。你看刚才和她们两人谈判，就费了一点多钟。这还是她们第三次的代表呢。Miss 金认得她们吗？"武城把自己的茶碗，从客厅当中的方桌上端起来，走到金道三旁边，放在茶几上，随即坐在另一张榆木大椅上面。

"我只认得曹诗男，她是我们同乡。她们这一回和老虎派对抗，总算是有了顶大的进步，先生们应该帮帮她们才好。"金道三带笑的说。

"进步？"武城吃惊的反问她。

"是的。女高师原来是一个有名的良妻贤母养成所，现在能够一致起来和老虎总长对抗，自己去选举好校长，好教习，这还不算进步吗？"

武城听出金道三的意思了。她明明是借这句话去抬高她的北大的地位。武城睁眼望着她顿了一顿，才对她说：

"拿这一点说来，自然是她们的一个大进步。不过，世上的事，往往有表有里。如像你刚才说的'女高师原来是一个著名良妻贤母养成所'这句话，在三四年前虽然是世上一般公认的批评，但是，在实际上，据我所知道的，却并不是什么良妻贤母养成所，倒只是一个小姐镀金所，因为在那里的学生并没有什么良妻贤母的修养，更说不上什么学术师范的研究，只不过像从前的男学生混一张吃饭的文凭一样，弄一张学校毕业的金字嫁妆罢了。所以她们这回反抗老虎总长，我虽对她们表同情，却也不敢认为这就是她们自己的力量。我仿佛听人说，还有北京国立学校教员联合会里面的反老虎派的后盾呢。Miss 金没听见说吗？"

金道三听见武城驳她，忽然把身子离开靠背，仿佛要提起精神和武城辩论似的。她想了一想，才决然的说：

"我也听人说过。纵然有人作后援，也亏她们利用这个后援，拼命去干。若在两三年前，恐怕又拖又推的捧她们去，她们还是不敢上台呢……我今天有件特别的事，要请先生指教。先生有功夫吗？"

"什么事？我今天午后一点钟，要到师范大学去演讲'反对关税会议的理由'，上午却没有什么特别要做的事。"

"我想离开北大，到外国，到法国或俄国去自费留学，有些朋友又劝我等到毕业以后，两年以后——我现在是一年级生——再去。现在要请先生指教指教：到底是这时去留学好，还是毕业后再去留学好？还是到俄国好，还是到法国好？"

武城一面听着金道三的话，一面心里怀疑起来，只是睁着眼睛观察金道三的神色。她穿着紫色哗叽的棉袄，系着黑哗叽的短裙子，下面露出紫色绒线袜子，套着咖啡色高底短皮鞋。往后梳的头发带着红色，梳得很光。脸上薄薄的擦了一点粉，盖不住面黄肌瘦的本相。从全体装饰看来她虽然比三年以前，初到武城家里来请武城做她的入学保证人的时候，漂亮了许多，但是比起武城这几天看见的许多女学生总还算是朴素一起的人。武城望了她的两个带黄色的眼珠一望，觉得还依然保持着处女的澄明，露着智慧充实的宝光。她家里很穷，四年前到北京来的时候，全靠武城的死了的朋友恩生的帮助。她进了北京大学预料之后，有两次缴不起学费，武城还替她担保，请求会计课准她缓期缴纳过。这都是武城还记得很清楚的事。她现在要自费留学？一个贫穷人怎么可以做得到？忽然发了财？哪有的事！……

武城刚想到这里，金道三的话已经说完了，等着他回答。武城眨着眼，想了一想，对她说：

"这些问题，是很容易解决的，如果学费问题有了着落。因为留学外国这件事，当中最要紧的问题，是学费问题。"

"学费这一层吗？虽然不能说有十分的把握，不过每年千把块钱，总可以设法的。"她毫不费力的答复着。

"每年千把块钱……唔……大，大概可以对付了。留学时期的问题和留学哪一国的问题，都要先问你留学的目的如何，才能决定。如果你是抱着一种浏览世界或弄一个镀金招牌的目的，最好是即刻跑到英美德法俄意等国去住几个月。并不必限于法俄。我想你自然不会抱这种目的，所以关于这一层，可以不必讨论。此外可以想得到的目的只有两种：第一种目的是学习关于革命的学问，第二种目的是学习关于革命以外的事的学问。如果想学革命，自然是到俄国去便利些，因为最近的革命学在俄国算最发达，研究的设备也很完满。并且，中国革命的风潮涨得很快，需要革命人才，需要得很急，所以如果想学革命还是即刻就学才对。如果你想做一个关于革命以外的学问家，拿法俄两国比较起来，自然到法国好。并且，也不必急于跑去，能够在北大政治系把基础打稳之后再去，也未曾不可⋯⋯"

武城从衣口袋里，取出一个外国烟斗，装上烟丝，慢慢抽着，和金道三细谈俄法德三国中国留学生的情况和革命热的高涨。她只睁着眼睛默默听着，仿佛想着什么问题似的。武城说完的时候，她忽然问：

"先生在俄国看见金伯进没有？"

"在半年以前，我还教过他三个月的书呢。他完全革命化了，破衣破帽，和从前在北京时那种阔少样子，完全不同了。你和他时常通信罢？"

她突然忸怩起来，停了几秒钟，才简单的说："没有。"武城觉得有点奇怪，正想再探问她的口气，她已经提出另一个问题：

"先生对于中国的前途，是悲观是乐观？难道除了革命之外真正就没有第二条可以统一中国的路吗？"

她还问了许多问题，都像上面一样只发问，不讨论武城给她答复的当否。她一直谈了两个多钟头。

已经是阳历十二月了。北京街上的树子，已经落完了树叶，只剩得一些枯枝杈桠。灰白色的早晨的阳光，射在冰结了的马路上，反映出一星一星的微光，好像马路上铺着碎玻璃一样。拉洋车的车夫身上披着皮袄，手里套着新的草蓝色皮套子，拖着洋车只是拼命的向前跑步。拉洋车的口里吐出的气息，被冷空气压着，变成一股一股的白色的蒸气，映着太阳光，向车旁冒出来。

武城坐在洋车上，只觉得两头冷：脸上的冷空气，好像一块冰搁在那里一样，冷得两只眼睛眶里发痛；两只脚好像放在雪里一样，只感觉得一种麻木。

武城的洋车跑到三道门的时候，看见许多大学生围着毛颈巾，挟着书本子，慢慢的走着，有的向南到北大第三院去，有的向北到第一第二院去。

武城车的前面，卜卜卜的连响了一阵。武城抬头一看，只见一长串汽车由南向北从北池子大街飞跑过来。转眼间，第一辆汽车已从武城的洋车旁边擦过，转向西方去了。一辆，两辆，三辆……喇叭还在卜卜卜的不断的叫着。冰结了的马路上，也被这二十几辆飞跑的汽车卷起一阵扑鼻的灰尘了。

"哪里来的这样多的汽车？在这样早的时候？"武城一面这样想着，一面侧头望汽车里面。他看见里面坐着西洋人了。他心里想着："这是逛西山去的外国人。"他忽然听见街东边，有一个南边口音，大声喊着："关税会议！关税会议！"他回一看，原来是一个穿灰布袍子的大学生，和两三个同伴站在一起，指手画脚的望着汽车说话。武城随着大学生所指的方向勉强扭过头去一看，才看见每辆车的后面都钉着一块黄牌子，上面写着四个红字："关税会议"。武城忽然想起昨天的报纸了。他明白这是段政府招待关税会议的各外国代表的汽车了。他忽然起一种怪的联想："听说在中日战争以前，丁汝昌的舰队去访问日本长崎港的时候，日本人把长崎所有的全部洋车雇给中国水兵坐，把全体的妓女招来给中国水兵开心，因此使中国水兵都生了轻视日本的心，所以后来才一败涂地。现在的段政府，特别是章老虎，恐怕也是和那时日本人有同样的心理罢。可惜时代和国际地位都不同呢。嗯！他们恐怕还配不上有这种时代错误的爱国思想罢……"

丁丁丁……洋车的铃子连响了一阵，武城的车到第三院门口了。武城刚走进圆拱门，就看见一群学生围着看墙上的一张告示。武城挤到旁边一看，只看见告示的标题是《为反对关税会议示威游行停课一日》，告示的下面署名是"北大学生会"。今天又是学生出示放假！

武城趦转身子，向外面走，打算回家去。刚走上两步，还没有出圆拱门，忽然迎头碰着一个人，几乎被那人碰倒。武城只觉得眼前红冬冬的。定睛一看，原来是金道三，从肩上起，披着一块加大的红绒线围巾，卷到前面把两只手包着，她穿的黄柚色皮袄只露出两个衣角，差不多全部都被红围巾盖着了。

"今天示威游行，停课一天呢！"武城对她说。

"我知道。我是特来准备游行的呢。今天的游行是各派的大联合作战，我代表爱国青年团来参加第二次准备会。喔！是的，昨晚的准备会决定的主席团里面，本校教职员有四个人，先生也在里面，接到通知了吗？先生此刻还回家？已经到了开准备会的时间了，务必请先生到场指导指导！"

金道三今天的态度，和上一次到武城家里的时候明明是不同的。她两眼中现出一种光亮，也不知道是一种决心奋斗的表示，还是年轻人常有的那种对于漠然的未来的空想的表示。

武城随着她走进第三院去了。

　　到了将近正午的时候，寒气渐渐减少了。第三院操场上的太阳渐渐带着红色了，地上的冰结了的泥巴也润湿起来，变成褐色了。

　　一片大操场上面，到处三三五五的聚着一堆一堆的学生。也有大学生，也有中小学生。东边角上靠北的一带二层楼教室的下面，还聚着一堆女学生，都披着红红绿绿的绒线围巾，在那里避风取暖。个个学生都拿着桃红色小旗子，上面写着长长短短的标语。另外有一些大的白旗子，直的横的，在操场上不规则的飘散着。操场的顶西边，聚着一些穿短衣的十五六岁的小伙子，手里拿着鲜红的小旗，围着一面三尺大小的红旗，喧喧嚷嚷的闹着。远远望见红旗上面有京师总工……几个字。

　　忽然操场中央有一个大声音喊着："要出发了。大家集合起来！排队！"只见大家纷纷的像蚂蚁一样，在操场上蠕动，都向操场中央走。操场中央，有一个大汉子学生，满脸麻子，站在一张凳子上，两手捧起一个喇叭号筒，把身子向四围转着说话。

　　"现在，照预定计划，到天安门去，开'反对关税会议的国民大会'。大家要绝对的听总指挥和副指挥的指挥。出发团体的顺序是这样，我念出来，请大家听清楚，挨次出发。第一队：国立各校教职员联合会，女高师，妇女协会，贫民学校童子军。第二队：北大学生会，法大学生会……。现在，据报告本校前门有三百名警察，把住南北两条路口，路边就是河沿，如果夺起路来跌下冰水里去恐怕不大方便，所以，决定出后门，到北池子大街去。现在喊口号，喊完之后，即刻整队出发！"

　　接着只听见"打倒……！打倒……！"的声音，在清新的空气中，像打雷一样，连响了十几次。

暂时沉寂了几分钟。大家列队随着顶前面的一丈多高的横旗子，向西边的第三院后门，走了几步。大家又停住不走了。

只听见前面有吵闹的声音。

巴的一声，一丈多高的旗帜倒了。接着只看见空中飞起一些砖块和石起来：也有向外飞的，也有向内飞的。在前面的职员都往后退，在后面的一部分学生却离开队伍向前乱冲。一转眼间，武城前面，已经只剩得几个人了。他可以看见前面的情形了。只看见英文系林主任和法科于教授，在石头砖块的雨中，和门外提着步枪的警察们飞石对战。看见他两人面上都流红了。另外几位学生也都负了伤。他们被后面的学生拉往后面去了。

飞石战暂时停止了，无数警察在门外把着，群众都退到门内离门口约莫十多丈的地方。当中一片空地上，没有一个人，只散着无数的砖块石头。这种状态约莫继续了三十秒钟。

只看见金道三，拿着一枝小旗子，单独的往门口飞跑。她和警察争论了几句之后，侧着头，左手伸到后面，向群众招了一招，侧着身子，把右肩只往警察丛中挤。警察们推了一推，把她推进门内，倒退了好几步。她俯身拾起砖块，当着警察横丢过去。只听见门外的警察和门内的群众都发起喊来。

石头又飞起来了。这次却是向外飞的较多一些。警察往胡同内退却了。只听见喊："追出去。"有几十个学生已经追出门去，许多学生，正在争着出去。群众密集起来，失掉作战的自由。警察却从胡同西头，运来许多武器——砖头，像雨点一般的反攻过来。群众又退到门内来了。

只见那位黄埔学生代表，同着两三个学生，贴身伏在门内墙边，向外飞石，口里只是嚷："不要退！快搬砖块！"

再战了四五分钟，警察始终近不了门口。警察方面的石弹渐渐来得稀少了，只听得远处一阵警笛声叫着。警察队纷纷后退，转眼间，胡同里面，一个警察也没有了。

群众如潮涌一般，随着口号的声音，涌出了第三院后门。

几分钟后，群众已全部出到了北池子大街。仍然排成队伍，虽然顺序和组织已经完全错乱了。

武城和几个负伤的教职员一起走着，一面感着胜利的快感，一面增加了痛恨段政府的心事。大街上两边站满了看热闹的人，来往的洋车马车，都暂停在两旁，让游行队伍的路。北风吹着群众手里的旗子，微微动着。远远望云，桃红色旗子，排成一线，做着波状的起伏，往前流走，映着黄红色的太阳光，构成一副绝妙的图画。口号的声音也一段接一段的喊着，形成一种韵律。

武城正在出神的时候，忽然，又听见队伍前面一阵噪杂。转眼间，前面队伍已分散在大街两旁边去了。武城附近和后面，也随着混乱起来。只看见三丈多宽的大街上面，都是一些乱蹿乱跑的人。

一群徒手警察和一些学生在大街中扭成一团，互抢大小旗子。另外一部分警察，手里各拿着一根五六尺长的木棒，做出要打人的样子，向大街两旁的群众扫去，他们口里只喊："掷下旗子！"

转眼之间，大街两边，已经看不见旗子了。满地下都丢的是破烂的旗子和纸片。在街中间和警察扭打的人数，也只有两三堆了。拿木棒的警察看见没有人抵抗，越发恶起来，拼命把棒子向两旁站着的人的脚边扫。许多人都争着往横胡同跑。

武城这时站在路西着急。他忽然听见什么声音巴巴巴的连响了几下。他回头向北一望，只看见女子队伍的先头，有一个女学生，拿起一根七八尺长的还带着白旗的旗杆，拼命向几个徒手警察打。旗杆被警察抓住了，被警察夺去了。一个警察倒拿旗杆打她了。她头上挨了一旗杆，把头侧向西躲了一躲。这是金道三！武城不自觉的向着她跑去。她被警察推倒在地下了。一个警察俯身去抓她了。警察的皮腰带，拳头，金扣子，布鞋，皮鞋，灰布袍，便帽，警察帽子……喊声！浑蛋！王八蛋！拼命啊！打死这些狗！打！打！……

武城还没有到金道三身边，已经不知道从哪里飞跑过来无数的学生围着警察死斗。哪里还看得见金道三！武城被群众的潮流挤着，飞跑的向南去。警察的打人木棒，抢到学生的手里了，学生们借此稍稍弥补着大马路没有砖块武器的缺憾了。

学生群众一口气打着赶去，一直赶到缎库后，战争才告终结。

最后的胜利，自然是在学生方面。那条街上已经没有一个警察了。

总指挥重新喊："到天安门去！排起队伍！和卖国政府拼命！"

群众在天安门开完会之后，依照预定计划向市内游行。游行队伍所经过的地方，一个警察也没有，警岗通通被破坏了。

经过警察总厅面前的时候，"警察总厅"四个字的大招牌，也被拆去了。一个带着钻石戒指的中国女人，坐着一辆"关税会议"的汽车，在东长安街出风头，碰着游行队伍，被拉下来。汽车打得粉碎。那高贵的中国女人，啼啼哭哭的，她的红缎鞋金丝袜，被踏在灰土当中走着，向王府井方面去了。

第二天是一个阴天。满天布着灰白的云，仿佛要落下来压倒全市的灰色房屋似的。街上除了到处贴着"反对关税会议"的标语以外，已经看不出前一天的清新的活气。一切死惨惨的露出废都的景象。

武城慌慌忙忙的走进女高师。这天午后一点钟开国立各校教职员会临时会。时间已经快到了。他从传达室门口过去，向西走到会客室面前的走廊里。他看见曹诗男笑嘻嘻的站在那里向他点头。她穿着蓝布长旗袍，一头蓬松短发，两个圆眼珠位置在她那小小圆脸上面，衬着两个冻得红冬冬的颊巴，显得她天真烂漫，完全和十二三岁的小姑娘一样，虽然武城知道她已经有二十七岁了。

"我猜着先生快来了，特特在这里等着。"

"有什么功课上的问题吗？"

"有点事和先生商量，不是关于功课的事。先生那边的会，还开不成，我刚去看过，只到了一个人呢，请先生到会客室坐坐。李晴阳也在这里等着先生。"

武城随着曹诗男走进会客室去，只见李晴阳从椅子上站了起来，笑睐睐的伸手向着武城，口里说：

"你好！"

"两年多不见面了。Miss 李发了胖呢，如果不先听说你在这里，我会认不得你呢。"武城一面和李晴阳握手，一面注意看她。她梳着一个全往后梳的 S 头，睁着两只金鱼眼睛，擦着一脸的粉，身穿酱色哔叽的长旗袍，拖到脚跟，把她的身材越发显得长了。乍看起来，完全像一位旗下太太，哪里还看得出她在柏林穿着雪白的薄洋装的时候的婀娜姿态！他们坐到圆桌上去了。

曹诗男不管武城和李晴阳的寒暄话说完没说完,就抢着话头,对武城说:

"我今天拿妇女协会代表的资格,她是拿市党部妇女部长的资格,来和先生谈判。我们有两件事要求先生。晴阳!你先说罢!"

"第一件事是请先生特别捐一笔款,救济昨天受伤的五位女学生。她们住医院的费用是有学生会照一般男学生的例去办的,用不着我们管,不过女人的衣服费却得设法。她们衣服比较男人要贵一点。她们五位昨天把衣服,有的扯破了,有的血淋淋的弄脏了。她们自己一时没有力量去制新衣服,可怜得很。所以妇女部和妇女协会特特出来向各校热心的教职员们募一点特别捐。想来你一定是赞成的。捐簿在这里,请写一笔款罢。"李晴阳说着,就把手边的捐簿递过去。

"当然是赞成的。"武城一面接簿子看,一面说。"我照马先生的例写罢。"

"请先生再多写一点!"曹诗男从旁喊着。

"论我的心真想多写一点,不过,写多了,交不出来,也是空的。中国的女学生真了不起!进步真快!昨天如果没有金道三奋勇当先,示威运动一定会被段政府压下去呢。金三道真好!"

"那种风头,谁干不来?就没有金道三,拼命出风头的妇女也多着呢!"

武城看见曹诗男圆睁着眼睛气冲冲的说着,不觉得听呆了:这样的话,太出乎他的意外了。他还没有答话,李晴阳又接着说:

"金道三聪明是聪明极了,不过眼眶子太高了,看不起人,不肯听别人的话,专门和我们抬杠。"

"她有什么真才实学？我和她是结拜的十姊妹，还怕不清楚她的底细？况且她又是国家主义者，是爱国青年团的人？"

武城越听越觉得古怪了。找不出别的话说，只得暂且反问曹诗男一句：

"她是国家主义者？"

"她是爱国青年团的著名的代表呢！先生别听她信口瞎吹，她专会说大话！"

"总之，是一个浮华的少女。"李晴阳补上一句。

武城停了半晌才接她们的话说：

"并不是因为金道三是我的学生，是我的同乡，我才说他好。实在，一个年轻人，只要敢做敢为，就是好的。也许昨天游行的女学生，个个都和金道三一样勇敢，但是，在事实上，却只有金道三把勇敢表示得特别明显。从行为上说，总不能不推她的首功，说她的好。是不是？至于国家主义者的话，那更不成问题。现在不是要对段政府联合作战吗？如果这样分了彼此，还靠得住得胜？况且妇女们肯出来救国的，还少得很，那些女太太小姐们，拉还恐怕拉不出来，怎么可以把已经出来的人拒绝呢！"

李晴阳听见武城的话，好像倒不在意，只有曹诗男却嘟着嘴巴显出满脸的不服和怒气。李晴阳眼珠转了两转，连忙接着武城话说：

"你的话在原则上自然是对。不过，现在我们还是先谈正经事罢。诗男！第二件事，应该你说呢。"

曹诗男端着茶杯，喝了一口茶，收了脸上的怒容，才慢慢的说：

"第二件事，是关于学生会新年游艺会讲演《灵芬女士》的戏的事。先生知道'灵芬女士'这个故事？"

"'灵芬女士'？我不懂得。"

"《灵芬女士》这出戏，是排演贵校的'唐秦事件'。唐教授逼迫秦姊妹，秦姊妹爱富赖婚的。'灵芬女士'四个字，听说照广东话说来和'赖婚女士'四个字的发音是相同的呢。贵校的唐……"

"唐秦事件我到很知道清楚。"武城用话止住她。

"先生知道，我就可以不述这段故事了。现在，北京学生会已经用多数表决通过在新年游艺会排演这出戏。不过那部分占少数的人，拼命替唐秦当走狗，正在运动教职员联合会，用保全教员体面的名义出来干涉。现在我们也得分头运动，所以要请先生在教职员会议席上，反对那些唐秦派的干涉。"

武城心里觉得奇怪极了。一时不晓得怎么去说明她们的错误。他问：

"这也是妇女部和妇女协会的代表的意思吗？"

"是的。学生会要求妇女部和妇女协会帮助他们贯彻他们的决议案，妇女部和妇女协会认为应该帮助，所以……"

"为什么？"

"因为这出戏提倡女权和自由恋爱。"

"怎么！提倡女权！破坏婚约和自由恋爱有什么关系？'赖婚女士'几个字，不是明明糟蹋妇女吗？"

"我们注重在反面的意思呢！"李晴阳轻轻的答复着。

"丢了正面，专去做反面文章，不怕违背妇女部和妇女协会的本意吗？……并且 Miss 李和 Herr 曾……总之……这完全是学生会的事，怎么硬要用妇女部和妇女协会去管，我真不懂得。……恕我不能帮你们……关于这件事！"

"先生要知道，这是学生界大多数的意思呢，反对唐秦事件这桩事。妇女协会和妇女部如果不顺从多数学生的心理，就很难望会务的发展呢。"

"诗男这话不错。我们只是当作一种手段，去反对唐秦事件呢。至于我和乘桴的关系，那是私人问题！"李晴阳毫不客气的接着说。

武城想了一想，对她们说：

"在你们是一种手段，在我却不能为手段而牺牲自己的信念！"

李晴阳和曹诗男用眼睛打了一个无线电。曹诗男做出笑容说：

"先生不愿意积极帮助我们，至少总可以消极的帮助罢？"

武城正要开口，忽然听得一个听差在门口说："徐先生请姚先生去开会。"武城回头对听差点了点头，然后问曹诗男：

"怎么消极帮助？"

"请先生关于这件事不要表示赞成，也不要表示反对，只守严正中立。"

"这，这倒使得。"

武城拿着帽子，走出会客室，心里想着："好不出人意外！我真不懂得中国新女性的心理了！金道三会那样奋勇！曹诗男会那样反对金道三！妇女部和妇女协会会糟蹋妇女！……"

二、 进一步　退两步

武城站在医院二楼的宽走廊里面，二十八号房间面前，用手指敲了几下，等了一会，没听见有人做声。他重新又敲了几下，侧耳细听，里面仍然没有什么声音答应他。他想：恐怕病人睡着了罢。自然不好冒昧冲进去，使她见怪。他提起脚想转身，忽然又想着：这虽然是法国医院，地点却是北京，病人又是没有到过外国的人，恐怕未必可以适用敲门的原则罢。他想了一想断然转开门扇，走了进去。

房里光线微弱极了，比五烛光的电灯下面，还要暗些。他定着眼睛一看，正面放着一架铁床，床前右边有一个西式茶几，上面搁了药水瓶子。左边放着一张蒙白布的大安乐椅子，椅子外边，有一条矮凳子。病人向外边，睡在床上。她盖着白色铺盖，露出一只缠着绷带的手，放在白被上面。她两只眼睛只望着他。他连忙走到她面前去，只看见她两眼似乎落了坑，满脸黄瘦得可怜，额上斜挨着鬓角，还缠着绷带。她完全露着无表情的样子。

"医生不禁止谈话罢?"他一面说，一面用手提起床栏杆上的体温表看。

"不要紧，请坐。"金道三轻轻的说。

武城回头一看，那张安乐椅子离他太远了。他把矮凳子提到床前，坐下才对她说：

"本来一星期前，就想来看你的，听说那时禁止来客，所以我到今天才来。"

"谢谢先生!"她仍然不经意的说着。

"这回辛苦了! 亏 Miss 金的奋勇，我们才得了最后的胜利! ……好在负伤的人，都渐渐治好了，总算牺牲不大。体温表上的曲线很平，想来快要全愈了。"

"全愈不全愈，有什么关系？倒是那时死了好！"金道三用很坚决的口调说着，他觉得她脸上的筋肉都紧张起来了。

武城一番很平常的安慰病人的话，碰了一个大钉子。他不晓得要怎样答复她才好。她也并不继续说下去。两人默默的对看了几十秒钟。武城心里着急。他觉得这种沉默太难堪了。他脑筋里只是打旋，只想找出一句适当的话来，但是，越想找越找不出。他觉得两人间的沉默，越更可怕了。他在百忙中，忽然想到她的家庭。他不觉冲口的说：

"Miss 金府上恐怕还不知道这回的事罢。写了信回家？"

金道三鼓着眼睛，似乎想了一想，忽然带着受了大刺激的神气，眼睛珠子水汪汪的发着光，用一种嘎的声音，恨恨的说：

"我没有家！……我……已经没有一个亲人！……我……"

她哭起来了。她用右手拿小手巾擦着眼泪。武城不料又碰了一个钉子，心里好不着急：我不是来安慰她，简直是来激动她！怎么办？……

他等她哭定了，才继续说：

"请 Miss 金不要伤心！请原谅我不会说话。有病的人第一要紧的，还是静养。Miss 金想看什么书不想？如像小说或书报之类？医生准看书罢。这房间光线太暗了一点。要看书，还得揭开一幅窗帘。我那里昨天寄到几本欧洲名画集，如果要看我回头叫人送来。别的如果有什么需要，只管对我说，我……"

武城正要提起可以接济她经济的困难的话，她忽然接下去：

"还说看书！每天到我这里闹什么左派右派的人，已经把人缠得要命！我恨不得早点出院，离开北京这鬼地方！……"

武城第三次碰上钉子！他不敢再说多话了。他顺着她的口气说了几句病后转地旅行是最有益的事一类的话。起身告辞，和她握了一个手，走出去了。

武城走出法国医院大门，看看表已经两点二十五分钟了。距 G 约他谈话的时间，只有五分钟。"去罢，别叫他们老等。"他这样想着，趔转身子往东到中俄庚款委员会去。他本想出前门去买点东西的。

G 还没有到，只有 R 捻着大胡子坐在一间小会议室里面，和他闲谈。武城连抽了两根纸烟，还是压不住刚才在医院里被刺戟了的神经。他举起左手看表。他从长桌子边站起来，坐到那房间的唯一的沙发椅子上去。他说：

"G 打电话约我两点半钟谈话，现在差不多要三点了，怎么还不来？"

"G 的时间，是东洋式的时间，你别太认真啦。他还往往发挥他特有的'老庄气'，约了别人，自己不到场呢。"R 这样答复着。

"怎么！G 变成东洋式了！两年以前，他不是万事学西洋，只穿西装，只吃西餐吗！"

"他现在还是只穿西服，只吃大餐。他从前就是物质生活学西洋，精神生活模仿黄老式的虚无。现在还是一样。不过，自从他着手政治运动之后，事情太多，他身体支不住，所以他的黄老气也就特别显得厉害。"

R 的这种观察，对于武城是很新鲜的。他不觉高兴起来，又到桌上取了一根纸烟擦洋火抽着。

"今天 G 约我们谈话，谈什么事？你知不知道？"

"为决定实行开办机关报的事。这是三天以前政治分会决定委托他办的，我是帮办。他和我商量，要请你当主笔，今天特请你来当面开谈判。"

"请我当主笔！我从没有办报的经验，哪里够得上？并且任功课太多，就想勉强学习，也没有时间呢。"武城说着，又大抽其烟。

"你不是做了许多评论文章，并且办过许多杂志吗？照那样做就行了。"

"单做文章的责任和主笔的责任应该有点不同罢？我并没有单独负责办过杂志。真正的说办报我完全是外行！"

"哪里话！现在的中国，肯出头干事的，哪有许多真正专门行家？大家还不都是小大脚？

"什么小大脚？"武城连忙接着问他。

"这是北京盛行的时髦话。你刚回国，难怪你不知道。小大脚和大小脚不同：缠得很大的缠脚女人叫做大小脚，本来缠了脚，半途又放了去，那种半途被解放的脚，虽然是大脚，却比天然的大脚小，就叫做小大脚。借用到别处去，小大脚就是半路出家的人的意思。你想，在目前的过渡时代。谁还不是半路出家？你倒笑话小大脚穿皮鞋走路扭扭捏捏。她们到底总比真正的小脚或大小脚进步呢。小脚不是一天可以变大的，总得经过过渡的阶段。必然的得经过小大脚的阶段，才能够真正被解放出来，成为大脚。那些小大脚，可以说是过渡时代的可贵重的牺牲者，负有一种历史的使命呢。你看是不是？"R 笑着问他。

武城听见 R 这番又庄又谐的议论，不觉越发高兴起来，口里吐出一口白色的烟，对 R 说：

"喔呀！好一篇《脚的哲学论文》！我也来当一个小大脚罢！不过，当主笔责任太重，我不敢担任，多做点文章倒可以。"

"且等 G 到了再由他和你谈判罢。说起小大脚，我想起一件事，要托你帮忙。我有一个女学生，今年夏天刚从女高师毕业。目前闲了几个月没有职业，我想请你替她在女高师里面弄一个助教当当。这人叫做刘从善，功课还不错，人很谨伤，也是一个小大脚……"

"也是半路出家？"武城急忙问。

"这有两重意义，她又是肉体上的小大脚，又是半路出家。"

"怎么半路出家？"

"这可不能告诉你。"

"我不知道她的履历。怎么能负责替她找事呢？……她是哪里人？"武城预料着有一个有趣的历史听，特特这样探 R 的口气。

R 这时也取了一根纸烟抽着，靠在椅背上，不经意的说：

"是你的半同乡？"

"怎么叫做半同乡。"

R 停了一停，才露出决然的态度，说：

"我老实把她的履历对你说明白罢。不过你见着她的时候，如果她自己不对你说，你却不要提她的历史。她不愿意别人知道她的过去。现在真正知道她的历史的恐怕也不过几个人。半同乡就是说她的丈夫和你是同乡。"

"怎么！她是一位太太？"武城叫着。

"她没有进女高师以前，是一位太太，从五年以前起，就只是一位小姐了。"

"喔呵！从太太解放出来，变成小姐！"

"事情还不止这样简单，听我说罢。……"

武城重新点上一根纸烟，凭到沙发椅子上静听 R 的叙述。

刘从善进女高师预科的时候，R 就认识她。这是经 R 的朋友愚生介绍。据愚生说，她本是海州人，是一个老秀才的女儿。在城里高等小学毕过业。十五岁时候，她父亲死了，她被卖到上海长三堂子里。后来又转到北京韩家潭。因为是小学校出身缘故，在风流学生当中很有盛名。有一位沈的学生特别和她要好。后来她前夫张议员结识了她。很快的就把她赎了出去当姨太太。姓沈的学生情丝不断，仍然和她秘密通信。有一次被发见了，张议员大不高兴，要到沈的学堂去理论。刘从善因此和她前夫大翻其脸，誓死不肯再和她前夫同住。后来这事被愚生知道了。愚生和姓沈的并张议员都认识，所以出来调停，叫张沈两方都和她断绝关系。那时正当 1919 年的五四运动之后，学生，社会一般都非常赞成社会改良运动和妇女运动。愚生和另外几个少年中国学会的朋友，便顺着潮流，醵资叫她补习半年的功课，改名从善，考进了女高师，她倒也争气，在学几年之间，一致专心向学，绝不外骛，居然毕了业。现在已经是一个新式的职业妇女了。

武城听 R 说完，顺口说：

"这又是另外一种新式女性！"

R 不懂这话的来历，呆呆的看着他。慢慢的说：

"怎么讲?"

武城现在觉得心里轻松了。他斟了一杯茶喝着，很快活的把他对于金道三，曹诗男等人的观察，说给 R 听。说到刚才金道三给他碰的几个钉子，R 也掀着胡子，大笑起来。

"武城，你把中国新式女子的程度，太看高了。如果你用这种态度去对付她们，一定还要吃亏。她们结局不过是一种十字架，你别太认真了。……"

"什么？十字架？你今天尽用一些我不懂的名词！"武城喊着说。

"十字架就是十字架，有什么难懂？你看耶稣教的人，动不动就用画十字，把十字架看成神圣不可侵犯，其实不过是一种拿来对别人摆架子的东西罢了。中国旧式妇女如果是神主牌，新式妇女就是十字架，二者其物虽殊，其理则一。你如抓住这个奥妙，包管你可以安安稳稳的应付一切小小脚，大小脚，小大脚，大大脚。……"

武城授完了学期最后的两点钟课，从教室回到休憩室来，连忙去洗手。他两只手又脏又冻，浸在热水里面，才感着一点暖气。他坐到椅子上，点上一根纸烟抽着，一面整理书包。听差倒茶的时候，递了一封信给他。他拆开一看：

"武城先生。聘刘从善女士襄助史学系教务一事，本已得到校长同意。奈学生会以刘女士过去身份关系，横加阻挠，又有贵同乡学生曹诗男出面作证，事实确凿，无从分释，故只有将此事暂从缓议。知注特闻，余容面陈。即颂教安！

弟陵叩。"

武城气极了，登时把信纸揉成一团丢在字纸笼里。学校用人要得到学生同意！这还有什么可干的？并且理由是过去身份关系！禁止别人向善！曹诗男一个妇女协会干事，居然也出头作证！我非去就力争不可！虽然刘从善目前已经在中俄大学找着了一件事做。武城正这样想着，预备站起来穿大衣，忽然看见曹诗男，张着一个被风吹得红冬冬的小圆盘子脸，手里拿着一个纸包，走进门来。

"想请先生替本校学生会销几张游艺会的戏票，先生家里小孩子多，多销几张罢。销六张好不好？"她一面说，一面站在桌子边开纸包。

"可以。"武城答应她。

"先生要哪一种戏票？《灵芬女士》？或是《孔雀东南飞》？"

"怎么？分两天演唱吗？"

"都是在大后天排演。不过，《灵芬女士》在师范大学排演，《孔雀东南飞》在本校排演。这是教职员会调停下来的结果呢。"

"给我《孔雀东南飞》的票罢。"

武城收着票，提起皮包，想走，复又放下皮包，正经的说：

"Miss 曹，你认识刘从善吗？"

曹诗男无意中碰着这个质问，似乎吃了一惊。她鼓起眼睛望了武城几秒钟，才答应：

"认识。在她没有进女高师以前。就在愚生先生家里认识她呢。先生想来认识她比我还认识得早些罢？"

曹诗男这个反攻，倒出乎武城意料之外。他不能不继续说下去了：

"我认识她还不到一个月呢。学校决定聘她当助教，听说你们学生会反对她。又并没有什么充足的理由。她又是本校毕业生。像这样瞎干，本校的前途，是很危险的。我……"

曹诗男不等武城说完，就露出意气很盛的样子，抢着说：

"先生不要误会！这当中有一个道理。老虎派和女大派的人们，成天在挑我们的漏眼。没有事的时候，他们还要造出种种谣言来诽谤我们，何况有凭有据的事？如果他们晓得刘从善加入改组后的女高师，不晓得他们要造出什么样的谣言出来呢。我们反对刘从善的理由，完全在这种政策的观点上。并不是从原则上反对她呢。"

"学校的行政权完全操在学生会手里，也是一种政策吗？"

"这不是什么政策，只是一种堕性罢了。先生应该知道，现在的校长，还是学生会选举出来，硬要教育部委任的。校长都是学生会选的，教职员的进退自然免不了要受学生会的干涉。先生没有听见，那天行就任礼的时候，校长演说，要从本校起，为中国教育界开一个新纪元，建设一个学生自己的，为学生利益的，由学生自己统治的，新式模范学校吗？……"

武城没有别的什么话可说，只得无精打彩的回家去吃晚饭。

武城的洋车跑到家门口，天已黑完了。他推开饭厅的西式门扇一看，电灯底下，桌子上，已经摆着杯筷。几个小孩子围在桌子旁边的椅子边，高声的闹着。他的太太从里间房里跑出来，迎着他说：

"晴阳等了你差不多一点钟呢。她有事和你商量。我已经留她吃便饭。现在先吃饭，吃完之后，你们再去慢慢谈话罢。"

吃完饭以后，武城太太把小孩子们撵到饭厅去，只留李晴阳和武城在她睡房里说话。武城坐在窗子旁边点着洋火抽烟斗烟。李晴阳凭在床边椅子上喝茶。她这一天露出很忧郁的神气，双眉锁着，金鱼式的凸出眼睛，在电光底下，也不发生光彩。她慢慢的开口说：

"我今天来请你帮我一个忙。"

"什么事？做什么文章不是？"

"不是做文章。想请你帮我拉你的得意学生进我们的妇女部和妇女协会。"

"你说的是金道三？"

"不止金道三，还有刘从善。"她这时笑着说。

"呃！你们不是讨厌金道三是国家主义者吗？我刚才见着曹诗男，她还说为政策起见要拒绝刘从善到女高师做事呢？你们的事真正变幻得不可测度！"

"你要知道，此一时，彼一时，做事是不可拘泥的。至于曹诗男她们，也只为女大关系，反对刘从善进女高师，并没有根本反对刘从善本人。我老实告诉你，我主持的这妇女部和妇女协会，现在碰着危机，非振作一番不可了。"

"什么危机？"

"快要唱空城计的危机。"

"我不懂你的话。"武城停着烟斗问她。

据李晴阳的说法，翠华胡同的市党部所属妇女部和妇女协会本来只有三五十个妇女在内。其中大部分又都是挂名的太太小姐，并不热心做事。在从前，因为是统一的，所以她们还敷衍着面子。现在因为醋章胡同的市党部又兴了一个妇女部和妇女协会，她们一来害怕麻烦，二来借故脱身，许多妇人就都不肯到会了。所以李晴阳着了急，特特到处跑，运动妇女进会。她们并且希望多招有能力的妇女，不注重挂名的太太小姐。

"你也临时抱佛脚了！"武城笑着对她说。

"我说的是正经话。别开玩笑！我问你，你一定不拒绝我的要求罢？"

"论道理，我应该帮你的忙。不过，我去对金道三或刘从善说这种话仿佛不大好，好像是拿先生的资格去压她们似的。……"

"作政治运动的人，难道还要假装清高不成？"她愤愤的说。

"不是什么清高不清高。实在恐怕过于勉强的时候，反把事情弄僵。你要知道，年轻女人的心理，是又多疑，又多忌，又最容易感伤的。我得了许多经验，学乖了。我不愿意冒昧从事。我想，还是应该按部就班的做。"

"怎么做？"

"论道理，要想运动一个人做政治运动，只有两种办法是有效的。第一是使他明白认识政治的理论，使他被理论克服。第二是使他先和你发生良好的感情，在他被感情克服之后，再加上理论的克服。对妇女们，最有效的方法，是第二种，所以……"

"所以……？"她跟着他说。

"所以，请你别过于着急。你们几位，先把感情联络起来再说罢。感情弄好了，别的话就容易说了。"

"但是……金刘两位都被醋章胡同一派人包围着，若不加紧，恐怕会被右派的人先拉走呢。从前我们以为金道三是国家主义的信仰者，现在才知道她和国家主义派并没有深的关系。"

"对了。可见得一个人也不是轻容易就固定在某一派的。除非有特别的对人的关系。普通的人，都是要具备了客观的条件和主观的条件两种东西之后，会死心踏地去干政治运动的。"

"联络感情……联络感情……"她口里念着。

"联络感情，自然也得有机会。让我来造一个机会罢。后天不是过阳历年吗？我借过年为名，把她们几位孤身女，金道三，曹诗男，刘从善，连你都请到我这里来过年，让你们畅快的谈谈，好不好？不过，……Herr 曾肯在那天放你出来吗？"武城笑着问她。

"呸！别开玩笑！你看我是受他节制的人吗？"

过年的这一天，天气很好。午饭后，武城带着小孩们到北海去玩。直到四点钟才由北海正门坐洋车回家。他在北长街北口碰见成千的国民军，由景山下的营盘里出来。这些兵士都全副武装，带着行李车。他们显然是向什么地方开拔，到前门车站去坐火车。武城想起自己还可以在过年时与小孩游玩，不觉的有点感伤起来。他想：至少今天晚饭时总要能够帮到李晴阳一个忙才行。

刘从善来了。她戴着一顶黑绒线编的帽子，上面安着紫色飘带。穿着一件拖到脚跟的黑色长外套，领子上挂着貉绒皮领，手中提着一个黑皮手提包。她一扭一扭的走进房间，那种情形，简直像一个四十岁的女人。她脱了外套和帽子，露出覆额的短发和紫色华丝哥的旗袍来。一副鳖甲眼镜，架在整齐的鼻梁上面，透出很柔和的眼光。她下巴尖而长，嘴唇结得很紧。她坐椅子上不动的时候，倒也显得是一个受过教育的有决心的中年女人。

武城等自己太太和她寒暄定了之后，才和她谈话。

"我前两天接着女高师教务长的信，他说，我替你在那边谋的位置，已经没有希望了。我想，Miss 刘还是暂时屈就着中俄大方面的事情罢。过一些时，我再到女高师设法。她们现在……"

武城的话没有说完，刘从善就接了去，好像生怕武城多说什么话似的：

"她们年轻人，忌妒心最重。我现在并不一定希望回母校去做事。我昨天已经在一个朋友地方听说她们排挤我了。排挤我也罢了，还要造出一些古怪的谣言，真正可耻可鄙！先生别相信她们瞎说！这个世界真越变越坏！她们自己什么笑话没有，自己一点不晓得害羞，倒信口开河，吐血喷人！可恶极了！我宁愿在男学堂做事。……"

武城听见她这种大胆的反控，只弄得哑口无言。停了一停，才顺口说：

"真正要替社会服务，本来可以不分男校女校。外国女人，还有当男校的体操教员的呢。"

金道三来了。她头上左鬓角的伤痕，还有半寸长短的一个疤子。她脸上的粉擦得比平常多，虽然瘦削，却没有十分露出黄色，她神气很快活。她穿着一件新做的金黄色的洋缎的旗袍。她比平常漂亮多了。

武城虽竭力替刘从善和金道三两人绍介，她两人还是不多说话。刘从善只和武城太太谈谈家常事。金道三继续不断的对武城行她那种照例的只发问不致疑的质问。

李晴阳和曹诗男一直到六点多钟才来。李晴阳一进门就高声嚷着：

"对不住主人，来迟了。因为今日各界联合会紧急会议。"

"为什么事的紧急会议？"武城问她。

"因为国民军在北仓失利，前线有点吃紧，所以政治分会召集这个会，讨议开一个讨奉国民大会，以助国民军的声势。"

"虚张声势，有什么用处！"金道三插嘴说。

"不然，用处大呢。这回奉军里面，有日本人帮忙。国民大会的意义就在提高反日热度，间接给奉军一个打击。"

武城等李晴阳说完之后，才说：

"我先替你们绍介绍介罢。这是中俄大学的 Miss 刘，这是妇女部的 Miss 李和女高师的 Miss 曹。Miss 金是你们认识的，不用我说了。"

"我和 Miss 刘也是老朋友呢。"曹诗男笑嘻嘻的说着。

"我却不知道。"武城一面这样说，一面看刘从善，只见她满脸上都是不愉快的颜色。

圆饭桌摆上了。杯筷和下酒碟子安好了。小孩子们的菜已经分配好，端到里间房去了。酒烫好了。大家正要就座。刘从善忽然说要回去。亏武城太太极力挽留，才留住。

李晴阳用了全副精神，在桌上应酬，武城也帮着周旋。除了刘从善不大说话之外，大家都欢欢喜喜的喝酒吃饭。

饭吃完了。大家坐着喝茶，吃水果。李晴阳又提出一个新话题。她问武城：

"姚先生明晚去看戏罢？"

"我没有看新戏的兴趣。如果叫我演新戏，我倒乐意。说听戏，我还是爱听旧戏。你们恐怕都是赞成新戏的罢？明晚的两出戏，你们觉得哪一出好？"

"自然是《灵芬女士》有意思。"金道三说。

"我赞成这话。"曹诗男说。

"许多人都赞成《灵芬女士》，我却喜欢《孔雀东南飞》，带有社会剧的意义。Miss 刘的意见是怎么样？"李晴阳说。

"我很对焦仲卿的妻表同情。灵芬女士只是一个贪图社会地位的俗人，一个不知道真爱情的人。"刘从善答应着。

"难道真爱情就不能够和社会地位相伴？难道爱情是永远不能变更的？据我看，灵芬女士比焦仲卿妻要进步些。"金道三不客气的答辩着。

武城生怕她们为这个问题，又闹到她们个人问题上面去，赶快抢着说：

"这完全是观点如何的问题。如果从社会的效果上面说，好像《孔雀东南飞》这戏要比较好些，因为它暴露封建社会的罪恶，暗示恋爱该自由的道理，至于《灵芬女士》却反有暴露'恋爱自由'的虚伪嫌疑，仿佛是暗示着'从一而终'的有理似的，所以要差一点。不过，若从个人的观点看来，焦仲卿妻的自尽，自然是愚妇的行为，灵芬女士却具有反抗旧习的精神，自然是进步的呢。总之，中国妇女们肯积极的讨论这种婚姻问题，总算是空前的进步了。我想这都是这几年以来的妇女运动的功绩。如果你们能够在这时候，再更进一步，把妇女协作的工作扩张起来，恐怕效果还要要大呢。你们几位自然都是进了妇女协会的罢？"武城故意这样质问着。

过了几秒钟，没有人说话。最后还是李晴阳开口说：

"Miss 金和 Miss 刘好像还没有进会。"

"怎么不进会？中国有觉悟的妇女还很少，若再不联合起来，势力就更孤了。Miss 刘，是不是？"

"你们说的哪个妇女协会？"刘从善这样问。她明明带恶意。

"自然是翠华胡同的妇女协会啊。醋章胡同的妇女协会，还没有正式成立呢。"武城连忙答应她。

"并且看看她们那个准备的人，就差不多尽是大人物的太太和小姐们，我们也没有资格去高攀呢。"曹诗男愤愤的抢着说。

刘从善把手摆了一摆，把嘴巴撇了一撇，接着说：

"就是翠华胡同的妇女协会，我也未必有资格。"

"没有的事！翠华胡同是不论资格的。"李晴阳忙这样说。

大家都觉得无趣。大家都好像心里藏着什么东西似的。几十秒钟之间，什么话都没有。最后武城问金道三：

"Miss 金怎么不进妇女协会？"

金道三笑着答应：

"真正肯做妇女运动的协会，我自然是赞成的。我现在是超乎什么左派右派的争论之上呢。"

"那最好是立一个独立青年妇女党！"曹诗男抢着说。

"不错的，应该立一个。我本想立一个。不过，我现在当学生，没有工夫去奔走，去实行妇女运动。若只发空议论，毫不实行，那岂不是白白立了会？"

"要知道，知难行易！没有真知，哪能实行？议论是知识的母亲。有了知，实行是很容易的。只有靠着真知的实行，才是有价值的实行。冲动式的实行，算得什么？……"

"不然！人类的生命就是行动，人类的生活就是行为；知者未必行，行者未必知，世上冲动式的行为多着呢。如果这种行为没有价值，岂不是生命没有价值吗？并且，知难行易这句话，也不真确。试问，知到什么程度，才算知？比方，现在妇女协会的人们的知，算不算得知呢？如算不得知，她们为什么要打算行？如果算得是知，为什么光口说，不实行？革命党的知，算不算得知？算不得知，为什么去牺牲？算得知，为什么革了好几十年的命，帝国主义者还越发猖狂？我看，倒是知易行难的道理对些。古来一切宗教教义和一切社会学里，的确含着许多东西，对于特定时候的人类的社会，都是有益处的。这是许多人知道的，但是却没有一个人肯去实行呢。"

武城恐怕她俩更加冲突起来，只得趁势接着说：

"行易知难对或是知易行难对？这个问题，从严格的科学上看来，本是不能解决的问题：因为知行这两种东西，并没有拿来比较的共通标准。但凡行科学上的比较，总得有一种标准，或是站在共通基础上，或是放在同一时间内才行。如果空空的说，行比知难，或知比行难，那是没有意义的。这种空洞比较的无意义，是和说读书比吃饭容易，或吃饭比读书容易一样。'知难行易'这句话的意思，据我看，原来拿来奖励革命党人去发挥知行合一的精神的。照道理说，世上不知而行的人顶多，知而不行的次多，又能知又能行的顶少。——当然那种不知不行的蠢人，在这里可以不管。'知难行易'这句话，就是等于说：'你们不要做没有自觉的人啊！你们不要知而不行啊！你们要做一个能知能行，即知即行，知行合一的伟人啊！'所以，据我想，你们刚才这一番争论，都把根本误解了呢。"

李晴阳故意叹了一口气，笑嘻嘻的说：

"姚先生！你这一番议论，绞得我头痛，真快要叫我变成又不知又不行的人了！"

刘从善还是先跑走了。

武城送她们走完了之后，心里想着："好一些古怪的新女性！事事出乎我的意料之外！她们都是十字架？或者还是神主牌？……R 的见解，也不见得就对呢。……"他跑到书房里去，拿出原稿纸，想把他几天以来关于新女性的观察和感想，写出来。他提起自来水笔，又复放下，坐着想。想来想去，总想不出一个集中他的思想的方法。他索性倒在长椅子上去抽烟斗烟。一直等到他太太来叫他去睡觉，他才脱离了思索混乱的苦闷。

三、 脚和革命

1926 年开始以后，北京的市民和学生，渐渐由不安到动摇，由动摇到恐慌，由恐慌更到恐怖了。

国民军的败报，一天一天的在社会上暗传着。反动势力趁势联合起来了。学生界的清新势力却显然分成左右两个。居然有利用反动派报纸，甚至于利用日本人机关报的《顺方时报》，来攻击反对派的了。

到桃花开放的时候，新市民所信赖的国民军，也动摇起来。到了三一八，反动军阀和老虎派居然敢在国务院门前枪毙学生。男女学生死者六十余人，伤者无数。国务院门口的春雪，被爱国者的血染得殷红。

已经不是示威游行的时代了。"武装斗争"的口号，成了青年男女间的唯一的有力的东西。"到前线去！到前线去！"青年爱国男女学生，渐渐离开北京了。

奉军进了城。革命家藏了形。准革命家也不得不遭殃。不久，连反革命的报馆主笔也被枪毙了。

北方的反动到了极点。南方的革命势力却逐日增加。革命势力在十月中竟达到了长江上游。眼看着长江下游也不久要落到革命党的手里了。

一般有革命性的少年，青年，中年，男男女女，都争着到长江上游革命中心的武汉，和长江下游革命中心的上海。

1927 年的正月，武城在汉口受 G 部长的托付，主持一个党报。他果然半路出家，做了正式的新闻记者。

这一天是武汉各团体在华商跑马场欢迎由南昌来的革命领袖的一天。天气阴沉沉的，冷气刺人骨髓。武城回到报馆的时候，已经点电灯了。他觉得疲倦极了，一进房间，即刻点燃一根纸烟，横倒床铺上，慢慢抽着，回想今天的欢迎会的印象。

……十几万人的大会，真是在中国第一次看见。标语，小旗子，大旗子，白旗子，红旗子，童子军，纠察队，五个演说台，带着红徽章的演说家，雄纠纠的新军人，小脚女工队，童工队，漂亮的女学生队，一条宽马路上挤都挤不通的群众的巨浪！吵闹，喊声，口号声，革命万岁声！……他想到这里，忽然觉得自己的嗓子有点痛。他记得今天站在中央演说台前面，大声替革命领袖们的演说喝采，把声音都喊失了。他站起来，从热水瓶倒了一口茶喝。重新点上一根纸烟，倒在床上去。

……领袖们的演说，显然有两个倾向呢：一派主张，民众运动要有节制，说民众只能为政府作后盾。一派盛称民众势力收回了英租界的功劳，说民众是革命的前锋。哼！恐怕难免决裂罢！连 G 也说出那种的话了！G 那样精于老庄处世之术的人都会被民众势力熏动？……"湖北的民众是有秩序的，有理性的，不比广东民众那样野蛮，动不动就动刀动枪。这种民众很可以利用一下。武汉到底是比较文明开化的地点，不比南昌的鄙陋顽固。……"G 刚才由跑马场出来，在汽车中和武城谈的这种话，这时特别在武城的脑筋中印得非常清楚。

……G 一定会加入武汉派的。这样一来，就会促成决裂了。北方军阀势力还很大，我们怎么就自己分裂？……并且，湖北民众靠得住吗？有名的湖北佬！九头鸟？差不多是中国人的常识。一旦可以变成忠实的革命民众？……管他的！哪里想得许多？我还是专心去办我的报罢。……专心做一个算盘子？岂不可怜？半路出家人的特性！小大脚的悲哀！……

他想到这里，心里有点不好过起来，正要站起来拿纸烟抽，忽然听见门扉被推开的声音。他扭转头一望，他看见刘从善又来了。她还是戴着那顶黑绒绳帽子，穿着那件有貉绒领子的黑色长外套。她神气沮丧，特别显得出老。

"请坐！怎么样？齐部长那里有回信了吗?"他这样问她。她这两星期因为找不着工作，常常找他帮忙，对他诉苦。

"可恶的老东西！我去找他三次，一次也没有见着面。他叫一个秘书出来对我说：司法部人员已经拥挤不堪，女人尤难安置，并且说什么不能使用不懂法律人的话。狗东西！他自己的太太当司法部秘书长，媳妇当会计科长，女儿当英文秘书，儿子当科员。哪里是革命政府的司法部？简直是齐家老铺呢。他太太，媳妇，女儿，懂得法律吗？浑蛋！"刘从善耍出气极了的样子，信口漫骂着。武城开口了。

武城替她倒茶，自己抽着烟，慢慢劝她忍耐。她停了一会，气平了一点。她说：

"我还是想跟着先生做事，不愿意去低头求他们了。"

"我这里没有适当的位置啊。这里的组织，G 部长算是社长，我不过负编辑上的全责，用人的事，我做不了主。并且你又没有编报的经验和学识，G 部长又是专门用大学毕业生的，纵然我推荐你，G 部长也一定的不会答应。……"

"就当个校对都好。"她咬紧牙巴说。

"校对？校对比编辑还难呢。在电灯底下接连坐五六点钟，总要到天亮才能够跑去睡觉。你的身体，怎么经得起？况且这里的校对，是招考来的呢。……我看，还是向中大李汉城先生那方面继续进行罢。"

"那也没有希望了。是李先生当面对我说过的。那边教员公开，职员却归原先武大一派人把持，局外人绝对进不去。当教员我又够不上。"刘从善悲悲愁愁的说着，好像眼睛里面有点发光了。

武城恐怕她真的哭出来，不好下台，特特拿起自己茶杯，背着她的脸，走到桌子边去倒茶。

"住在客栈里，又无聊，又花钱。再住上两星期，就会住不起了。现在只要有饭吃，有屋住的地方，什么事情，我都可以去干。"

"你有决心干革命的工作吗？"

"到了现在，不干也没有办法。"

"好罢，我替你到总政治部和妇人协会想想法子。曹诗男在妇女协会当干事呢。"

"曹诗男也在这里？……"她的话仿佛还未说完似的。

"她是去年就转校到武大来的。"

"我想，要干就干政治部的事罢。请先生先替我向政治部问问。"

"好的。我明天要过江授课，顺便替你进行罢。"

刘从善提着黑的手提包，一扭一扭的走了。

……"谁啊？"

"是姚武城。"

"过江来了吗？你的报办得不错，只可惜每天出得太晚。在发行上还得想法子才行。"

"想尽了方法，都改良不了。一来机器不好，二来交通不便。并且工人不大听指挥。"

"有功夫吗？来我这里谈谈罢。"

"不行。我即刻得过江。我有一件事托你。……我有一个学生，人很诚实，虽然还没有十分的革命的认识，却是很努力工作。她想做革命工作，我叫她来见见你，好不好。"

"什么学校毕业的？"

"北京女高师。"

"是女的吗？"

"听说你那里并不拒绝女的，所以……"

"多大年纪？身体好罢？"

"身体平常。大概二十七八岁罢。"

"二十七八？是大脚是小脚？"

"是放大的小脚。"

"那不行。这里办事的，都得穿军服。小脚穿军服，成什么样子。算了罢。没有别的事吗？……再见！"

武城在教官室搁下特别军用电话，不觉叹了一口气。他想：半路出家的小大脚真该死！

他走到文昌门码头，看见差船正在解缆。他利用身上穿着的军装，一面叫差船等他一等，一面飞跑下去。他跳上了船。他刚跑了几步，已经气喘吁吁。他觉得，他的身体从干报馆生活以来，已经大不如前了。他无心观察他的周围，他只是站在小火轮的船舱边，迎着晚风，一直望着眼前的大江浊流出神。

他忽然听见有一个干脆的声音，叫"姚先生。"他回头一望，才看见一个红冬冬的小圆脸，望着他笑。原来是曹诗男站在小火轮的右舷。曹诗男帽子也没有戴，领巾也没有围。穿着一件老蓝布长罩袍，第二个衣扣子上，掛着一个圆形徽章。她越发没有小姐气了。他走过去和她谈天。天气还很冷，几个同船的人，都躲在舱里去了。只有他们两人在寒气中站着。

"我正想找你。碰得巧，为省得我跑路了。"

"什么事？"

"想请你替刘从善找一个工作。"

"先生别讲笑了。找工作会找到我头上来？应该向大人先生们找去啊！"

"不是那种工作，是找革命工作呢。"

"怎么！刘从善也肯干革命工作！她干得了吗？"

"一个人为环境所迫，有什么肯干不肯干？……"

武城把刘从善找不着工作，十分着急的情形，以及他替她奔走的经过都对曹诗男说了。

"政治部不用小脚，我这里倒用得着小脚。请先生就通知她，如果她愿意，叫她明天早晨在客栈等我，我可以同她一齐搬到我那妇女协会去。"

小火轮已到一码头了。武城一面同她上坡，一面问她为什么用得着小脚。她笑嘻嘻的说：

"这可考着老师了！先生不知道吗？武汉本地妇女在二十岁以上的，差不多全体都是小脚，她们忌妒大脚妇女呢。"

开了"中国革命之父"的周年纪念日之后，接着又是三一八纪念日。人们的眼泪快要流干了，悲愤的喊声，也快要声嘶力竭了。忽然来了克服上海的捷报，接着就是克服南京的喜信。人们的愁容随着桃花的开放，又大展而特展起来了。武汉市上充满革命胜利的喜气。街上的标语越贴越多。纠察队的步武，都好像特别悠扬起来了。

桃花开了不到两三天，忽然遇着风雨，在一夜之间，完全坠到污泥里面。桃枝子上仍然只剩着一些花蒂子。人们心里又郁结起来了。

武汉市民听得外国炮击南京事件，不禁焦躁起来。他们不知不觉的，上了日本人的当，弄出四三事件。外国的兵船停在江岸的，一天一天增加，人心也一天一天动摇。

广州事变发生了，上海的冲突也勃发了。整个的革命势力竟分为两个了。

在这几星期当中，事变既多，办报的人，当然也越忙。武城差不多每天只有两三点的睡眠时间。他精神虽然继继紧张，眼睛却落了坑，饭量也减少了。

他吃过晚饭，坐在睡房桌子旁边抽烟斗烟。他在想社论的题目。他取下前两星期的报纸，检查了一遍。他忽然笑了一笑。他从衣口袋拿出小笔记簿子，写了几个字。他正要起身到楼下编辑室去，忽然听得"踱踱踱"的硬底皮鞋声音，从楼梯边直响到他房门口来。门上敲了两下。他料到有穿高底鞋的新式妇女来了。他说"请进来"的声音还未消去，房门已经打开。走进一位翻穿毛皮外套的女人！他吃了一惊！哪里来的贵客？四月还穿皮外套？他仔细一看原来是李晴阳！她伸着手和他握手。李晴阳后面又钻出一个蓝色人。那是穿蓝布长衫的曹诗男。

"我正诧异，我在汉口并不认识什么贵族式的女朋友。原来是你！几时来的？Herr 曾呢？"武城忙着问她。

她做出羞涩的样子，对武城说：

"你这人老是开玩笑！昨天晚上到的。同乘桴一起来的。你别讥笑我！我不穿这种贵族式衣服，还恐怕来不了呢。"

"自然是由北京来的罢？那里有什么新闻？请给我一点材料，我好替你登报。"武城笑着问她。

"北京倒没有什么特别的新闻。上海的新闻多着呢。"

她靠在椅子上，用极纯熟清澈的北京话。择要叙述北京和上海的最近情形。所说上海的事，都是武城不知道的消息，武城听得起

劲，急忙掏出小笔记本子来，预备记个要略，忽然听见曹诗男大声
的说：

"别说闲话了！先把正经事办完罢！"

武城吃了一惊，顺口说：

"正经事，采取这种新闻，就是我的正经事呢。还有什么正经
的事？"

"是关于金道三的事。"李晴阳很伶俐的笑着。

"金道三也来了吗？关于她的什么事？"

"打电报去救她性命的事。"

李晴阳这句话，好像刀尖一样，把武城的心刺得突突的跳起
来。他接着只说了两个字："怎么？"他声音都变惨了。

"别着急，还有活命的希望。听我说罢。金道三从去年冬天就
跟着她丈夫到上海，进上海大学……"

"怎么。金道三嫁了人？她丈夫是谁？"武城心里又受第二把刀
尖的突刺。

"她丈夫叫做贺沽，是她的同学同乡。也在上海总工会办事。
并不是一个有名的主要的人。所以，在这回总工会被明令解散之
后，他还在暗中继续办事。不知什么缘故，走漏了消息，被侦探连
同金道三一起拿送卫成司令部去了。听说，他们见天脱了衣服挨皮
鞭，逼取口供。可怜金道三！她并不是个中人，哪里有口供？就是
编，恐怕也编不出口供来呢。上海妇女协会委我来武汉找向部长和
林夫人设法营救她。我刚才和诗男去找二位夫人。已经得她们允
诺，立刻拟好电报，发出去了。"

"电报恐怕不通呢，报馆的电报已经有两天没接到了。"武城接

着说。

"我们也想到这一层，所以来找你，还有人分头去找各报馆，要把电文登在报上，一来好使世人知道，二来也好使上海方面看见。你看，这就是电报原文。"她说着把一张油印的电报，递给武城。

武城看了电报，停了一停，才说：

"你们这种办法是对的。不过，还不充分。现在时局变得非常之快，靠报纸传递，太慢了。应该一面快邮寄去，一面派专员去营救，才来得及。"

"不用焦心，我们早想到了，已经那样办了呢。"

"如果那样，就有希望了。你这电报，我当然照办。"武城愉快的说。

"走罢！我还要去开妇女协会干事会。"曹诗男催李晴阳。

"怎么？你的新闻，还没说完呢。"武城急忙留她。

"我已经和通信社谈过话，他们一定要载上去的。用不着我赘说。我刚到此地，走路离不开诗男。我还是走罢。"

李曹两人走了之后，武城的心思又兔起鹊落起来。……金道三嫁了人！并且还是一个革命青年！我的得意的女门生，到底不错！我没有看差她。……她现在有一个亲人了，可以不受那些无聊的青年的包围了。……什么？她在牢里呢！她性命在旦夕之间！……总不会有意外罢。李晴阳不是说她并非个中人吗？哪有随便拉去杀了的道理？绝无此理？……但是……革命时代，枉死的人多着呢。……可虑，可虑！……不，不，不……向部长和林夫人的面子是很大的，有了电报，快邮和专差去，一定可以保全的。……

武城想到电报，忽然记起了李晴阳交给他的电报稿子，他连忙拿起那张纸，走下楼，进编辑室去。

武城照例是先看来电，次编是重要新闻，再做社论，其次才看各编辑员所编稿子的目录，在目录中选重要的抽看。他这一天因为悬念着金道三，所以他特特变更顺序，先把向林两夫人的营救电报，编成新闻，发了出去。随着又找出通信社关于李晴阳谈话的稿子，加以编改，也发了出去。

他觉得心里的重压，减轻一点了。他点上一根纸烟抽着，再把别的编辑员编好的来电，慢慢仔细过目。长沙电，南昌电，广州电，天津电，上海电……怎么！金道三！

他看见"金道三"几个字，连忙用右手把下面的字蒙住。他不敢看下去了。他只觉得心脏突突的跳，他的呼吸也迫促起来了。他闭着眼睛，埋头默想。他只觉得眼皮和眼珠之间热滚滚的。他只看眼珠子前面发现一些金色点子和金色环子。他觉得金道三的黄瘦的面孔上面，流着鲜血，望着他，只是冷笑。他又睁开了眼睛，他觉得他的手发颤。他侧头望着编电报的那位编辑员，问他：

"两三天没有上海电报，怎么今天又来了？"

"我也觉得奇怪。不过，你看电报的内容，就可以知道，那边的左派已经全部消灭，大概是因为已经用不着扣压电报的缘故罢。"

编辑员这个答复，不但不足以宽武城的心，倒反给了他一个打击。停了一停，他又继续问：

"今天上海电报还是错字很多吗？"

"奇怪！今天电报清楚得很，差不多一个错字也没有呢。"

武城听到这里，只觉得打了一个冷噤，连忙把牙巴咬紧。那编辑一面里望着武城，一面继续说：

"怎么？有看不清楚的地方吗?"他说着，便站起来，向武城桌子旁边走。

……糟了！没有办法了！不能够再蒙着电报了！……他咬紧牙巴，鼓着眼睛，趁编辑员未到之前，很迅速的移开右手。啊！他眼睛好像发了雾！他在雾沉沉的当中，看见"金道三及情夫贺沽晨枪毙"几个字！他眼泪涌出来了。他索性弯着右手搁在桌上，把头伏在手上。他自己对自己说：

"可怜的金道三！……不死于北方万恶军阀之手，而冤死于……！可怜的小大脚!"

他觉悟着自己的运命了。

地球不断的回转着。五月又来了。全地球上一个最老的强国和一个最新的强国，一刀斫断关系了。这一刀的余力，进到东方来，竟使 R 等几十个人失掉了生命。

奉军杀了 R 等之后，没有后顾之忧。表面上算是统治了黄河以北。得胜的军队，竟想冲过黄河，直达长江，和革命军主力接触。

革命军在河南的平野，和奉军死战。奉军被驱逐到黄河以北了。革命军虽得了胜仗，却牺牲了两万多战士。

运回武汉的伤兵，把汉口武昌的一切大小医院都住满了。京汉车站上，还一车一车的运着红十字列车回来。

革命红十字会的标语，在街上到处贴着。救济伤兵和慰劳伤兵的大旗，红的白的，在许多大马路上插着。革命政府的要人也坐着悬挂红十字小旗的汽车飞跑。报纸上用特大的活字，印着伤兵救护会的广告，消息和游艺会。

武城还是照常大吹大擂，替革命政府在报纸上传播有利的消息。

已经是六月中旬了。武城进编辑室的时候，发见一封奇怪的信。是一个他不认识的负伤下级将校给他的。这人做了一篇文章，大题目叫做《病室通信》，小题目叫做《只要小脚的女看护》，要求武城替他发表。这文章的主要意思是说，大脚女看护穿着皮鞋，走路太有力，响声太大，使病人不能安眠，所以主张专挑小脚女看护，因为小脚行动温柔些。武城笑了一笑把怪信丢在字纸篓去了。到第三天，同一的负伤将校又来一个第二《病室通信》，小题目叫做《只要男看护》，理由是说女看护专爱嘻嘻哈哈的在廊下调情，不肯用心看护病人。他质问主笔何以不替他发表前一次的通信。武城觉得问题稍带严重的性质了。他把来信收到抽屉里面。又过了两三天，武城接到许多伤兵来的信，都是痛骂伤兵救护会办事不热心不切实的。女看护的不负责任，特别被许多来信痛切的指摘着。这时，那个负伤将校又寄来了第三次《病室通信》小题目叫做《拒绝妇女到医院慰问病人》。他说，妇人们到医院去，不是慰问病人，倒是糟踏病人。她们到了病室，都用小手巾蒙着嘴，好像生怕闻着什么气味似的。她们远远的站着，看负伤者的创伤，好像生怕脓血污了她们的衣服似的。她们的全体神气，完全好像女主人看打架打伤的狗子一样。她们对于病人只会增加痛苦，决不会有一点慰安。所以他主张，应该为革命的利益，禁止妇女慰问病人。他信上极力责备主笔不该不替他发表文章。他说，如果再不登他的文章，他就要从革命军开小差回广东了。他把"开小差"三个字特特写得格外粗大些。

武城知道这位投稿家不是开玩笑了。……怎么？革命将士这样讨厌妇女？为什么会变得这样反常？……小大脚！不革命倒也罢了，别阻碍革命呀！……唔！不是妇女和将士的问题！恐怕是社会上某种很大的潜势力的一个表现！……总之，这得告诉伤兵救护会会长林夫人……

武城提笔写了一封简单的信，回答这位负伤将校，交送信的送去。他把几封伤兵的来信，搁在衣口袋里，匆匆的出门，雇汽车到致中里会林夫人。

武城在客厅等了二三十分钟，才看见林夫人的蔡秘书，双眉紧锁的跑出来，对他说：

"林夫人正在和政府各委员开临时紧急会议，实在抽不出时间来，所以叫兄弟代她会会先生。先生有什么话，兄弟可以负全责代达。"

武城听见紧急会议几个字，不觉心里动了一动。他说明来意，把负伤兵士来信交给蔡秘书，告辞出去。他一看手表，还只有四点钟。他出门走了几步，心里郁结得很。太阳还灼灼的射着致中里一带的红砖墙。他觉得头脑昏沉，手和颈背又要流汗水了。他想着：吃饭还早。回家去坐蒸笼受热？到哪里去？江边跑跑？伤兵和妇女？……到妇女协会去！和曹诗男李晴阳谈谈罢！……

他想到这里，立刻趑趄转身往宝华街方面走。他转了两个弯，走到庆余里，想穿过小弄堂，到马路上去。他看见弄堂当中挤满了看热闹的人，围着一家住户的门口。只听见有小孩子的很尖的哭声，有妇人用湖北口音骂街的声音，夹着一些笑声，吆喝声，种种声音正在奏交响乐。他已经走出满身的汗了。弄堂里没有太阳光。他停着脚步。踮起脚向那家人的门内楼底下一望。奇怪！一群新女性！白布旗子，穿军服的女生，披着短头发的白夏布长衫女人，"即刻剪发"，"缠脚解放万岁"，"妇女解放万岁"，"放脚运动万岁"，坐在小凳子上的十一二岁的女孩子。她赤着两只足背拱起的畸形的脚，张开大口，只是哭。"娘家乖！好厉害！""看动了火？""送上门我也不要！""我只爱三寸金莲"，武城耳边忽然透出说这样话的湖南口音。他侧头一看，有几个穿着被汗水浸变了色的灰布军服的兵，从人从后面，压着前面一排的人，向门内看热闹。门内一个中年小脚女人，露出撒泼的样子，扭着一个妇女党务训练班的穿军服学生，口里只是骂"女强盗协会！千刀杀的！不要脸的婊子！我和你们拼命！"有两个不穿军服的年轻女人，正在解劝。武城恍然大悟起来：这就是他们传说的强迫放脚！真正有这种事？他想到这里，不觉的刚停了的汗又进出毛孔了。他提起脚，一口气走出弄堂，跳上了一辆洋车。他不去妇女协会了。

……居然有这样的事！怪不得会发生伤兵拒绝妇女的怪事！妇女和革命！……剪了头发，放了脚，就算是革了命吗？你们不是反对褚玉璞干涉妇女剪发，说他侵害个人的私生活的自由吗？……清朝入关，为剃发令的关系，惹起了无数明遗民的反抗，难道你们一点不知道？……上海方面正在宣传武汉行妇女裸体游行呢。那里的人们真聪明，知道利用社会保守旧习惯的心理去帮助政治！你们却要故意叫社会引起嫌恶新政治的心！你们太无识了！你们太模仿别人的皮毛了！我非给你们一个顶门针不可！……

武城回到报馆，越想越气。他拿起万年笔，就照他所想的，写了一篇社论。他不能再忍了。他不甘心以小大脚自居了。

过了两天，武城接了好几封来信，骂他阻挠妇女运动，有的简直骂他是反革命。来信当中，有一位黄女士还做了一篇《放脚就是革命的唯一基础》，要求武城登在社论栏。武城当然拒绝了。

黄女士第二封来信，还是要求替她发表文章。她说：如果武城再拒绝她的要求，她就要用别的方法，宣布武城的反革命罪状。武城仍然不理她。

第三天的省党部的机关报上，果然把黄女士的那篇文章登出来了。第四天接着有一篇批评武城和黄女士的文章的文字，署一个很生疏的名，痛骂武城老朽化，名流化，反动化。武城不愿意党部的机关报和另一个机关报开仗，所以只好隐忍着。第五天，黄女士又出名做了一篇短评，对武城加上两种罪状，说武城只是 G 部长的忠实走狗，并且还和妇人协会的小脚派勾结，贯同武城的同乡某女士，希图破坏妇女协会的统一，阻挠放脚革命运动。

武城看见这篇文章，怔了一怔。他不懂得什么叫做小脚派。他想起曹诗男的话来了。他恍然大悟起来。他痛恨极了：小小一个妇女协会，还要分大脚派，小脚派！假借名义，诬陷别人，以报私怨！什么革命反革命？照这样下去，结局还不是等于替真正的反动派张目，只有同归于尽？索性，一不做，二不休，我再痛痛快快教训她们一番罢。……

武城当时提起笔来，写了一篇《再论脚和革命》。写好了，叠起来，搁在衣口袋里，才出去到醉东风，吃晚饭，应酬。

武城走进编辑室的时候，已经约莫是九点左右了。只看见各编辑员并没有在各人座位上工作。他们都聚在电报编辑的桌子边，用嘎拉嘎拉的湖南口音，纷纷议论着。武城报馆的编辑员，十分之七都是湖南人。有一个人看见武城进去，连忙叫着：

"姚先生，长沙果然干起来了呢！"

"兵变？"武城急忙问。

"不是兵变，是民变！"一个专爱说诮皮话的编辑笑着说。

"请看长沙军事长官的公电！"

据那电报，马日的晚上，农民想乘机去缴城内所驻的一团军队的械。军队为自卫计，作起战来，已经把暴民击散了。现在为防备万一起见，实行宣布长岳一带戒严。

武城看了电报，心里觉得有些领会，半天不做一声。

"姚先生，你看将来怎么了结？"

"很难说。"武城摇着头答应。

"现在还是一个局部问题，想来不会影响到全局罢？"一个人问。

"长沙军官和汉口及京汉路线上的湖南军队，完全是一气的呢。我有好几个亲戚，在军队里做事，我常常听他们这样说。"另一个人插嘴说。

"咳！大势一天一天坏！总希望这不是一种大爆发的引火线才好！"武城叹着气说。

"怎么样？姚先生听见什么特别消息吗？"一个人问。

"真正的特别消息，我哪里听得着？不过察机观微，觉得有点不对。……别国革命的成功，全靠兵民联合。我们现在却是兵民反目。恐怕不是好兆头罢。唉！做一日和尚，撞一天钟，我们还是编报罢。"

武城走到自己桌子边坐下，把衣口袋里做好的那篇文章，取出来，咬紧牙巴，扯得粉碎，丢到字纸笼里面去了。

四、 恩和爱

在河南作战的军队回武汉来了。长沙派的军队集中在江的北岸，这派以外的军队集中在南岸。鄂籍军被长沙派解决了。非长沙派的军队不能不被驱逐向南方去了。

革命政府的政治，当然随着军队实力的移动发生变化。民众运动被禁止了。G部长和长沙派合作了。武城的报馆也被G派人来监视了。G并不信用他的忠实的走狗！忠实的走狗向他辞了好几次职，他都不答应。他命令这个忠实走狗，不必做文章，只担一个名义。到了狡兔死的时候，走狗还有什么办法呢？唯一的路，只是饿肚皮不做工。笼中的鸟，飞是无从飞的。他是有觉悟的。

武城继续做了半年以上的紧张工作，忽然安闲起来。手和脑筋的神经都松弛了，筋肉也随着懈怠下来。他的老病心脏狭窄症又发作了。他吃饭以后，倒床上休息。时候是两点钟了。他拿起当天的报一看，看见第七军司令部迁入汉口市党部原有住址办公的新闻。市党部迁到何处却无下落。他自己点了一点头：快了。马日事件快传染到武汉了。他正拿着附刊①，读上面的新诗，忽然有个女人推

———————

① 原文如此，文中"附刊"和"副刊"常混用。——编者

开门，走进房间来。他勉强从床上爬起来。

来的是刘从善。她好几个月不同武城见面了。她穿着一件老蓝布长衫，和曹诗男穿的一样。头发也剪得更短了，剪成男人式，额上没有覆额的刘海了。脸上粉也没有了，脚穿中国鞋，上面现出长统的白袜子。她年轻了许多，好像十八九岁的女学生。她脸上露出天然的红色了。眼睛也比从前灵活。不过，全体的神色却不是十分愉快的样子。

谈了几句寒暄的话之后，武城问她：

"Miss 刘现在还是在武昌？你身体比从前结实得多了呢。"

"我这两个月都住在汉口妇女协会，市党部里面。"

"市党部里面？我刚才看见报，说市党部被军队占了。真的吗？"

"昨天下午四点来过的。一来就到处乱搜，我几件冬天衣服都被他们拿去了呢。"

"喔呀！这样厉害！这还了得！"

"有什么办法？了不得也得了。中央和政府都不管，到哪里去诉苦？……"

"你们妇女协会现在搬到什么地方？"

"阳和里中央妇女部的寄宿舍里面。"

"唔……！闹得太不成话了。恐怕还有更大的变动。你们妇女协会还得预先准备。"

"任由大脚派去胡闹罢。前几天许多人都跑走了。李晴阳都跟着曾先生当太太去了。我已决心不再干下去。"

"李晴阳也跑走了？你决心不干？"武城惊诧的问她。

"大脚派事事和她和曹诗男几个人抬杠，她气跑了。我更不消说了。他们眼睛里哪里会理我？连先生那样的好文章，她们还痛骂不已呢。"刘从善恨恨的说。

"她们是些什么人？"

"有两个女留学生做首领，其余都是一些浪漫的漂亮人。"

武城有点懂得了。他换过话头：

"Miss 刘不干妇女运动搬到什么地方去？"

"我今天晚上就上船回家。"

"回家？到哪里？"武城吃了一惊。

"到……到南通州去。我母亲在那里生病，早就叫我回去看她。"刘从善一面说，一面低下头去，似乎怕武城看她的眼珠的样子。

武城虽然满心替这个小大脚担忧，却也不便追问她的究竟。他只是郁郁不乐，取着纸烟乱吸。他打算送她几块钱路费。他一想，当天早晨，他曾检查过钱荷包，只有七块钱国库券，会计员奉行着 G 的经济封锁政策，借是无从借的。别的同事，薪水比他少，当然更不会有裕余。他一面谈着，一面想，想了许久，想不出办法。刘从善坐了一阵跑了。她虽未开口说什么，武城的心中，却难过极了。他想：自己的末路，也太可怜了，简直无力资助一个投怀的小鸟！自己辛苦了两年，只弄得一个病体，加上一个走狗的美名，大的走狗也好了，偏只是一个 G 部长的走狗，一个走狗的走狗！呸……浑蛋！走狗分什么大小？根本错误，只在太过于忠实服从，太过于以半路出家人自居了。早应该主张自己的意见，如果主张不行，早应该引去呢。……

他索性脱了短皮鞋，睡在床上去想。

……但是，从客观上说来，总算对于中国的革命事业，尽了一分子的责任。在人生观上，总算有意义的。一个人做事，只应该求心之所安和事之有济，哪能顾到自己个人的利益？……是的，是的，我个人虽然日暮途穷，中国民众的觉悟，总算比从前好了。革命总算成功……半成功……军阀政治……倒了……不曾……政客……大走狗……小走狗……小大脚……应该的……牺牲……

武城忽然听见有人叫"姚先生！姚先生！"他惊醒了。心里还突突的跳。他睁开眼睛，只看见一个穿蓝色长衫的人——一个女人脸背着电灯光，站在他床边。他突然想起刘从善了："怎么？她还没有走！我怎么和来客谈着天的时候，就睡着了？喔！她回来借路费的！我这人真病糊涂了！刚才就应该替她想法子的。"

武城心里很抱歉的，翻身爬起来，正要开口，只听见床面前那女人说：

"先生身体欠安吗？"

武城听见这女人一口乡音，才注意的一看，看出来她不是刘从善，是曹诗男。忙笑着答应：

"是你吗？我只以为是刘从善转来了。我这几天又发了旧病。"

"那就请仍旧睡着罢。不要客气！我先前只以为先生睡午觉。"

"不要紧！还没有到倒床的地步呢。刘从善刚才来这里辞行。她要回家看她母亲的病，你当然知道？"

"什么母亲的病？全都是托辞！都是些看风色的投机分子！连李晴阳也说生病，老早就跑去关门当太太了。啊！真是'内忧外患，一时齐来'！"曹诗男一面坐下，一面把右手在右腿上拍一拍，愤愤的说。

"不过，听说你们那里分什么大脚派小脚派，□□□□□排斥，不走也没有办法。不是吗？"武城带着辩护的说。

"哪里！先生别听她们瞎说！意见不同的分派，本是必不可免的。少数应该服从多数。如果占了少数就说被排挤，提脚就跑，那还干得出什么事业？那都是投机分子的托辞啊！一个认识了革命的人，哪会半途逃脱？那些不中用的东西！……"曹诗男说着，气得眼睛都发红了。

武城看见她气愤，不想再提李刘两人，特特转过话头问她：

"听说妇人协会搬到中央妇女部寄宿舍去了，房子够吗？"

曹诗男从椅子上跳起来说：

"我正为这件事，来找先生！可恶的暴徒，把中央妇女部寄宿舍又占领了！"她说着，用右手把茶几重重的拍了一巴掌，茶杯都拍跳起来了。她叭的一声，又坐在椅子上。她愤极了。

"怎么？竟敢占领中央妇女部寄宿舍！岂不是目无中央？"

"先生今天才知道他们目无中央吗？……呃……全国总工会也被他们占领了！……向部长气得大哭大闹，去找暴徒的总长官。哪里会得着面呢？……非同他们拼命不可！……"

武城听她的慷慨激昂的话，听得呆了。到这时，才插一句：

"他有枪，你没枪，拿什么去拼命？"

曹诗男又重新跳起来说：

"谁怕他的枪？拼命的方法多着呢。现在首先要登一个他们欺侮妇女协会和妇女部的广告。"她一面说，一面从口袋里掏出一张广告稿子来，递给武城。"你看，向部长已经亲笔加盖官章私章。

请先生一定在明天的报纸上登出来。万事有向部长和妇女协会负责。先生能够加上一篇社论，更好！……"

武城听见她太乐观了，急忙止住她：

"都是我做不到的事。"

"怎么？先生做不到？先生真变成 G 部长的……人了吗？先生也和李晴阳……"

"别性急！听我说啊！我现在已经不负报馆的无论什么责任了。我和报馆的编辑和营业，都无关系了。……"

"先生哄小孩子吗？先生现住在报馆里。先生几时登过启事声明脱离报馆关系？"曹诗男满脸涨得通红，只是鼓起眼睛，恨着武城。

武城心里又觉得羞惭，又觉得不服，又不便和她硬闹起来。只得忍气吞声，装做心平气和的样子，慢慢的对她说：

"请你千万不要误会！你要知道，我是被软禁着在这里呢。我哪里还有登报声明的自由？他们不让我登报，就是想使别人认我为 G 部长的人——的走狗呢。你若不相信，请你看看这一星期的报纸，有我署名的文章没有，就明白了。处在我这种境遇，除了自杀，哪有第二种方法，可以使局外人明白我的苦楚？但是，现在就自杀，又未免太不惜生命了。好妹妹！请你相信你这个不幸的老师罢！我和你死义的哥哥，也是肝胆相照的朋友呢。"

曹诗男本来就气得要哭，现在听到说她哥哥，她禁不住哇的一声哭了出来。即刻却又把脸伏在搁于茶几上面的右手拐子上，勉强止住哭声。武城也不禁眼睛热起来了。

过了约莫两分钟，还是曹诗男，用小手巾拭着鼻涕，先开口说：

"可以想方法偷偷的登上不可以？左右 G 部长是不信用先生的。索性偷登出来，事后再由先生负责，不行吗？"

"那也做不到。有人监视着呢？你没有听说，彭夫人的英文报，偷偷的替林夫人登了宣言，报已印好，还被监视人查出扣留了呢。……我想，你那广告一定没有法子登党报。"

曹诗男停了半晌，一声不做的，只望着电灯。她忽然站了起来，把茶几上放着的广告稿子收起，插在衣口袋里，嘴里说：

"血染成的耻辱，还是要拿血才洗得干净的！在中国革命时代，有觉悟的妇女的运命，早是由历史决定了的。好罢。先生请保重身体罢！我去了！……"她说着，伸出右手来。武城连忙和她握手。她从来没有和武城握过手。这是第一次。武城一面握手，一面注视她的眼睛。只见她那红色的圆脸上的两个眼睛，这时又格外红得利害，眼珠子上面，映着电光，发出一种润湿的光辉。武城的眼睛，也仿佛有点睁不开了。

武城送曹诗男下楼，一直送出大门，才回到楼上房间里来。他心里空空洞洞，好像失掉一种什么东西似的。他坐到书桌边去抽一阵烟，又站起来在房内来回的走，走了一阵，又坐下去抽烟。他不知道他在想什么？他只觉得他的脑筋里有无数的东西回转着。一直到报馆茶房上楼来叫他去吃饭，他才觉得他是他自己。

武城和副刊主任袁胡子从燕月楼大喝啤酒回来的时候，已经是晚间十二点钟了。袁胡子送他到房门口，才回到楼下去做工作。武城回来，即刻上床睡觉，他希望趁着有点醉意，睡了去，免得胡思乱想。七月底的汉口天气，到夜深，已经有凉气了。武城睡在床上，只觉得两脚冰冷。盖着单被脚还是冷的。脚只管冷，头却是火热的。心脏也觉得怦怦的跳。无论怎么样，都睡不着。他坐起来看书，换了好几本书，都看不进去。他抽了一回纸烟，又跑去睡，仍然睡不着。心脏还是怦怦的跳。他脑筋越发清醒了。他焦燥起来。他去分析睡不着觉的原因：吃了酒？不是。照例吃了酒，反易酣睡的。心脏病加重了？不是。单是心脏病的时候，只有梦中时时惊醒，不会绝对睡不着。因为白天睡了午觉？不是。几点钟的午觉，不会弄得这样。精神受了刺戟？也许是的。不过，照原来的经验说来，受刺戟之后，反有容易疲倦的倾向。未必是这个原因。到底是什么原因？……

　　他在脑筋当中，搜索心理学上的名词：自己暗示？不对。……强迫抑制？……对了！对了！是强迫抑制！我自己抑制我的思想，不叫他和我现在所处的地位接触，不叫他想到曹诗男，李晴阳，金道三她们的运命，所以，精神始终是紧张的。……啊！金道三！可怜的金道三！你没有发挥着你所有的百分之一的勇气和才干，就白白的冤死了！半路出家人的牺牲！……半路出家……半路回家……李晴阳和刘从善半路回家了！……卑怯！投机分子！……但是，半路出家的人，有什么办法？……没办法？……如果认识坚定，干到底！……曹诗男！勇敢！……拿血洗清血污！……真正的革命家！……走狗……大走狗……小走狗……忠实的小走狗！……被主人不信任的忠实的小走狗！……沉痛！……悲哀！……死了倒好！……牺牲！……什么方法？……自杀！……蠢东西！……回家去？……家在哪里？……太太……四个小孩子……肚子又大了！……不是家，是累！……累死不如战死！……干到底！……呸！忠实的小走狗！谁理你？……当算盘子？……枪毙！……沈金明……寡妇……孤儿！……流离……家败人亡……回老家？……什么是老家？……老父……老母……老兄……干吗？……老家在脑筋里！……文笔生活……文化运动……走回头路！……回北京……广东……广西……欧洲……俄国……日本……木屐……席子……睡觉……

从那晚上起，武城就倒了床。他的心脏狭窄病越变越利害了。他两手空空，连治病的钱也没有。他只等死神的到来。

他的太太赶来了。她哀求她的哥哥，把武城送进陆军卫戍医院，用官费治疗。G部长虽然从中阻挠了两次，还是抗不过军人的势力，让武城把将死的病骨托在陆军卫戍医院。

院长宋先生，是日本留学生的老前辈。他尽力替武城医治。武城从进院一天起，决心不看报，不听时事。在无聊的时候，只写几张字，读几篇子书。

过了三个月之后，武城的病，虽然好了大半，却是始终不能断根。宋院长对他说，如果要断根，除非用心理疗法才行。他劝武城到日本东京，受著名的心理学疗法大家福来博士的治疗。武城太太的哥哥也劝武城去试试。他和宋先生还答应替武城筹来往的盘费。武城接受了他们的好意。

武城静处了几个月，渐渐发见他自己了。渐渐由他自己发现着中国人了。渐渐由中国人发现中国人的处世哲学了。他懂得他自己的短处了。他同时发见出他自己的长处了。他觉得，找出一条应走的新路了。他看见独立走路的自己了。他看见他自己变成完全的大大脚了。他反而发见 G 部长和许多自命为革命行家的人是小大脚了。

武城心里发生了一线的光明。他血管里好像流着一种新的抗毒素。他脑筋里抽出了一种新的头绪。他细胞里好像加上了一种新的生命胚质。

他感觉到他不是一个孤独的落伍者。他觉得有许多古人和他做朋友。有许多现代人和他共生活。他感觉到自己以外的和自己境遇相同的许多个人。他感觉到中国全体社会。他感觉到中国以外的社会。

武城由武汉经过上海坐船到日本神户，由神户搭火车到东京。十几天的航海旅行，越发把他心胸洗刷得和光风霁月一样。他抱有一种新希望，他具有一种新气力。他不觉得他是一个四十几岁的人。他把他自己完全看成和东京市上那些戴方帽子的大学生们一样。

1927 年 12 月 21 日他到了东京。他住在他十年以前曾住过的一家公寓里去。公寓依然如故，主人却换过两次了。他忙着买矮桌子，买坐垫子，买日本衣服，买木屐。他重新定报看了。他觉得他心脏强了，可以受得住时事新闻的刺戟了。他到书铺买了几十本新出版的哲学书和文学书。他决心要走进人生的内部关系里面去。

第二天早晨，他还睡在铺盖里的时候，公寓的女仆走进他房间里面生火钵的火，顺便送了《朝日新闻》来。他睡在床上看报。

"国会行开会礼"……"田中首相的谈话"……"政民两派的政策"……"国会被解散的可能"……"中国马将军派来的特使"

……"汉口电报：枪毙政治犯五十人"——"广西派大搜长沙派和过激派的残党，昨天捕获中大的教授李汉城及女学生曹诗男等共五十人，即日押到大东门外枪毙。武汉人心惶恐。广西派的人望渐衰。"

……曹诗男！李汉城！……武城把报纸摔在一旁，只是闭着眼睛，静静的睡在枕头上，默想着武昌跑马厂和中大，他看见大东门外的藏着两千人忠骨的大坟堆，他看见坟堆旁边的枯霜天的草坪，他看见几十个赤体的男女尸体。他看见曹诗男的红冬冬的小圆脸，上面血痕模糊。他看见李汉城的聪明的眼睛，还亮晃晃的从血污了的面孔当中，透出一种冷笑——一种看穿了中国革命的前途和中国民族的将来运命的冷笑。……她尽了她的历史的使命了……他发挥了他的真价了，江汉的灵气，一定会随着他的热血和冷眼而恢复转来了……用不着悲伤！应该为他们大喜！应该为他们大笑……哈哈哈……

武城勉强张嘴一笑，觉得有一种咸的东西进了嘴，他不知道他脸上流满了眼泪！

武城睡到八点多钟，才起来吃早饭。这一天是晴天，红的太阳光线，斜射着他房间的窗户，表示着一天的温和的希望。他想："心病又激动了。脑袋昏昏的痛着。今天读书的预定是不能实行的了。天气这样好，何不到上野公园去看看？顺便到上野图书馆。那是我的老巢！"他立刻换上西服，穿起外套，围上领巾，拿起帽子。……帽子！……睡帽子……

武城想起他前夜里睡觉的时候的决心了："无论如何，总得买一顶睡帽子。房间壁上，到处通风，头冷得很！年纪大了的关系？不要勉强抵抗！还是到三越去买顶睡帽子。不戴睡帽子，一定弄成脑伤风！"他决心先到三越去。

三越百货店的三层的人挤得比一楼二楼更多了。红的，绿的，黑的，男的，女的，穿西装的，穿日本装的，戴毡帽的，戴便帽的，梳女优头的，梳岛田髻的，束发的，小孩子，大人，背着小孩的大人，小学生，方帽子的大学生，黄脸，白粉相成的白脸，桃花色的处女，高底鞋的女学生，皮鞋，木屐，嘎拉嘎拉，低达低达，小孩儿的哭声，笑声，说话声，喊声，一片哄哄哄的杂音……

武城一步一步的和群众挤着，到了三楼的中厅。前厅是男子洋服部，妇女洋服部，皮货部，妇女日本外套部。中厅是妇女洋品杂货部，小孩洋品杂货部，男子洋品杂货部。远远望见后厅的大柱上，写着夜具部，婚礼用品部。武城经过妇女用品部，一步一步的沿着左边挨到小孩洋品杂货部。他看见许多小孩用的毛织坎肩，红绒绳上衣，雪白的毛织绒帽子，他忽然想起他自己的五个小孩儿。他连忙咬紧牙巴，抑止这个想头。他注意看走在他面前的一个穿日本衣的日本女人的粉白的颈项。他扩大眼光去看别的女人的装束。他看见一个剪短头发，穿着酱色旗袍的女人站在右边。明明是一个中国女人。中等身材，瘦削的背影。他很希望那女人回过头来，他想知道这女人的面孔是一个什么面孔。那女人始终不回头，只是看陈设的东西。她暂暂低头了。她似乎在用手检视什么东西。武城往前挤着走，转眼之间，她所站的位置，已经在武城的背后了。

武城走到了男子洋品杂货部，找着卖睡帽子的地方。只剩得两顶睡帽：一顶黑绒的，一顶褐绒的。武城试戴了一回，买了褐色的。他不自觉的趑趄转身往小孩洋品部，沿着左手走。走了几步之后，才知道他心里挂着那个穿旗袍的女人的面孔。他装做细看陈设，慢慢走去。他看见她了。还是一个背影。她的脸和刚才的方面恰恰相反。武城只看见站在她面前的一个三十多岁的女店员，只是偏头眨眼的说话。女店员一面比着手式，仿佛露出很为难的样子。武城立刻知道她们之间发生言语的隔阂了。他已经走到她们的旁边。他听见中国女人只是说："Chiisai，Chiisai"——这是日本的"小"的意思——女店员却只管说："这是顶大的。没有比这个再大的了。"她眼睛往前面到处望，似乎求人援助。武城听见她们不能达意的争论，不觉抿着嘴笑了一笑。武城的眼光和女店员的眼光接触了。富于经验的女店员，也不知道是从装束和相貌上看出武城是中国人，或是从武城的一笑得着什么暗示，她忽然笑着向武城说："先生懂得支那话吗？"武城刚刚笑着点了一点头，忽然看见那个穿旗袍的女人，回过头来。武城眼睛里印着一个白中透着黄色的尖削面孔，一双澄明的眼睛，短头发齐耳披着。这个面孔似笑非笑，睁起眼睛，现着惊异羞涩互相揉合的神色。金道三！她活转来……她没有死！武城话也说不出，只是向她伸出右手。她左手拿着手套和手提包。右手拿着一种白色毛织的小孩用品。她丢下小孩用品，伸出右手来。她也不说话，只是握手。武城用满腔的热诚，握着她的手。她眼睛眶红起来了。武城正想找一句最适当的话，对她说，忽然听见女店员说："你们两位是认识的朋友吗？好极了！"武城没有和金道三叙寒暄的时间了，他被女店员叫去当翻译。

她们的争执即刻解决了。三人都笑起来。原来金道三所说的

"小"，是指还要更小的说。因为她只会说单字，不懂得用助词，所以被女店员听成她嫌小了，还要更大的。金道三买了两套整的白羊织的小孩卫生衣裤帽。又买了一件红色的毛织小孩披风。她手边还放着一大包，买好了的小孩玩具。物件买完了。她给了价钱，等着女店员打包。武城这时才对她说：

"万不料会在这里碰着 Miss 金？真是奇遇！我刚才吓了一跳，我们只以为你……你还在上海呢。"

"我昨天就知道先生到日本了，却也没有料着今天在这里碰见先生。"

武城吃了一惊。我昨天刚到这里，怎么她会知道这样快？他问她：

"怎么知道我来日本？"

"听金伯进说的。"

"金伯进也在这里？你和他一起？他怎么知道我来这里？"

金道三脸上好像有点带红色。她连忙微笑着摇摇头：

"伯进刚来不久。他不和我一起。他听什么牛伯远说，在长崎船上遇着先生上岸呢。"

女店员包好东西，拿来了。她问：

"由店里送到府上吗？还是客人自己带走？"

武城翻译给金道三听。金道三看了一看那个大包，又提了一提原有的玩具包，才说：

"请先生问她，是不是即刻可以送到。"

武城照样翻译了。女店员说，最快都要到晚边六七点才送得到。

"那不行。我八点钟就要坐车回国呢。"金道三说。

"回国？今天八点钟就走？……"武城惊着问她。

"是的，我船票已经预先定好了。"

"那末，不要店里送，坐'一元 taxi'回家，也没有什么不方便。"

"但是，我门口是小巷，不能行汽车。我一个人拿不了这么多东西……"

"那不要紧的，我送你到家。"

武城抱着一个大包，和金道三出了三越，叫了一个"一元 taxi"，一同坐上车，才问她，住在什么地方。

"白山。"

"和我的公寓相近。"

武城吩咐了汽车夫之后，和金道三慢慢谈起来。金道三态度，比在北京时大不相同。活泼气象完全看不见了。她露着沉郁的神气。武城和她说话，她只是用最简单的话，作消极的应付的答复。武城感觉得她心里有一个秘密。他很想知道她这个秘密，想知道她为什么死了又活转来……为什么没有死。但是，他看见她那怪可怜的黄瘦的面孔，那种沉闷郁结的神气，他又不敢冒昧问她。他恐怕一问起来，伤了她的心。同时，他想到她立刻要回国，回到随便杀人的国里去，他又替她担忧。他想到曹诗男刚被杀了，难保金道三回去不步曹诗男的后尘。他想：随便杀人，固然毫无意义，随便去送死，也同样是无意义的行为。他感觉得他有对她尽忠告的必要，至少应该有探出她为什么匆匆回国的必要。他一面说话，一面只盘算，如何用一个不伤她的心的说法，探出她一点秘密。

　　汽车到骏河台了。到白山已经是一半路程。武城心里焦燥起来。他生怕失了尽忠告的机会。他决心碰一碰钉子。他叹了一口气说：

　　"唉！人生真是和做梦一样，悠悠忽忽的，一会儿就过了许多场面。你还记得罢？两年前你到北京粮库街我家里问我，到底是到法国留学好还是到俄国留学好。那时，谁晓得，两年之后，我们两人都会到日本来？"

　　"什么人都是受着社会力的推动，哪有自己做主的余地？"

　　"你这话不错。社会虽然是个人集合而成的，它的力量，却可以压倒个人。我们都是被社会的力量，推出学问之府，到街上去喊革命。同时又被社会的力量，由革命的战线上，或是推到死神的手里，或是推到污泥当中，过飘零的生活。不但革命的成功，不可必期，就是一个人的死生，又哪里能够自决？即如我，本是预备牺牲的。但是，三一八不死，广州之变又恰在我走了之后，在武汉那样危险的地方，天天等着死，结局还是没有死。如像你，我们都以为你死了，李晴阳曹诗男她们还央求着林夫人向部长等，替你开了追悼会，我也做了一篇文章，你却并没有死，现在还继续……"

　　武城说到这里，金道三用小手巾掩着脸哭出声来了。武城预料着说起旧事，她一定会伤心，所以说话的时候，眼睛都望车箱下面毯子，不敢看金道三的眼睛。武城这时听见她哭，心里难过起来。连忙说：

　　"对不住得很！我因为有三四月都没有和旧朋友畅谈过，满肚皮的牢骚，不觉得一时发泄出来，就顺口乱说。……惹得你伤心……我真糊涂！……"

金道三擦了擦眼泪，右手拿着小手巾，侧头向武城望了一眼，低声说：

"不，不是的。不是怪先生。……我也差不多半年没有和别人谈过真心话。……伯进要提起，我都不准他说！……"

武城向外瞟了一眼，汽车已到本乡三丁目十字口，暂时停着，等电车横通过去再往前进行。他想出一个主意了。他耳朵里只听得她继续说：

"……先生是看得起我的人。……先生是我敬爱的老师。……我的心事恐怕只有先生才能够了解！……我抱着满肚子的话，没有人可以告诉，心里沉闷极了。碰着先生，我的无可告诉的话，好像就要迸出来，眼泪也忍不住同时……往外流。……"

她又擦了一擦眼泪，才继续说：

"……先生请说罢。我愿意听先生的话！"

"在海外碰着旧朋友，本是难得的。这样罢。你当然还没有吃午饭，我们找个清静的饭馆谈一谈，一面算我请你吃午饭，替你饯行。你看好不好？"

"可以。要清静地方，才……？"她想了一想，这样答复。

"帝大门口有一家'钵之木'，法国番菜馆。我昨天去吃过点心，很清静。就到那里去罢。"

"随先生的意思。"她点头答应。

金道三喝了半杯啤酒之后，渐渐恢复了一点她平常议论风生的活泼态度。她和武城对坐在一个小餐桌上，左手放在桌边，支着头，右手一时拿着摆好的刀叉，一时拿着玻璃杯，无意识的转着杯子。她不断的发问。照着她固有的习惯，只发问，不质疑。她的问，都是随她的联想所及，随意发出来的，毫无一点秩序。武城知道她的习惯，也努力作无条理的答复，随问随答。

她问武城几时离中国的。她问女高师。她问曹诗男。她问武汉的现状。她问什么叫做广西派。她问铁军的下落。她问中国革命的将来。她问国际政治和中国革命的关系。她问俄国的现状。她问 R 死后的北方情形。她问北大。她问李晴阳。她问武城的太太。她问妇女运动。她问林夫人和向部长。她问北大的革命的先生。她问蔡校长。她问无政府主义的将来。她问主义和人格的关系。她问人生的目的。她问家庭的社会性。她问社会革命。她问三民主义。她问男革命领袖。她问女革命领袖。她问革命和恋爱。她问妇女和社会的关系。她问两湖和广东的女学生。她问日本和张作霖的关系。她问武城此后的研究方面……

她时而高兴得笑起来，时而皱着眉头。时而满脸怒气。时而流眼泪，时而呆呆的出神。

水果端上来了。她的问题，渐渐不能很快的继续了。武城趁这时候，问她：

"Miss 金几时来日本的呢？怎么忙着要回去？到什么地方去？……国内随便杀人的空气，还是很浓厚……"

金道三只是望着武城，要想回答又怕回答似的，手指在桌布上抚摸着踌躇不决。武城又补上一句：

"回去还打算再来吗？"

金道三仍然不答。她拿着蜜橘，用手剥开，吃了一瓣。武城也不再说话，只重新从口袋里，取出纸烟，点上一根，抽着等她。她吃了两瓣蜜橘，把盘子往旁推了一推，嘴唇动了两动，好像是咬紧牙巴做一个最后的决心似的。她鼓眼望着武城，慢慢开口，细声的说：

"我不晓得要怎么答复。……说起来话长，不晓得应该从哪里说起。……我……我是六月初来日本的。……拼着受新人物的谩骂和旧社会的嘲笑……才跑到这里来。我出狱以后，就不敢看报，也不看杂志，还不知道世上人怎样骂我。……我配得上说革命？……人家却说我是有革命性的人。……我读书读昏了头。……我的儿子！为什么女人一定要生儿子？……"

金道三用上面这种调子，零零落落的，颠颠倒倒的，重重复复的，把她的满腔心事，都说了出来。这一点多钟的说话内容，归结起来，大致是这样：

金道三和金伯进，同乡同姓不同宗。两人都在北大读书。金伯进比金道三的班次高两年。他常常指导她补习英文。他俩性情很投合。久而久之，发生了爱情。他俩结了婚约。那时正是社会上提倡婚姻自由的时代，他俩以为没有什么问题，冒昧的就把定约的事发表，使周围知道。金道三家里是很穷的。金伯进比她更穷，他早无父母，只寄住舅父家里。他从中学起，到北京大学止，所需的学费，都是他舅父供给的。舅父是一个国会议员，在北京社会上有相当的声望。他舅父很喜欢他，早答应他在北大毕业后，送他到美国留学。他俩婚约，自然招了他舅父的大大的反对。从他舅父说来，同姓结婚，不但是有悖伦常的，并且对他自己的体面和社会地位，都是非常有关系的。他极力劝金伯进取消婚约，甚至痛哭流涕向金伯进下跪。金伯进是一个讲信义的刚性男子，无论如何，不肯自己向女的方面提议破弃婚约。金伯进舅父掉转头向金道三方面做工作，最后也到了痛哭流涕跪着向她哀求的程度。金道三为想成全金伯进的学业，答应由她提议取消婚约。她向金伯进提议时，同时宣言她终身不嫁，做他一个永远的朋友。金伯进失恋的结果，跑到俄国去学革命。金伯进认识了革命之后，把失恋不看成问题了。他写信劝她革命。他说：她如不能革命，就请她不和他通信。如果她不能革命，至少总希望她不阻碍别人去革命。她气极了。她和他就断绝了音问。她心里还是念着他。她开始去看一点关于革命的书籍。她得着一知半解。她转眼间就变成一般自称的革命青年们的包围物。她想再和金伯进通消息，却已找不着他的行踪。她被什么极端派，左派，右派，国家主义派，种种的派别所包围。她在理论上不能判断哪一派的话对。她从行为上去观察。她看不起一切包围者。她不相信他们能够革命。她在那次"反对关税会议"大游行受伤的时候，发见她同学同乡的贺沽的勇敢。贺沽并不包围她。她向贺沽去请教革命的理论，贺沽能够替她解释别人不能解释的问题。她渐渐敬服贺沽。她渐渐懂得一点革命家的人生观和恋爱观。三一八惨事发生的时候，贺沽也受了濒死的大伤。她看护他两个多月。在这看病期间，她和贺沽就发生了革命家的恋爱关系。贺沽到上海做劳工运动，她也转到了上海大学。这时她才知道贺沽是极端派人物。

她和贺沽一齐被捕的时候，她肚子里已经有八个多月的小孩子。她自谓不能免了。不料捕捉他们的那个机关的政治部主任高继适，就是她的一个北大同学，一个从前也曾经包围过她的人。高继适救了她出来，送到他家里住着，十分优待她。她为肚子里的小生命，勉强偷生。她生了儿子以来，高继适待她格外好。爱她的小儿子，比她自己还爱得利害些。高继适对她说革命的理论。她起初还和高辩论，不久就完全被高的理论征服了。高继适家里称她做高太太了。她的儿子也变成高少爷了。

她心里始终不快活。她怕出门。她怕见一切的人。她想努力读一点书，无奈有小孩子牵挂着，读不进去。她想把自己造成独立生活的人，将来好抚养她的孤儿。她对高继适说，她要留学。高继适并不十分反对。倒给她充分的学费，送她到日本留学。高继适请两个奶妈，养育她的儿子。

她到日本之后，仍然不能安心读书。她始终忘不了她的儿子。金伯进又找到日本来了，她更不能读书。

金伯进到底为什么来日本，她也不知道清楚。金伯进始终追随她，宣传革命的理论。金虽绝口不对她讲恋爱，她却知道金爱她的心很热。她怕和金伯进见面，他怕她自己又爱上金伯进。她早决定完全把爱情给与死了的贺沽。她对高继适之间，只有恩情，并无爱情。她恐怕抵抗不住金伯进的热爱，所以她决计回上海过年，去看她的儿子。她不知道她能够再来日本不能够。她不知道她将来应该怎么样。

武城听金道三的话，听得低下头去，眼泪随着金道三的缩鼻涕的声音，滴到地板上。他替他心爱的两个学生——金道三和金伯进——表同情，他替一切小大脚流眼泪。他听见金道三继续说着：

"我怎么样办呢？讲爱情？现在这种境遇，怎么能够容我讲呢？继续革命吗？……怎么去革？贺沽有贺沽的道理，高继适有高继适的理论，伯进又有伯进的理由。我听着，好像都是对的。我到底从哪条路走呢？……做一个学问家？我现在已经没有自信了。关着门当高太太？……唉！怎么对得起贺沽？……怎么对得起我的儿子？……如果他长大了，知道他的……我爱我的儿子！我要牺牲一切，去为我的儿子！我的儿子是贺沽！贺沽……是……我的……儿子！……"

她又大哭起来了。武城慢慢的对她说：

"生在现今的中国，一切的人都应该为中国民族的解放运动受苦的。越有觉悟的人，越要受较大的苦：这是历史的运命，逃是逃不了的。悲伤也是无益的。唯一的正当办法，只有觉悟这种运命，这种使命，大家努力一致，去做最有意义的牺牲，使这个解放运动早一天成功，使我们的子子孙孙，使将来的我们，减少一点痛苦。……我们不应该依靠别人，不应该看轻自己。认定一个目标一心做去，就得了！历史的运命要使半路出家人牺牲，还有什么办法？做了牺牲，在人生的行路上，就算尽过天职了！……"

武城送金道三到中华女生寄宿舍门口，把包裹递给她，一面问她：

"坐车有同伴没有？"

"我一个人，没有同伴。"

"我今晚送你上东京驿火车站，好不好？"

金道三忸怩了一阵，才吞吞吐吐的说：

"谢……谢先生！我一个人……伯进说过……要送我去呢？"

武城和她行了一个重重的握手礼。她眼泪汪汪的，抿着嘴巴笑了一笑。武城恐怕她哭出来，连忙扭转身，头也不敢回的，走了几步，转进一条小巷去了。

武城从那天晚上起，心跳病又加重起来。他重新实行不看报政策。一直到 1928 年 5 月，日本军队占领济南，公寓的女仆殷勤的告诉他，日支两国打起仗来的那一天为止。

一九二六，三，一八

在夫人们中间

一

张丹忱认识了 Missis 彭，这件事，从张丹忱的革命生涯说来，是一件非常重大的事。如果他不因燕京大学克拉克教授的绍介，跑到彭夫人那里去做英文打字工作，恐怕他在燕京大学文科毕业后，充其量也不过当一个中学教员罢了。只因他认识了彭夫人，由打字工作，进而做英文《北京国民新报》的翻译和编译工作，所以他才会被外交部的任部长所赏识，在仅仅一年多之间，当了革命政府外交部英文秘书，还兼着英文《中央日报》的编辑。固然他所以能够这样很快的露头角，也因为他具有下江人的天性，善于交际，并且英文写讲都行。但是，如果没有彭夫人的提拔，他又如何会得着任部长的赏识，如何会懂新闻编辑的方法，如何能够历练出那种出外当访事的好本事呢？所以，张丹忱能有今日，如果饮水思源，一定不能不感谢彭夫人并克拉克夫人。

不过，从另一方面说来，也可以说，只因为他受了彭夫人的提拔，才会变成一个半路出家的革命党员，事事受老资格党员的指摘，特别是受革命领袖们的夫人们的闷气。为什么呢？因为如果他不受彭夫人的提拔，那末，哪怕他同是当一个革命党员，做一个外交部英文秘书，别的老资格的人也一定不会藐视他是一个替外国夫人当翻译而来的党员，革命领袖们的夫人们，也许不会把他看成一个新洋奴，任意颐指气使，并且，也许他并不会常常担任这些和领袖夫人们打交涉的琐事，去受夫人们并外国人方面的闷气呢。真正可怜！他虽是一个堂堂的外交部秘书，然而除了编辑英文《中央日报》之外，他并没有正式替外交部长当过翻译，办过正经的交涉，他始终只是在革命领袖的夫人们和彭夫人并其他外国人之间供奔走之役，所以弄得一般人都把他只看成一个无知无识的，只懂得几句外国话的走狗了。

张丹忱这一些时所以郁郁不乐，主要的原因，都在这一层上面。

二

五月间的一天下午，张丹忱从外交部走出来，跑到英文《中央日报》的编辑室去。外交部和英文《中央日报》编辑室相距不过三百步左右。张丹忱慢慢的走去，刚刚走进大门，挂下帽子，就听见总编辑彭夫人大声说着话生气。他以为又是什么人把编辑事务弄迟缓了，惹得总编辑大发雷霆，连忙跑进去，想设法劝解。他走进厅里去，转了一个弯，一看，只看见总编辑彭夫人（真正说来，应该是彭默夫人；她本是美国人，自然应该称她的全姓，但是，因为彭默这两个字的翻译太坏，叫中国人看见她的姓的都断章取义的以为她是姓彭，因此大家就不知不觉的都称她为彭夫人；起初她还随时申辩，后来她自己也就自认为姓彭了）斜坐在一张宽条桌旁边，头上蓬着短短的金发，红着瘦削的美国式的长脸，鼓着两个大的蓝眼睛，看着她左手上拿着的一篇稿子，嘴里只是连呼 Dreadful（奇怪得可怕的意思）。她看见张丹忱进来，连忙叫他到旁边去：

"正好，我刚要叫人去找你。这件事就托你去办罢。你先看明白这封信！"她说着把信递给张丹忱，她自己又看别的信件去了。

张丹忱一看，原来是黄夫人的一封中文信，附着一张由报馆里面的人翻好的英文翻译。信里面大意是说：英国人办的英文《楚江日报》前几天登了一段新闻，诬黄夫人和谷夫人们任意扣用外国人四辆摩托车，其实那几辆车只是萧耀南家里的逆产，并不是外国人的所有物；黄夫人虽然叫秘书去信要求英文《楚江日报》更正，《楚江日报》却置之不理，所以黄夫人特特请彭夫人做一篇社论替她申辩申辩。张丹忱看完了信，交还彭夫人，问彭夫人的意思怎么办。彭夫人鼓着大眼睛说：

"你去对黄夫人说，英文《中央日报》是鼓吹革命的党报呢，并不是替个人捧场的报，我不能答应她的要求。"

"但是，我想还要看看事实如何。因为……黄夫人也是一个中央监察委员……"

"事实？林夫人早告诉我，她们瓜分了萧耀南第二夫人的四辆摩托车，得意洋洋的到处招摇呢，你懂得我的意思罢？逆产归公用则可以，归私用却免不了别人说话呢。去说罢！说话的内容，我负责任。"

张丹忱明知这又是一个钉子，但是，职务所在，没有法子，也只得硬着头皮去碰一碰。

三

张丹忱坐洋车到了黄公馆的时候，只看见车房里摆着两辆崭新的摩托车，院子里还停住两辆，也是新式的车，大概是来客坐来的罢。张丹忱心里想着，你们白坐人家的车摆阔，倒叫我受闷气，这就叫做革命吗？他气冲冲的跟着传达人走进客厅，看见一间大客厅里面，远远的坐着几个女人，当中有一位女人大插步的直向他旁边走来，他恢复了职业意识，连忙做出笑容，等候那女人到来。来者不是别人，正是黄夫人。她是认识张丹忱的，所以也不问名道姓，只马着一幅圆而不大平滑的面孔，带着广东口音，说了一声请坐，用手指了一指旁边的椅子，她自己便坐下去了。张丹忱正要开口陈说，黄夫人已经先开口了：

"是彭夫人要你来的？"

"是的，她接着黄夫人的信，要她为汽车的事做文章特特派我来当面回答。"

"她自然答应做文章了罢？"

"她……她说，对不起黄夫人和谷夫人，她不便为私人的琐事，在革命的机关报上做社论，要请二位夫人原谅。"

"什么？私人的琐事？帝国主义者诬蔑革命领袖，还是琐事？"黄夫人圆睁豹眼，倒琐帝眉，只气得声音都发抖了。她回头喊着："三姐，过这边来罢！"

这时在那边的两个女人早已向这边走着了。张丹忱认识其中的一位是宣传部长谷夫人；另外一位，年纪很大了，从单衣上面，露着的肥肉，脸上筋肉都肥得松松的吊着，乍看起来，仿佛像北京的肥官僚，不过因为没有胡子和穿着女装的缘故，令人感觉她不是一个真正的官僚罢了。张丹忱还没看清楚这位面生的女人，黄夫人已经气冲冲的高声骂着：

"三姐，你听！阿彭骂我们是私人的琐事呢。她到底是一个帝国主义者的美国人，她眼睛里哪里看得起人？诬蔑革命领袖的事都是琐事，什么才是大事？三姐，你看她可恶不可恶！"

这时，张丹忱也张嘴想答辩，谷夫人也动唇想迎合黄夫人，但是，她两人的话还没有说出口，那位官僚式的女人已经先开口了：

"你说的是彭夫人吗？那女人可了不得，她又高傲，又刻毒，她哪里看得起我们？她专门想高攀，专门和林夫人那样会说漂亮的英国话的人来往。你们二位不知道，她真是一个帝国主义者，连我们齐部长为别人造谣言说司法部收何达林的贿的事，托她做篇文章，她还在左枝右梧，推托不做呢。她虽然是个女人，她哪里把中国女人看在眼里，我拿司法部秘书长的名片去会她，她还只站在编辑室门口和我说了几句话，就跑进编辑室去了呢。……"

张丹忱本来就受了黄夫人的一肚子气，现在又当面受了这位齐夫人的侮辱，他再也忍不住了。他抢着话头：

"这位是齐夫人吗？对不住，让我先辩白几句！我今天是代表彭夫人，所以我不能不替她说话。齐夫人说，彭夫人不理齐夫人，齐夫人难道忘记了，彭夫人为上海报纸诬齐夫人带领女学生裸体示威的事，做了好几篇文章吗？她不登何达林行贿的事，自然也有她的相当的理由，并不是……”

张丹忱正说到这里，只听见齐夫人尖声大叫：

“住口！这还了得！你是什么人！一个会说洋话的……”

“他是外交部秘书。”谷夫人很快的说着。

同时，张丹忱也从衣口袋掏出一张官衔名片给齐夫人，口里说：

“侥幸在外交部当一个秘书！”

齐夫人的威风顿时减下去了，她只凭在椅子上，张着口出气。谷夫人微微笑着。黄夫人的笑脸，又收敛起来，露出生气的样子，口里说：

“别的事且不要说，你去对彭夫人说，我们的要求，她非答应不可的。三姐，你看是不是？我们雇用的人，不听我们的命令，那还了得？她如不答应我们的要求，我可以叫黄主席下命令叫她做文章，她不做，只好滚蛋。是不是？三姐！”

张丹忱随着黄夫人的眼光，去望谷夫人，只见谷夫人把嘴巴努了一努，打了一个无线电，才慢慢的说：

“据我看，也不必一定勉强她做文章。我们还有中文《中央日报》，叫中文报做社论，也是一样的。听说他们外国人天天都把中文报的社论翻译成为英文呢。张同志，是有这话不是？”

“是的，有这话。”张丹忱听见谷夫人称他为同志，不觉全身都舒服起来，连忙欠身回答。

“所以，我想最好就是请张同志回去对彭夫人说，现在用不着做英文社论了，请她不要费心。二姐，你看这样好不好？”

黄夫人停了半晌不说话，最后，做出很勉强的样子，说：

"也行。这样也好表示我们不必一定要事事依赖外国人帮忙。"

"好罢，就请张同志替我们好好回复彭夫人罢。请你告诉她，过几天，我们还要亲自去看她呢。彭夫人想来忙得很罢？林夫人仍然常到她那里玩吗？"谷夫人继续说着。

"林夫人差不多见天都去找彭夫人闲谈呢。那我就回去了，一定照两位夫人的意思，好好的对彭夫人说。"

张丹忱正正经经的行了一个点头礼，走出客厅去了。

坐在椅子上的谷夫人，对站起身来表示送客的黄夫人，笑了一个有深意的微笑。

四

自从谷夫人叫张丹忱为张同志之后，张丹忱觉得，似乎一般人都把他的位分看高起来了：大家不以说洋话的人待他了。特别是谷先生所辖的宣传部的人们，对他显着好感。他为报馆事件的缘故，仍然照常到宣传部走动，宣传部的人似乎待他特别亲热起来了。张丹忱在这种状态下面，自然乐意得很，他这时不觉得时间进行的迟缓了。转眼之间，又过了几个星期。

有一天午后，他坐在编辑室桌子上翻译稿件。他的旁边稍后一点就是彭夫人的办事桌。他忽然听见有人叫"阿里斯"。这是彭夫人的名字，除了彭先生之外，只有林夫人才这样叫她。彭先生早到上海去了，所以张丹忱不必回头看，就知道是林夫人来了。他只听见彭夫人连忙叫"Madam"，问她的好，拉椅子请她坐。她两人说话声音渐渐变小了，听不清楚是说什么。一会儿，忽然听见林夫人说："No，You must congratulate me！"（你应该贺我！）彭夫人接着说了一个"Oh，Yes."（是的）忽然叫起"Chang"来。张丹忱吃了一惊，不知不觉的站起身来，连忙回答着"Yes"，提脚向彭夫人桌边去。彭夫人递给他一张中文稿子，要他翻成英文，登在论前广告地位。张丹忱接过来拿回自己桌子上一看，原来是林夫人的一个广告。林夫人在广告上面，说她事情本来太忙，精神也来不及，所以她不愿意管理妇女训练班的事；并且听说妇女部也有人主张把这个妇女党政训练的机关，收归中央妇女部直辖，这正是她求之不得的，所以，她就趁此向政治委员会辞去了妇女训练所所长的职，特地向大家声明，从当天起，不负该所的责任。

张丹忱翻译还没有完，林夫人已经起身告辞，彭夫人送她出房，只听见林夫人嘴里说着"她脑筋简单，还不是做别人的傀儡！"几个字，张丹忱却不懂得她说的是谁。

到了第二天下午，张丹忱和彭夫人在编辑室正忙着编辑的时候，只听见房间外面大门口有广东口音大声和看门的人吵闹。张丹忱回头望了一望彭夫人，只看见彭夫人尖着鼻子，绉着眉头，张耳做出不耐烦的样子。她的眼光对着了张丹忱的眼光，努了一下嘴巴，叫他出去看看。

张丹忱到外面一看，原来是中央妇女部的向部长，穿着一件白色长旗袍，不戴帽子，披着一头的散乱的短发，手里提着一根粗大的西式手杖，圆睁着两只似肿非肿的眼睛，扯着黄脸皮下面的一张大嘴，正对门房生气吵骂。她背后还站着一个年轻的穿湖水色上衣，紧着黑色裙子的姑娘。张丹忱走上前去对向部长鞠躬。他认识向部长，向部长不认识他。不过，他一个鞠躬却把向部长的气消了一半，向部长也不大声吵闹了，只是说"好大胆的门房，不准我进我们的报馆，来问我要名片，这还了得！"张丹忱听见她这样说，才知道她吵闹的原因，所以也不去问彭夫人，就立刻请向部长到编辑室对面的客厅里去。向部长回头叫了一声"刘秘书，一同进去啊！"就大摇大摆的跟着张丹忱到客厅去了。

向部长要当面和彭夫人谈话。彭夫人没有法子，只好丢开工作，到客厅会她。但是，向部长和刘秘书都不懂外国话，结果还是苦了张丹忱多费翻译的工夫。

向部长光临的目的，为的是林夫人那个辞职的广告。她第一质问彭夫人为什么在中文《中央日报》未登出以前，就替林夫人登广告，第二，她要求彭夫人替她自己也登一广告。

第一个质问自然是附带的，经彭夫人对向夫人说明，那是林夫人说过要在英文中文部登的广告，并且那广告的内容还是和别人的利益无一点损害的东西之后，向夫人也不提了。向夫人所注重的，只是第二个问题。张丹忱把向夫人带来的广告稿子一看，内容大概是说：向夫人只反对她的仇人金其完在妇女训练班当教员，并没有主张要把妇女班收归中央妇女部，林夫人的广告，未免冤了她，所以她不得不登报辩白。张丹忱和彭夫人都不懂得金其完为什么是她的仇人，特特请她解释，谁知不提这个问题倒好，一提这个问题，向夫人便眼泪鼻涕，同时俱下，大号大叫的哭起她的亡夫向委员，并骂起金其完谋害她丈夫了。彭夫人问明金其完也是中央委员，已经懂得这个广告是不能登载的，所以对她说，英文《中央日报》没有擅自登这种广告的权限，不能答应她的要求。张丹忱刚把彭夫人的话，翻译得一半，向夫人便跳起来连哭带骂的说：

"你欺负我没有势力吗？可以替林夫人登广告，为什么不可以替我登广告？你这帝国主义者，真太欺负人了！我非和你拼命不可啊！"说着，她就在茶桌上重重的拍了一个巴掌，把茶碗都拍翻了一两个，只看见茶水在桌上横流。这时，把彭夫人看得好像呆了一样。只是在嘴里叫"Dreadful"。彭夫人虽然不懂中国话，但是，向夫人对她生气，她却是感觉得到的。她不觉得也怒目相向起来，亏得张丹忱是一个善交际的人，连忙一方面劝向夫人不要着急，听他说出理由，并点头请刘秘书代劝向夫人，一方面也不直译向夫人的话，只说向夫人因为想起亡夫，对仇人特别生气，要彭夫人不要怪她。张丹忱这时灵机一动，忽然想起宣传部从前的训令来了。他劝住两位夫人之后，对向夫人说了一声"等一等"，对彭夫人说了一声"去取章程来"，便跑到编辑室去，把宣传部的训令，拿到客厅，指给向夫人看。训令上定的是："一、除开或是宣传部有指令，或是中文《中央日报》已经有登载者之外，凡关于党内领袖的私人名誉之消息及广告，都不准登载。二、……"

刚才咆哮得和母老虎一样的向夫人，看见这个盖着官所的训令，也就变成和母猫一样，顿时敛了虎威。她呆呆的睁着眼睛，望着桌上，望了几秒钟，忽然嘴里说："谷夫人真对不起人！"张丹忱近来对于谷夫人的事是很留心的，听了她这句话，不觉随口问了一句"为什么?"向夫人毫不犹豫的说：

"还说为什么？宣传部的事，她应该知道顶清楚，怎么她对我说'林夫人既然没有在中文《中央日报》登广告，你也不必登中文报，只登英文报行了'的话呢？害得我白担心，空跑一趟，等我和她算账去！……"她说着，便站起身来，告辞。

彭夫人一面送向夫人出门，一面问张丹忱：向夫人说的什么话？她听了张丹忱的翻译之后，嘴里只是连呼"Dreadful"。

过了一点多钟，林夫人来看彭夫人。张丹忱听看她们说一阵，笑一阵，恨一阵，仿佛是又生气又好笑的样子。他听不清楚她们说什么，只听见林夫人高声说了一句："可耻！还是她劝我不必登中文报呢！"张丹忱还是不懂"她"是谁。

五

张丹忱一天一天的和宣传部的人们，往来越加频繁起来了。宣传部遇着有外国人参观的时候，常常有秘书们来找他去当临时翻译。

关于林夫人身边的种种谣传，也由宣传部的人们的口里，常常传到他的耳里。他自然一点也不相信那些谣传。他相信西洋人之间的性道德还高过中国人，而林夫人是受过完全的西洋式教育的，所以，从张丹忱看来她决不会有那种谣传的无聊的事。他当着宣传部的人们替她辩护，宣传部的人们也不和他辩论，只是常常见着他就提起一些新的谣传。

林夫人这一向却不时常到英文《中央日报》来了。张丹忱是知道她不常来的理由的：林夫人新当了伤兵救护委员会的会长，天天在武汉的外国并中国绅商间奔走，替北伐伤兵筹医药费呢。

林夫人虽然日夜勤劳，替北伐军战士做救护事业，然而世上对她的谣言，却反一天一天的加多。张丹忱很替她抱不平。

在这时，谣言是很多的。除了关于林夫人的不好的谣言之外，也还另有一种谣言，说造林夫人谣言的，就是和林夫人争伤兵救护会长的一位夫人：黄夫人。张丹忱虽也不相信这种反对的谣言，但是，他心里却因这种反对的谣言而舒展起来了。他把这些于林夫人有利的谣言，对宣传部的人们说，宣传部的人们却起来极力的和他辩论，叫他不要轻信这种谣言，并且也不要轻易对人说这种谣言，因为这种谣言关于两个领袖的感情，如果被负责的忠实党员责问起来，凡是传说这谣言的人，就难免要因离间革命领袖的缘故而受严重的处罚呢。宣传部人们的这番话，把张丹忱吓得不敢再向人提这种谣言了。当然对于彭夫人，他更不能提及，因为他连那种关于林夫人的谣言，都没有对彭夫人说过呢。

有一天，他照例于下午开始工作时把中文《中央日报》的第一二页的当天的新闻和广告，用口述，译给彭夫人听。他译完社论时，忽然看见下面是一个广告形式的辩明。出名的是黄主席几个人。这辩明的内容，大意是说，林夫人的人格的高洁是他们深信不疑的，所以现在世上那些对林夫人的谣言，完全是无根据的，现在正由革命政府彻查造谣的人，一俟查明，就要从严惩办；他们希望一般革命民众不要为谣言所惑。

张丹忱为难起来了。他心里不愿意彭夫人知道这件事，但是，他那种对于职业的忠实心，又不容许他略去这一个辩明或做一个不忠实的翻译，并且，他觉得既然是黄主席他们出名，当然是一个很重要的事，如何能够不让彭夫人知道。他为难极了，他只装做取手巾揩汗，只管想耽延几秒的时刻，好让他想一个好办法出来。但是，过了几秒钟，他还是想不出好办法。彭夫人看了一看手表，催他赶快翻译了。他硬起心肠，把这个辩明译给彭夫人听，他意料着彭夫人有一番大大的吃惊。但是，出人意外！彭夫人却一点吃惊的样子也没有，只问他，上面是否指出是哪一方面的人造的谣。彭夫人听张丹忱答复了之后，又问他从前听过关于林夫人的谣言没有，听过说谁人造谣的谣言没有。张丹忱一一据实答复了，彭夫人点了一点头，嘴里说了一声"Dreadful intriguie"（可怕的阴谋！），就依旧照常进行工作。张丹忱心里倒因此放宽舒了。

这一天，林夫人却来了。她意气似乎很消沉。她照例和林夫人且说且笑一会，就回去了。张丹忱今天很留心偷听她们的话，却是没有多大成绩，因为林夫人今天说话很细声。他只听得她说什么"他们要想撵我走开"，"要我和他们一同软化"，"奋斗到底！"，"女阴谋家！"一类的话。

六

第三天的上午，张丹忱在外交部秘书室翻译一件关于工人事件的文件时，听差忽然来对他说，黄公馆有电话来要他说话。他很诧异，因为他并不认识黄公馆的人。他接着一问，原来是黄公馆的宗秘书代替谷夫人打电话请他到黄公馆去一趟。他受宠若惊的答应了：连忙坐车到黄公馆去。

谷夫人和黄夫人都坐在张丹忱上次去的那个大厅里。此外除了宗秘书之外，男男女女还有好几位。这次谷夫人黄夫人是以自己人待张丹忱了。张丹忱心里好不快活！

谷夫人找张丹忱，是希望张丹忱替黄夫人当翻译。黄夫人近来也因奔走伤兵救护会的事，常常要和外国人接近，需用英文翻译。

她公馆那位担任英文的李先生，近来在救护会担任着重要工作，不能时刻出来，所以须得找别人帮忙。谷夫人知道张丹忱英文好，推荐与黄夫人，黄夫人很愿意，所以特特叫张丹忱去当面交涉。张丹忱自然是欢喜极了。但是，他想到他的时间的短少，他却不能不推辞：

"我能够替黄夫人尽力，自然是非常愿意的。不过，我在外交部和报馆里，事情很忙，时间上也有规定的制限，恐怕我想尽力也无从尽力呢。"

"那要什么紧？只在你时间来得及的范围内帮帮我们，就行了。有你和李先生两人担任，总可以碰着你们两人中一个人的闲空罢。是不是？二姐！"谷夫人含笑说着。

"一点也不错！并且，我们的应酬，大半都在晚半天，恐怕不会和你的时间冲突罢？"

"报馆是到六点钟为止。"张丹忱说。

"那就好了，你答应了罢，不必推辞了。"谷夫人抢着说。

到了第二天晚上，果然谷夫人照他们的预约打电话召张丹忱去当黄夫人和她在伤兵救护后援会的董事会例会上的翻译。张忱丹的翻译，不消说，是两位夫人极满意的。在开会完毕的时候，谷夫人叫他同坐摩托车到汉中里去：谷夫人到汉中里宣传部找谷先生，而张丹忱的外交部员宿舍却在宣传部的附近，所以谷夫人顺便送张丹忱回家。

他两人在汽车中畅谈起来。谷夫人极力称赞张丹忱的英文做得好，讲得好，重要新闻的选择的得体，也很被称许。张丹忱直是逊谢不遑。谷夫人又说：

"你们报上的外国消息，真是灵敏极了，比汉口的无论哪一家的报纸都要快些。"

"因为彭先生在上海特别冒着很大的危险，行着秘密的通信，所以才能够得着一些新消息。"张丹忱得意的答着。

"我在德国留学时候，就非常爱看世界政治新闻，近几年，帮着谷先生剪报，专门整理外国政治新闻，更觉得趣味津津。只可惜汉口的外国消息太少，就是你们的报的消息，也总还不算多，并且总是三天以前的消息，比起外国报的当天消息未免太迟一点，可算是美中不足呢。"

"这都因为上海方面扣着电报的缘故。不过，谷夫人如果想早点知道外国政治新闻，倒也有一个办法，可以缩短一天。"

"怎么缩短一天？"谷夫人很不解似的问他。

"如果我把当天到的电报，在当夜告诉谷夫人，岂不是等于在前一天就看见了后一天的报？"

"是啊！我倒没有想到这一层。"谷夫人做出欢喜极了的样子。

"我离宣传部很近，如果谷夫人愿意，我可以每天晚上出报馆的时候，到宣传部去报告谷夫人呢。"张丹忱进一步卖着气力。

"不过，我并不住在宣传部……那也不要紧，我们也住在宣传部的附近……喔……这样罢，最好是你每天到宣传部去会古秘书。古秘书，你认识罢？……认识更好了……他成天不离部，并且他也担任着关于外国消息的剪报。你对他说，和对我说是一样的，我也常常到宣传部去指导他呢。"

两个人的话，投合极了，张丹忱从第二天起，便照谷夫人的希望，在每天出报馆的时候，向宣传部古秘书报告一次。

七

北伐得胜的军队渐渐回汉口了，张丹忱也跟许多人一同去唱胜利凯旋的歌。他在英文报上天天翻译着有声有色的战胜纪功记。

林夫人到报馆看彭夫人的时候，更少了。

任部长也不常到外交部。偶尔到部，也默默的若有所思，不大肯说话。

一天早晨，任部长刚到部，就跑到秘书室走了两转，依然默默的不说什么话。走到第三遍的时候，他对着张丹忱招手说：

"来我房里，有话对你说。"

张丹忱认为任部长有什么重大的任务委他，连忙拿起笔记本子，跟了任部长去。

他两人在部长室对坐了两三分钟，谁也不说话。张丹枕只拿手翻笔记本子，准备记录部长的话。最后任部长把鼻孔的气往上缩了一下，才张开黄黑脸皮当中的灰白上须下面的大口，对张丹忱说：

"No, no more notes!（不，用不着笔记!）……我有一句要紧的秘密话对你说。你却不要告诉无论什么人。我近来身体不好，害着心悸的病，我决定秘密到上海去疗治，也许还要到澳洲去。我恐怕他们不让我走，所以我非秘密走不可。现在外交上已经没有什么大问题，所以也不必要我在这里。我要说的是你的问题。我走了以后，无论谁来外交部，秘书总会更换的。所以，我想问你，你还是愿意留在武汉，做一个别的工作吗，还是愿意到上海找一个职业。如果愿到上海找职业，我可以替你在复旦大学找一个教员位置。"

任部长说着就从抽屉取出一张名片，递给张丹忱，嘴里继续的说：

"上面写得很明白，拿这张名片去找 Doctor 范，就行了。你打算怎么样？"

任部长的举动，完全出于张丹忱的意料之外，他也无暇去细想任部长的话的内容。他决没想到任部长离部这件事在政治上的关系如何，他只是盘算上海和武汉哪一方面好。他这几个月间的努力和得意，当然很容易使他决定了留在武汉做事的决心。他断然的说：

"我愿意留在革命的武汉。"

"……"任部长圆睁着眼睛，开着口，似乎要说什么，但是，许久没有说出来。

"我想就专在英文《中央日报》做编辑。并且……宣传部也希望我去工作呢。"张丹忱诚恳的说。

"宣传部？……"

"是的。谷夫人当面对我说过。"

任部长听了，默然想了一下，随即站起来说：

"自然要随你自己个人的意思去决定。那张名片，既然写好了，你且收着罢。"

任部长立刻出部去了。

八

张丹忱在任部长称病秘密赴沪之后，还是依旧在外交部和英文

《中央日报》照常工作。他每天由报馆出去，必定到宣传部古秘书那里去。这几天外国消息不多，他到那里去的时候，往往都只闲谈取乐。古秘书虽然是一个北边的古板人，说话却很爽直。古秘书举出谷先生和其他许多革命领袖的故事，谈得津津有味。张丹忱敲着边鼓，也把他所知道的关于任部长，向夫人，齐夫人，林夫人们的故事，说了出来取乐。自然，他对于任部长离汉的事，并没有说出来。

约莫过了三四天，天气越发热了。英文《中央日报》的编辑室，也生了一种惰气。彭夫人似乎精力也来不及了：她遇事随便，不像从前那样苛求了。

一天下午，林夫人忽然高高兴兴的跑来看彭夫人。她两人说了一阵之后，林夫人告辞去了。临走时，她对彭夫人说：

"阿礼斯①！我等你吃晚饭呢。不要迟刻啊！"

张丹忱偷听得这句话，心里很欢喜，因为今天彭夫人很早离报馆，他自己也可以早点出去，到宣传部去玩。

彭夫人做了一阵工作，果然约莫到四点半钟，就叫张丹忱去，对他说：

"我今天有点不舒服，想早点去休息。今天有一篇林夫人的《告民众书》，登在社论地方，所以我今天不再写社论了。这篇文章很长，所以你的编辑部分的材料，也不必要翻译许多了。不过，林夫人这篇文章太长，恐怕工人们弄错顺序，所以请你替我看了二校稿子再走，行不行？"

---

① 前文为"阿里斯"。——编者

张丹忱虽然不愿意，却也不能不 Yes，Yes 的答应。他虽不能即刻出去，但是，却也沾了这篇长文章的光。因为他只编了几条重要新闻，排字课就来说，"新闻够了"。他乐得利用这个机会，倒在编辑室内唯一的沙发椅上，开着电扇，乘凉看当天中文《中央日报》的副刊。

约莫到了六点钟左右，林夫人的文章的二校稿子来了。

果然，因为文章太长的缘故，被工人们排颠倒了好几处。他一面校对改正，一面细玩文章的内容，他觉得林夫人的主张，真正和"革命之父"的主张一样，他高兴极了。他看了一遍，又看第二遍，看了第二遍，又第三遍再看一个大意：他的目的不单在校对，他想把这篇文章的大意记在心上呢。

他到宣传部找古秘书的时候，一看手表，已经六点半钟了。他想七点钟回家吃饭，所以他到宣传部，不等古秘书开口，就把今天的消息告诉他。不消说，第一的要闻就是林夫人的《告民众书》。他手舞足蹈的替林夫人宣传一回。古秘书也跟着他称赞了林夫人一番。张丹忱很高兴的回宿舍吃饭去了。

九

第二天早晨，张丹忱起来洗脸吃饭，穿起西服时，已经八点半了。他正想出宿舍到部里去，忽然看见报馆的看门的，上气不接下气的，跑了来，口里只喊"快去快去！不得了！不得了！"张丹忱厉声喝住他，问他到底有什么事，看门的才说：

"许多警察带枪来封报馆，彭夫人接到电话赶到报馆，正拿手枪和警察对抗，恐怕要出人命呢！"

"瞎说！哪有的事！为什么警察来封报馆？哪会随便开枪？"张丹忱说着，拿起帽子便走。看门的跟着他跑，口里还说着：

"真的，警察要封报馆。彭夫人和他们理论，他们不懂话，所以闹起来……"

张丹忱赶到英文《中央日报》门口，果然门口站着十几个警察，都提枪站在门口把住门，不放人进去。警察听见看门的说："这就是本报的翻译"，才准张丹忱进去。张丹忱走进大门，就听见彭夫人的声音在编辑室大声闹着。他连忙跑进编辑室，奇怪！和彭夫人闹的，不是别人，是宣传部的古秘书！古秘书和彭夫人对坐在彭夫人的桌子边，远远的站着两个拿枪的警察。彭夫人右手拿着一支宝宁手枪，气冲冲的向古秘书骂，古秘书却只是冷笑。

彭夫人看见张丹忱进来，连说："好了，好了！"她指着古秘书对张丹忱说：

"你问他，凭什么理由，要把我们的报纸押收！一句英国话也说不清楚，也配来办交涉，我如果不拿手枪吓他，他或许把我们的报纸抢走了呢……Dreadfull……"彭夫人好像并不愿意即刻把问题弄清楚似的，只管叽哩咕喽的说。

张丹忱和古秘书点了一点头，问他到底是什么一回事。古秘书似乎元气也恢复了，高声的对张丹忱说：

"外国女人真不讲理，怪不得谷夫人骂她是帝国主义者！她动不动就想拿手枪打人！……"古秘书说着，便在他的中山装上衣口袋里，掏出一张纸来，上面写着："兹根据中央政治委员会第五次特别会议决并根据中央执行委员会宣字第三百八十四号指令，特派本部秘书古有泰，带领巡警，前往英文《中央日报》，押收本日分报纸全部，切切勿违，特令。宣传部长谷。"张丹忱翻译出来给彭夫人听。彭夫人说：

"你问他到底为什么要押收今天的报？"

张丹忱问来问去，古秘书只说他奉部长命来押收，并不知道理由，并且，他自己也没有权力去对部长问理由，要请彭夫人原谅。闹了一阵，结果还是两方让步，古秘书也暂时不搬走报纸，报馆也暂时不发报出去，先由彭夫人坐宣传部摩托车去会谷部长，问明理由再说。

张丹忱和彭夫人坐车到谷部长家里，敲了半天的门，才看见一个像厨子一样的广东人，从厨房走出来应门。问了半天，那个人只说谷部长不在家。问谷夫人，他说谷夫人也不在家。问他们到哪里去了，他说不知道。彭夫人气极了，她红着一个长脸，大声说：

"中国人会在九点多钟不在家？哪有的事！一定是躲在家里不见我！"她说着，便掏出手枪，用手枪拍大门，拍得碰碰的响。宣传部的开摩托车的人看不过意了，才走过来对张丹忱说。

"真的，谷部长夫妇，从一星期以前，就因为害怕别人害他的缘故，搬到黄公馆去了呢。那边有兵保护，是不是？"

张丹忱听了，不觉破口大骂古秘书不是东西，怪古秘书刚才不告诉他一声。

张丹忱和彭夫人到了黄公馆，好像黄公馆的门房对张丹忱也变了态度：他前几天来的时候，门房对他何等恭敬温和，今天却对他摆出相国门房的架子了。

张丹忱交涉了许久，才能够得着一点结果：宗秘书出来代表谷部长，和彭夫人见面。据宗秘书说，谷部长病了，倒在床上，不能见客呢。

宗秘书问明了彭夫人的来意，走进里面去了一趟，回到客厅里对彭夫人说：

"理由是不该登林夫人的《告民众书》。"

张丹忱听见这句话，才恍然大悟起来。他不觉得头上冷汗直冒出来。他一方面失悔自己的孟浪，太对不起彭夫人和林夫人，一方面又痛恨自己受了黄夫人，谷夫人，古秘书们的欺骗。他想到自己在客观上等于替黄谷两夫人当了侦探，简直想哭了出来，他想尽情的向彭夫人忏悔。但是，当时那个场面，却不许他这样做。彭夫人还要他翻译，想叫宗秘书说明为什么登不得林夫人的《告民众书》。宗秘书死死咬定"宣传部照中央的意思办"一句话，不肯再作别的说明。彭夫人骂了几声"Dreadful"，气冲冲的出了黄公馆。

彭夫人在摩托车上一句话也不说，张丹忱也不敢和她说话。她也不再回报馆了。

十

张丹忱下午到报馆去的时候，英文《中央日报》的总编辑已经指为原先的北大教授唐玉林。

张丹忱走到自己桌上去的时候，已经发见了新的总编辑辞退他的通知。

再过三天，张丹忱接到了外交部所有人员一律暂不支薪的命令。

张丹忱也找不着彭夫人和林夫人的行踪，并且也没有向她们两位见面谢罪忏悔的勇气，所以他便悄悄的回到上海家里去了。

十一

过了半年，张丹忱在复旦大学的教员休息室，偶然看见《字林西报》的英文报上，载了一条触目惊心的新闻：

"美国人革命女志士客死——彭默夫人是美国人，她在中国革命党对于宣传上，尽了不少的努力。她去年八月和林夫人到了俄国莫斯科，还帮着林夫人做了不少的工作。她正想和林夫人到德国去，不幸在莫斯科害肠热病，病死了。听说林夫人因此大为悲伤，形容都变瘦了！真可以说是中国革命活动上的一个新的损失！彭夫人在中国的朋友很多，恐怕听见这个消息，都要洒一掬同情之泪罢！"

张丹忱看见这条新闻，不禁簌簌的流下泪来。他伤心了半天，最后才跑到复旦大学的钟楼上，望着西北方鞠了几个躬。他诚心诚意的替彭夫人的英魂致哀并替林夫人的身体祝福。

一九二九，七，一二

湖南牛

一

凡在广东住得稍久的人，都一定知道，在广东的社会上，一般人顶爱用拟兽的方法，去判断各省人的性格。他们惯常把什么湖南牛啊，四川老鼠啊，广东猪啊，下江狐狸啊，山东驴子啊，种种的话放在嘴上。他们说这种话的时候，并没有存着什么骂人的心思：他们说湖南牛的时候，不过说湖南人的性格戆直而爱蛮干，说山东驴子的时候，也不过说山东人体格雄伟耐苦罢了。他们说这种话的时候的心理，完全和他们说什么江西老表，湖北佬，河南侉子一类的话的时候一样，只是一种性格断判的心理。他们这种心理和普通中国人用拟兽法骂人的时候的心理，是全然不同的，用拟兽法骂人，本是世界各种民族的一个共通现象；"畜牲！""禽兽！"等的骂人的话，在无论哪一国的国语里面，都是有的。不过，中国这个文明古国，善于这种骂人方面，特别比别的近代文明国，还要发达，除了"畜牲！""禽兽！"等等笼统的骂法之外，还有一种更详细的拟兽骂人法：什么"蠢猪！"什么"兔子！"什么"王八龟子！"什么"狗东西！"什么"野鸡！"什么"狗肏的！牛肏的！"种种的话，我想，除了中国以外，恐怕是上下几千年，纵横数万里，无论在什么时候和什么地方都找不出的罢！

我现在要说的这段小话的主人翁，浑名叫做"湖南牛。"他这浑名自然也是照一般的浑名绰号一样，只拿来表示他的特殊性格，并没有含着一点骂他的意思，当然更没有含着一点嘲骂一般湖南人的意思：这种浑名照例只是表示性格的拟兽法，并不是表示骂意的拟兽法啊！

"湖南牛"和我的关系，是在广州开始的。我自从认识他以后，我的平稳生活，便起了一些波澜，直到现在，我还受着那种波澜的影响。我现在所以努力研究人生的文学，也只因为我在和"湖南牛"的交际上面受了一个教训的缘故。我自从懂得"湖南牛"的性格的真相，懂得他的性格的变迁的真相之后，我自以为，已经稍稍懂得一点人生了。

二

我和"湖南牛"认识，是在广东大学里面。

在五卅运动之后，我由北京师范大学教育科，转学到广东大学的文科去。我的转学自然是因为受了那时的革命潮流高涨的影响：我自己固然也在报纸上远远的望见革命的广东学生的活动，动了羡慕的心思，同时我那位在黄埔军官学校当军事教官的堂叔，也常常写信劝我弃文习武，劝我投考军官学校；两个原因凑合起来，便驱使我转到了广东大学。

我到广大不上两礼拜，就起了失悔的念头，因为，第一，我不懂广东话，不但在日常生活上，要多费一番精神去应付，并且，在上讲堂的时候，也和那些广东的同学们，搭不上话，很感觉寂寞的痛苦；第二，我发见了那里功课之糟还糟过师大，并且，学生们关于革命的知识和对于革命的热度，似乎也还不及北京的学生。

在那种悔恨和无聊的境况当中，唯一可以安慰我的，只有同房住的学生田小石一个人。我住在文科寄宿舍三楼第五十七号。一间很宽的房间，前后有窗户，光线本来很充足，只可惜同住的六个人都横横直直的断安着床铺，挂着帐子，弄得房间的中部阴沉沉的，只有挨窗户的地方，才稍为光明一点。我是初来的人，自然只能在房间当中占着顶不好的地位，占着正中间的一部分；我的铺位和田小石的铺位恰恰在阴沉沉的空气当中对峙着。另外的四个同房人，都是广东人，他们虽然也懂得说几句简单的普通话，但是，对于我说的杭州话，他们却一句也不懂得。我和他们之间的交涉，全靠田小石当翻译。田小石是湖南人，中等身材上，长着一个瘦削的黄面孔，乍看起来，好像病人似的，但是，他两只眼睛很有神光，开口说话的时候，总是话还未出口，笑容已经现在脸上，使人只觉得他的精神的旺盛活泼，而忘记了他身体瘦弱可怕。他因为我初到，不懂广东话，出出进进都不方便，所以特别帮我的忙，替我当翻译，带我校内校外到处奔跑。我觉得他为人和蔼，肯帮别人的忙，所以也老实不客气的，遇事都去麻烦他。他是文科三年，比我高一学年，专门是教育学科，和我相同，所以我把他当做上级生看待，除了日常琐事之外，有时偶然也拿学术上的疑问去请教他，但是他却不大热心答复。我最初，我还疑心他没有什么心得，所以故意藏拙，后来屡次谈到几个重要的教育上的实际问题，他都能够源源本本，对我分析，说出许多我从来不知道的道理；经了好几次的这种经验，我才晓得他是一个不谈空理只重实际问题的人。我越发佩服他了。同时他也毫不客气的，对我谈起种种政治问题起来了。

有一天，约莫是晚上六点钟左右，我和田小石从饭厅吃饭回来，正倒在各人的万年床铺上，闲谈中央党部派简委员和程委员来查办广东大学的问题，我正要请教他这个问题的真相，忽然听见门外走廊边，有一个人，用尖锐的湖南口音，连叫"Lao—den—na!""Lao—den—na!"（老田哪!）我正觉得奇怪，为什么这人不进房来，只在门外瞎叫，只看见田小石已经一翻身，坐了起来，踏着一双布鞋，笑嘻嘻的跑了出去。只听见他两人哝哝唧唧的说了约莫一两分钟，往东边走下二楼去了。

一直到那天夜里寄宿舍全体消灭电灯的时候，田小石都没有回来。我在第二天早晨起床时看见他的床铺还依然和昨天一样，空空的摆在那里，连被褥也没有摊开。我那时想着：他一定是讲什么恋爱问题去了；他前两天对我说，广大学生浪漫得很，想来他说那句话时，并没有把他自己除外不算罢。

我心里很忧郁起来。我慢慢的踱下楼，到饭厅去吃饭。刚刚走尽楼梯，就看见田小石飞跑的从门外进来，要想上楼。我先看见他，所以我迎头的给他一个冷不防：

"喂！有什么好事，这样忙？老田哪！"

他吃了一惊，连忙停住脚步，抬头向楼梯上看，看见是我，才笑嘻嘻的，用愉快的口调，对我说：

"是老费吗？吓我一跳！你怎么也和我讲起笑来了？如果有好事，我还瞒你吗？"

"你昨晚在哪里住夜？还不从实招来？"

"我倒希望我有可招的事实，只是，可惜我……"

"先吃饭去罢！吃了饭再问口供，也还不迟。"

"我已经吃了来。你去吃罢，吃了回房来，我还有正经事对你说。"

我走到饭厅门口，看见门口壁上贴着一大张黄纸，许多同学围成一个圈子，挤出挤进的争着去看。我不自觉的也走到旁边去，从人缝中，看见"本日上午十点钟开文理学生全体大会讨论护校问题，请同学们牺牲功课，届时齐集大礼堂，开会为要!"几十个字。我这时，已经猜着，田小石刚才说的正经话，一定就是开会的事：我知道他也是学生会的一个干事。

我回到房门口，刚提起脚要进房门，只听见房间里忽然透出一种尖锐的声音：

"……打了再说! 看他们怎么样?"

我听见这句话，心里有点踌躇起来，不晓得是进去的好，还是不进去的好。我心里只管这样想一只脚却已踏进房间了。房间里的人似乎也听见了我的脚步声音，谈话忽然中绝了。我走近一看，才看见房间里只有两个人：田小石坐在他自己的床沿上的右边，用右手撑着床沿，斜歪着头，带着笑容，只望着坐在床沿左边的一个青年的面孔。这个青年，也和我和田小石一样，身上穿着草灰色的中山装，脚上穿着黄皮鞋，一个面孔，瘦得露出棱棱的髋骨，好像皮和骨之间，一点肉也没有似的；他的两双眼睛，圆溜溜的睁在厚眉毛的下面，映着瘦面孔上的白中带朱的皮色，加上一个尖而薄的鼻子和一个咬得很紧的瘪嘴巴，明明表示着他生气，至少也表示着他正在下了一个决心。我照学生间的通例，也不和他们打招呼，一直走向我自己的床边去。我还没有走到床边，就听见背后的田小石对我说话：

"老费！我替你绍介一位同学罢！"

我回去头去，看见田小石已经站了起来，用眼睛招我。我走到对面床边去的时候，那位生气似的青年，也站了起来，开口对我说：

"我叫刘凡，文科三年，和老田同乡同班；同学的尊姓大名，老田早告诉我了。我们坐下谈谈罢。"他的话还没说完，田小石已经从桌子边拖了一张凳子到床面前来，让我坐下。刘凡鼓着眼睛望了我一会，才慢慢开口说：

"今天要开文理科学生全体大会，费同志晓得了罢？想来一定是进了党的罢？……还没在这里登记？那不要紧，交我替你办罢。同志知道为什么开大会？一点不知道？老田还没告诉你？听我说罢，今天开会，专为的是反对简程两个小人前来我们广大捣乱！同志当然知道，我们周校长，是顶老的同志，并且还是总理亲手委的校长，现在居然要被两个不知哪里跑来的新进小子前来查办，这还了得？不但蔑视了学府的神圣，并且也违犯了党的纪律！我们应该联合全体同学和校内全体同志，协力去反抗这两个东西，最好是不准他们来校；他们如果一定要来校，我们只好用最后手段，拿'士的'（Stick）政策对付他们。费同志，你看是不是？"

我一面听刘凡说话，一面细看他的神情；我发见了他的白眼珠上面，露出无数的红丝，仿佛是吃酒吃醉了的人的眼珠似的；他的鼻孔很大，说话时，鼻扇一张一合，越发显得他的鼻子的尖薄；他的嘴巴是天生的一副瘪嘴，就是在对我说应酬话表示亲热的时候，也没有露着一点娇态，如果不听他的话，只看他的嘴，也许我在那种时候还以为他在生气呢。我这一天从他的神气和谈话得着的第一印象，是很好的；我那时心里暗暗想着：我从前在报纸上远远望见的广东的革命的学生，就是这种人啊！

刘凡一番话的主要意思，是要叫我一定到大会出席，并且希望我代表从北方转学来的全体学生，上台行一个反对简程的演说。我答应他我一定出席，但是不愿意演说。他仍极力劝诱我。老实说来，我对于登台演说那种事，本是非常乐意干的，不过，对于这次反抗事件，我实在还不知道详细的原委，所以不敢贸然的答应他。我用眼睛只是望田小石，意思是叫田小石替我下判断，但是田小石此时却好像笨得很似的，似乎始终不明白我那种求他替我下判断的意思。最后，因为刘凡逼我答应逼得太紧，我等得不耐烦了。只得指着田小石对刘凡说：

"老田顶会说话，你叫他演说不行吗？"

"他自然也要演说，不过，他怎样也不能代替你去代表那些从北边来的转学的学生。还是非得麻烦你不可啊！"刘凡说。

"我从昨晚起，跟你跑到现在，疲倦极了，并且还要立刻去准备议事日程，标语，口号等等东西，恐怕我的演说也靠不住呢。我想，演说固然要紧，事前的联络，也是很重要的，所以，我主张，请费同志立刻去运动那些从北边转学来的同学们，叫他们都去到会，并且互推一位同学做他们的代表，登台去演说。我想，这样的办法较为周到些，才免得费同志冒犯假充代表的嫌疑，不致遭同学的无谓的反对。你们想，这话对不对？"

我觉得我听出田小石对于这件事的意思了。我当然极力赞成他的说话，刘凡不得已，也赞成了。我们三人立刻出房，分头去向各方面活动。

三

我到各寄宿舍找了好几个新转来的同学——内中有些是原来在北京就认识的，有一些是到了广大之后在开转学学生团体会的时候，新近认识的——向他们交涉，他们都只答应到会，不赞成举代表登台演说，他们主张的理由大概都是一样：因为初到，情形还不明白，未便胡乱作左右袒。我恐怕刘凡又来麻烦我，所以我特特迟到会场。

我到大礼堂的时候，大会已经开始了。只看见在一张写着总理遗嘱的大中堂的旁边，贴着许多红红白白的标语，上面写着"拥护学府的独立！""拥护总理亲自改组的大学！""打倒外来的侵略！""一致起来救校！"等等的话。在台上演说的人，似乎是一个反周派，我虽不懂他的说话的内容——因为他说的是广东话——但是我看见刘凡在台上主席后面椅子上坐着，只是鼓眼嘟嘴，表示不屑的样子，我猜着那位演说的人一定说着刘凡不愿意听的话。这个演说人，说到最后，忽然说了几句很不正确的普通话，我倒听懂了。他说："服从中央党部的处置！拥护革命的利益！赞成教育的党化！反对大学的学阀化！保障学生的权利！"他叫了这几句话之后，演台前面左边大拍其掌，右边的人只是乱哄哄的乱喊了一阵，也不知道他们喊些什么。主席站起来，说了几句话，忽然回头向刘凡招呼，只见刘凡慢慢的站起来，轻轻的走到演说台的面前，斯斯文文的说广东话。我正诧异，为什么他用广东话演说，并且声音又那样斯文，忽然听见左边台下的人叫了几声，刘凡的声音也随着叫声而涨大了。他的声音又尖又锐，不一会儿，把左边的叫声，压下去了。他越说越得意，手也舞起来了，足也跳起来了。他突然大叫了一声，一个巴掌，皮亚打的一声拍在演说桌上，把桌上玻璃杯都拍得跳起来，和旁边的玻璃水壶，碰得丁丁的响。不但这样，并且他这一掌还引起了左边台下的一片怪叫声，仿佛是连唱着一种"Wu—nam—gou"的声音似的，同时，在右边和其他地方，虽然没有人喊同样的声音，然而他们的哄堂的笑声，却也不断的继续着。主席站起来说了几句什么话，下面的叫声，还是不停，依然喊着"Wu—nam—gou"。我听得呆了，不禁说了一声"他们喊的什么？"我旁边一个学生大概以为是我向他寻问，随口就答应着："他们叫湖南牛。"我听见有人答话，随口又问下去：

"怎么叫做'湖南牛'？"

"照湖南话说起来，刘牛同音，刘凡脾气又戆得和牛一样，所以同学们就送了他这么一个浑号。"那个学生用湖北口音这样答复我。

这时喊声已经停止了。我回头看台上，原来刘凡已经演说完了。主席刚站起来，只听见在边台下有一个尖音，用普通话叫着主席，主席说了两句话之后，把手扬了一扬。我正想注目看是一个什么人说话，只听见下面的人又发起喊来了。我连忙又向我旁边那位学生问是什么事，他抬头望了两眼，才说：

"喔！是潘宜男上台演说！……潘宜男是上学期转学来的女生，演说得很漂亮呢。你听！"

我掉头望台上，果然演说台面前站着一位女学生，很高的身材，穿着湖水色上衫，系着黑色裙子，剪短了的头发梳得很光，一个瓜子脸，似乎现出很娇丽的神气，她的颜色，眼睛，鼻子等等东西，到底如何，因为相距太远的缘故，却看不清楚。我一面看，一面心里暗叫，"好一个美貌的女学生！"我也无心去细听她的演说了。我只是呆呆的用审美的眼光和耳鼓，去看她的动作，听她的音乐似的美声。她说的一口好听的安徽话，真正语语清楚，字字明白，但是，她到底说的什么意思，我却不能理解，因为我那时只有跟着她一句一句的话走的脑筋，并没有把她的各句话综合起来的能力了！她的话一会儿就完了，我结局只懂得她最后的两句话："拥护革命的利益！保障学生的权利！"我忽然想起刚才那个广东人的演说了，我不禁自己点头说：

"她和那个广东人是一派！"

"不是的，你没听清楚吗？她说，只要能够把拥护革命的利益和保障学生的权利，两个条件做到，什么人当校长，什么人来改组，她都不管呢。她并不拥旧，也不迎新，她只看哪一个能革命，哪一个能为学生卖气力……"旁边那位学生，似乎疑心我反对她，所以说出一大片话来，替她辩护。我听他的话，我才明白我自己的恍惚，不禁有点惭愧起来，只得点了点头，也不再往下问了。

这时主席台正站着念什么条子，只听得后面的人，都站起来往外走。我旁边的学生对我说：

"要表决了。那些守护中立的人，都退出去了。老兄还坐坐吗？"他一面说，一面站了起来，我好像受了催眠术的作用，也跟着他走出来了。

到吃午饭的时候，我会见田小石，问开会的结果，他说拥周派占了多数，不过这只是文理两科学生的大会，还作不得准，明天还要开法，医，农，工，文，理各科的代表联合会，到那时才能作最后的决定。我问他：

"你认识潘宜男？"

"怎么不认识！凡是上学期转学来的同学，都是我担责任去运动他们拥周呢。你看她漂亮不漂亮？"田小石嘻嘻的说着。

"这还成问题！她简直是现代的天仙美人！"

"我替你介绍她做朋友，好不好？但是，总得先请我吃一回聚丰园才行！"

"吃一回算什么？请你吃十回都行！"

四

我和田小石回到房间里的时候，刘凡已经在那里等得不耐烦了。他看见我们进去，连忙从田小石的床铺上翻身爬起来，嘴里说：

"唉！今天中立的人太多，恐怕难免影响到明天的各科代表联合会呢。老田！你真浑蛋！你不是担任去和上学期转学来的同学们疏通吗？怎么连潘宜男也守起中立来了？呃？"

"他们自有他们的脑筋，谁能保得他们必定帮我们？我已尽了十二分力量，他们不帮反对派，总算是对我们表示顶大的好意呢。"田小石笑嘻嘻的答复他。

刘凡更恼乱起来了。他鼓起眼睛，大声说：

"瞎说！你这话不是显然说我们不在理吗？你昏了头？难道总理亲自委的校长还不在理？难道最高的革命的学府，要受外来的侵略才好？呃？"

"公说公有理，婆说婆有理，你怎么能够强制别人只听你的道理，不听反对派的道理呢？"田小石仍然笑嘻嘻的答辩着。

"什么话？难道真理还有两个？一个人如果自信坚强，哪怕别人不听！费同志，你说是不是？"刘凡因为受了田小石的反对，特特这样向我求援。我想了一想，才对他说

"这话是对的；不过，如果一个人所抱的意见，只是好像是真理，并不是真正的真理，那末，别人也许会不听他的话去。倒听对他反对的人的话。请不要着急！听我说完！就拿这回的事件说，你说总理委的校长是对的，他们就说情况变了，就是总理活到今天，他也一定会撤换这个不愿意使广大党化的校长；你说大家应该服从总理的意思，他们却说，总理去世时，代替总理的意思的，就是中央党部，所以，应该服从中央党部的决定，不应该服从和党部反抗的个人，你说你是为党，他们说你是替个人当走狗——这种种的议论，在第三者的耳朵里，的确还不知哪一种对呢。……"

我说到这里，刘凡再忍耐不住了，他跳起来，高声的说：

"什么话！什么话！一个人没有抱着确定的真理，还想做事？如果照你说，岂不是灭自己的威风，长他人的志气？费同志！我老实告诉你罢，他们都把我叫做'湖南牛'，说我戆得和牛一样，是的，我要学牛，我要戆到底！我要把他们征服给你看！我到今天为止，已经靠我的牛性，征服了许多人呢！"

我听见他这样横蛮，不觉也动了一点气，我抢着话头对他说：

"靠着牛性，只能征服不懂道理的人。如果要想征服懂得道理的人，就于牛性之外，还得要有方法。哪怕你顶好的理论和顶强的

牛性，如果用得不合法，如果不懂得用计策，也不会一定，就可以叫许多跟着你走……"

"计策？哼！湖南牛不行，要用下江狐狸才行吗？"

我不懂得什么下江狐狸，不觉得怔了一怔。田小石这时笑得眼睛都合了缝了，他看见我不懂，连忙接着说：

"'下江狐狸'是一句广东人拿来指江浙人的伶俐聪明的话。不要多心，并不是骂你！"

"骂我，我也不怕。好罢，我也老实对你说罢，我在师大的时候，同学们都称我是智囊呢。我认为，一个人想做事成功，他就应该不单靠真理或理论，他还应该想出种种办法，利用别人的感情。我从前打过许多主意，都是情理并用，结果也很好，成功的时候多过失败的时候。拿这回的事来说罢，在一般学生的感情上，我敢断言，他们爱党的感情一定比爱校长的感情浓厚，同时他们爱独立的学府的心，一定赶不上爱革命化的心，爱党化教育的心之紧切。所以你一定要靠牛性去干，一定不愿意想什么妙法，去把他们的感情，掉将过来，那你一定会失败的。"

"有什么妙法？"刘凡问。

"自然还要研究，譬如说，允许学生扩张权利，暴露简程二人的私德种种的手段，我想都是比较有效的方法罢。"

刘凡听了我的话，想了一两分钟，都不说话。最后他站了起来，对田小石说：

"老田，我们到事务室去和大家商量罢……理论都靠不住，感情还靠得住？湖南牛就是湖南牛，干到底！干了再说！……"

到第二天晚上，我会见田小石的时候，才晓得文理科拥护的决议果然在各科代表联席会上被多数否决了。否决的理由是"学生不应该当校长的走狗"。同时，还经联席会议决，限三日内，把各科的学生会的职员，重新改组，以免周校长利用他熟识的旧干事们，去替他拥护私人利益。

"湖南牛"这次完全失败了。

五

文理科学生会改组的结果，自然是反校长派的胜利；刘凡和田小石虽然还继续当干事，但是势力孤微，已经不能像从前那样，为所欲为了。潘宜男在改组时也被选为交际股干事，和田小石同事。

刘凡懊丧极了：他每见着我，就一定叹气说："真理真不可靠，还得靠感情呢。"我最初听他那样说，我还疑心他故意说俏皮话，后来慢慢的多听了几次，才知道他真正在为这两句话受罪着恼。我对他渐渐又恢复最初的时候的那种好感了。我对他的好感自然又引起他对我的好感，他和我往来渐渐频繁了。

到放寒假的时候，我房里的广东同学，搬走了一个，空出一个铺位，刘凡打听着这个消息，立刻搬来填空。

刘凡和我们同住之后，我才渐渐知道他的内部生活。他每星期必定要上饭馆去大吃一回好酒好食，并且每两星期还要到长堤旅馆去嫖一次女人：他用动很阔绰，但是，他自己却口口声声说他家贫母老，生活困难。我不晓得他的钱是从哪里来的，所以一次故意反说他是有钱人，去探探他的口气。他笑着答应我：

"我的钱不是我的，都是我一个朋友，一个在二军做高级干部的老朋友，送给我用的呢。你不信，改天我绍介那位朋友给你会面罢。"

过了几天，刘凡在照例上饭馆吃饭的那一天，把他所说的在军队做事的朋友也请来吃喝。这个人虽然穿着军服，却并非军人，他只是军长的一个亲信秘书，事实上做着秘书长的事。这人叫做易执中，也是湖南人，年纪约莫有三十岁上下，中等身材，两眼炯炯放光，映着一个白脸皮，高鼻子，特别显得人物英俊非凡的样子。他很能喝酒，说话也豪爽；他在席上，对于刘凡的爱发议论的脾气，给了两三次的痛骂，他骂刘凡是小孩子脾气，不懂世故。他说：

"什么理论不理论，那有什么关系？你如果把感情弄好了，无理也会变成有理呢。小孩子懂得吗？"

"你这话倒和老费是一鼻孔出气，我受了你两人的夹攻，恐怕也要变成一个不要主义的坏蛋呢。"刘凡笑着答应。

"浑蛋的话！我们是坏蛋，你是什么？应该罚三杯酒！"

过了一些时，我知道刘凡极力拉拢我的意思了：他想组织一个小团体，一个以感情的结合为主，以主义的相同为辅的党内小团体，去实行他的"猪牛狐政策"。什么叫做"猪牛狐政策"呢？这是他最近失败以后想出的新政策：他要把广东猪，湖南牛，下江狐狸，联在一起，去作政治活动。他认为，广东人所有的像肥猪一样的财富以及那些和财富相伴的经济上的能力，湖南人的蛮劲，下江人的聪明狡智，三种东西，如果联在一起，就一定可以做一番惊人的事业出来。从前孙黄陈的同心协力，推倒了三百年的满清朝廷就是一个先例。他极力物色人才，专门物色湖南牛，广东猪，下江狐狸！

在这时候，我已经和潘宜男当朋友了。她常常为学生会的事，来我们房里找田小石，我得了田小石的绍介，和她认识起来之后，我差不多把全副心思都用在她的身上了。她那一对流利的秋波和那一副天生成的有红有白的面孔，单只两样东西，已经可以令人神往，何况她说话又爽快，脑筋又明晰，言谈神气，自自然然的有压倒一切之观呢？她是预科二年，正在努力学英文。她听见田小石说我从前在上海教会学校住过，英文很好，所以她特别来请教我的英文。在最初，她只是拿学堂的课本，拿英文的《二城故事》来问我，我对她说明得周到，她满意而去。过了几天，她又拿来两本英文：一本 Mill 的《妇人论》和一本《社会主义的 ABC》，要我从中选一本，按天讲给她听。这可考着老师了。老实说，我的英文程度虽然还好，会话也来得几下，但是，关于政治经济的书，我却从没有读过。我把两本书，各看了两页，都觉得似懂非懂，不禁着急起来。我问她为什么一定要读这两本书，她说是邹教授替她选定的，邹教授说这是两本革命妇女必读的书。邹教授是广东最新的知识，新从日本京都大学回来，大名鼎鼎，他说的话在学生中间是谁也不敢反驳的。我没有法子，只得老实对她说，我得先好好预备一番，才能替她解释。她答应了；我们从那天起，就每一天由她到我们房里来习《社会主义的 ABC》一次。

在这个期间，刘凡的小团体，正式成立了。一共是七个团员，刘凡，田小石，易执中，另外还有一个广大同学茅道成，一共四个人是湖南牛，一个姓古的，一个姓李的，都是广大学生，是广东猪，我是下江狐狸。刘凡还想拉潘宜男进小团体，但是，因田小石和我不肯去碰钉子，易执中也不赞成招女团员，所以，只好把潘宜男进团体的事，留待后来解决。小团体的费用都是易执中担负，我们只担任做文章，去在暗中把持文理科学生会的机关杂志《广东革命青年》。

六

经了三月廿二日的政变之后，因为二军在政治上的位置越发变得重要的缘故，易执中的势力也扩大起来，我们小团体的照例的吃喝也越发变得规模更加阔大了，我们由聚丰园吃到南园了。约莫到四月中旬的时候，易执中因事到湖南去了，小团体的事情变得全部由刘凡主持。刘凡更放手干起来：他一方面把我们几个人都引去嫖妓女，一方面又拿团体的背景，去向中央党部活动。他得着 T 教授的绍介，居然在宣传部谷部长下面当了一名首席秘书兼着通信社社长。我们小团体的人差不多都变成中央宣传部的部员，只有我一个只替宣传部做文章领稿费，没有什么名义：这并不是我特别高洁，只因为我一则不懂广东话，怕到外面去跑，二则我还要和潘宜男研究英文，舍不得抛弃可珍贵的时间啊！

潘宜男越和我要好了。她看见我能够努力查字典，替她解释英文，露出很感激我的意思。她时常勉励我努力研究政治经济，以备将来替党国做革命工作。我自然唯命是听，特特跑到几个著名的革命教授，如像郭学长一类的人的家里去，借书请教，到处奔跑。我替小团体做工作的心，自然因此也就不能不冷淡了一些。刘凡他们正在兴头上，白天跑中央党部，晚上跑娱乐机关，忙得很少回房睡觉，当然也不大来管我；偶然问我，我只说研究理论，他们听了，也没有什么多的话说。

我趁他们到处跑的时候，常常在星期六或是星期日邀潘宜男去看电影。有一天星期日晚上，我邀她到海珠电影场去看《第七天国》。这天天气很热，她光着头不戴帽子，只穿着一件白竹布上装，系着蓝色湖绉裙子，踏着高底白帆布短鞋，露出两只又长又秀的，只穿着若有若无的肉色长丝袜的脚，真正像出水的芙蓉一般，在电影院里被许多青年男女注视着。我侥幸得着陪伴的光荣，自然也是很高兴的。我挨着她的旁边坐着，一面看电影，一面替她解释电影当中的英文，一面偷着闻她身上的香气，真觉得我自己也到了天国似的，好不快活。看到末尾科拉变成盲人，摸上第七层楼上去找多利亚，正碰着多利亚被陆军大尉逼她结婚，科拉拼命的瞎着眼睛，去和大尉争斗的时候，潘宜男忽然把我的手紧紧握起来。我不觉得浑身都颤起来了，我没有别的话说，只得使劲握着她的手，表示我的感谢，可惜时间进行得太快，我们恐怕还没有握到一分钟的手，电影已经完了；大家都在辉煌的电光下面站了起来，我们自然也只得照样行事。

电影场外面河上的晚风，吹到脸上，把刚才在电影场吸收着的热气，全部都吹走了。恰恰这时出着十三四夜的月亮，照着珠江，把所有的瓦房，木船，黑水，红灯都弄成美化了。我觉得她这一晚特别高兴，所以极力去将就她，希望对她说一说我的心事。我提议不坐车，慢慢跑路回寄宿舍去，她看了看表，看见还只有九点多钟，点头答应了。

我和她并肩走着，只是谈刚才看见的电影。她极口称赞科拉从军的那几个场面，对于科拉和多利亚每天在正午互打心电的场面，尤其称赞不已。我的见解，大致和她相同，不过，对于多利亚那种消极态度，两人的意见，却不相合：我说这是女子的美德，她说这只是女子在封建社会和资本社会下面所受的几千年间的压迫的结果，只是恶，没有美。我心里虽然有点不服，嘴里却认了错。我们走到惠爱中路转弯走僻路往东去的时候，关于电影的话，差不多说完了。我只听她说：

"法国人这种自由恋爱的幸福，究竟还是受了大革命成功的赐，如像中国，不但很少像多利亚那样的具有自由独立的性格的女子，就是像科拉那样能够多情而勇敢的男子，又找得出几个呢？我们总得先求革命的成功，再说自由幸福。但是，青春能够保得多么？目前的青年男女，当然没有享福的希望，只好我们牺牲，让下一辈的人享受罢。"

"那也不见得。我想革命和恋爱，并不是两件不能相容的事。只要抱着革命的精神，就恋爱一下，又有什么妨害？你说，中国人里面没有像科拉的一样人，完全是错的……"

"为什么？"

"因为眼面前就摆着一科拉呢。"我说着，便伸着左手去握她的右手。我们那时正走在粤秀路大马路的走廊下面，只望见远远的有卖面的担子，附近一个人影也没有。她任我握着她的手，侧头向右边望我一眼，我在朦胧的月色的反射当中，望见她两眼发光，似乎感动极了一样。我认为时机到了，我大着胆子，停住了脚步，伸右手挽住她的左膀，伸起嘴唇到她面前去。她依然还是鼓着圆沉沉的眼睛望我，露出似惊非惊，似恼非恼，似喜非喜的神气。我大胆极了，居然用嘴去求她的嘴唇。在一瞬间，我们两人的嘴唇接触了，我只觉得一种香，甜，热，滑，柔，紧，美，快等等的感觉，透了我的全身，一转瞬间我又几乎失去一切知觉，只好像似做梦一样。过了几分钟，我才知道我仍然和她在粤秀路走着，远远已经望见广大的大门了。我只听见她说：

"快回去好好睡一觉罢！应该把今晚上的浪漫情形像梦一样，都睡忘了才行呢？一个立志革命的人，只能把恋爱看成做梦一样，如果把恋爱看成日常生活，那还谈什么革命救国！是不是？唔？"

我那时自然只有唯她之命是听，只是笑着点头不答话。我们各自回各人的寄宿舍去了。

七

到了第二天，潘宜男仍然还是照常到我们的房里来：一来为学生会的事务的关系，找田小石商量，二来找我替她解释英文。她对我和田小石都还是照前一样，但是，我对她和田小石的心理却和从前不同了。我觉得她应该特别对我亲热一点，但是，在事实上似乎她并不特别亲热。同时，我又觉得，她不应该对田小石表示一种和她对我一样的亲热，但是，在事实上似乎她对我和对于田小石，并没有多大的区别。我渐渐注意田小石的行动了。她来找田小石的时候，我很留心偷听他们的会话。我觉得他们两人之间，似乎有什么暗语一样，有许多话，虽然不是什么情话，却都是出乎我的意料之外的，似乎照普通人说来，不是应该说的话。我的疑心渐渐扩大了。我开始装做无心的样子，向刘凡打听田小石的动静。刘凡倒很留心，他居然能够把田小石的每天的行动知道很清楚，每逢我问他，他就如数家珍一样，通通告诉我。过几天之后我才看出来，刘凡也正在注意田小石的行动呢。我那时被嫉妒心所驱，也不管刘凡为什么注意田小石的行动，只是尽我所知道的材料，告诉刘凡，结果就变成了，我和刘凡共通的侦探我们的好朋友田小石！刘凡又对我说，他那通信社里面，新近走了一个专访来粤要人的访员，田小石一个人无论如何也不能兼顾（田小石本来担任本地社会及政治新闻的访员），要请我出去帮忙。我被他缠了好几次，不得已只好答应他暂时帮忙。我当了访员之后，有一种责任心束缚着，倒把对于潘宜男和田小石的问题，放轻了一点。不过我和刘凡对田小石的共同侦察，还是依然继续着。

有一天早晨，刘凡起床起得特别迟：他起来的时候，田小石已经出门了，我也正准备穿好衣服，出去访新闻。刘凡也不打算补吃早饭，他只坐到我的床上来，和我闲话。谈了一会，他问我还是每天会着潘宜男不是。我据实答应他。他露出踌躇的样子，踌躇了一会，才决然的对我说：

"我看，你和潘宜男真是好一对青年男女，何不正式结合起来？"

"正式结合？你这话不对，难道你以为我和她已经有非正式的结合吗？"我正色的对他抗议。

"我的话不是那个意思。我的意思，只是你两人男才女貌，恰恰是天生的佳偶，所以我愿意有情人都成眷属罢了。"

"眷属不眷属，哪里是一方面可以决定的事？想和潘宜男要好的人多得很呢。"

"是的啊，正为这个缘故，我才说这句话。不说别人，就是老田，他也虎视眈眈着呢。其实你和老田，无论哪个人和潘宜男结合，我却是非常赞成的，结果从我看来，都是一样：都是替我们的小团体增一分新势力。不过，老田在长沙还有一个订了婚的爱人正在亚礼大学念书，好像可以不必太贪心不足了，所以我倒希望你和阿潘结合。"

"怎么！田小石已经有了爱人？"我吃惊的问。

"有的，我和他是总角交，什么事不知道？老田为人又能干，又肯努力，就是这一点不好：他惯做七手八脚的事。老费！我有一句秘密话告诉你，老田目前还和西字号秘密团体有关系呢。"

"和西字号有关系？不会罢？"我吃了一惊，不禁反问他。

"一点也不假，我拿着有证据呢。所以，我想我们那通信社，还是不能任老田去瞎干，最好将来请你多负一点责任才好。"

"我怎么负得起这种责任？我想老田并不是外人，如果他有过失，我们应该当面说破，劝他改过才对。"

"唔！这话对的，我们试试看罢。"刘凡一面说，一面走到他床边去穿西装。我知道他没有别的话说，我拿起草帽走出去了。

过了约莫四五天，刘凡又在一天的早晨，也是当着田小石出了门的时候：露出一种忽然想起来的样子，打开他的皮夹，拿出一个住址，对我说：

"我差不多把一个要事忘记了。昨天谷部长对我说，西北军黎鸣仲和齐委员刚到广州，住在亚东酒店五十八号，应该由通信社派人去访问他们，做一个谈话，好替西北军宣传。我想这事只好托你。齐委员想来是你认识的罢？"

"在北京见过面，恐怕他现在未必认识我呢。"

"好在认识不认识并无关系。听说今天上午他们到中央党部作报告，报告之后，还由中央党部请吃午饭，大概他们总是三点以后才能回家，所以你最好是四点到五点之间去会他们。通信社稿的重要新闻是九点钟截止，所以迟一点也不妨事，总要得着新闻就好了。"刘凡说完，出门去了。

我根据刘凡的指示，想了一会，我决定五点钟去访问李齐两人。

我到亚东酒店的时候，一看手表已经五点二十分了。我问明了五十八号在五楼上，忙忙跑到升降机边，想坐升降机赶快上去。那知道一到那里，看见两副升降机门外都贴着"机器不灵，暂时停开"的字样，我暗叫了"倒霉！"只得转身由楼梯上一层一走上去。好容易走上五层楼，已经累得我通身被汗打湿了。我看明号数的方向，由四十三号起，一直往北去找五十八。四十四，四十六，四十八……五十四，五十五……我正这一面看号数，一面走着，忽然听得我背后刚刚走过的地方有关门的声音，我不自觉回头看了一看。怎么！那不是田小石吗？怎么他也到这里来访李齐二位呢？我心里这样想着，口里几乎叫了出来。但是，一则田小石走得飞快，已经离我很远，二则我在一瞬间忽然明白了出来那间房并不是五十八号，所以我仍回转头来，继续去找五十八号。走不上两步，已经到五十八号了。门是大敞开的，只看见里面坐着一个高大汉子，穿着蓝布长衫，看他样子，明明是一个文装的马弁。我取出名片，说明我是拜访李齐二位的意思。那人打着北京腔，对我说，他们两人从早晨出去，到现在还没回来。我一听，不觉大丧其气。我问他知不知道他们两人几时回来，他说不知道。我没有法子，只好慢慢回头走，正想着"我应该怎么样办法？"忽然听见前面门响，我睁眼一看，由五十二号——就是刚才田小石出来的那一号房，又走出一个人来，一个女人。喔呀！不是别人，是潘宜男！我在一瞬间，如像触了电气一样，觉得全身打一个冷颤，遍体都麻木了，同时又觉得还有感觉，觉得头晕眼花，额上冷汗直流。我自然连什么话也说不出了。但是潘宜男却好像什么事情也没有似的，笑眯眯的向着我走来。

"你到这里来找谁？"她好意的问我。

我看见她那种平静，更格外生气，我一时也不知道怎样答应才好，我忽然觉得，最好的办法是不理睬她。她走到我旁边，在我肩上拍了一下，嘴里说：

"怎么呆着不说话呢？"

我仍然没有回答。我看见她颜色变了。她气冲冲的问：

"你是特特暗暗跟着我们来的吗？呃？"

我仍然给她一个沉默。她露出似乎气极了的样子，一面拉着我的手往前走，一面说：

"你这不中用的书呆子！怎么这样没志气？"她说着，已经把我拉到五十二号房门口。她放开我的手，用力推开房门，嘴里说着：

"我的伞在里面不在？"

在她开门的这一瞬间，我看见房间里面的情形了：房间里约莫有七八个人坐在桌子边，其中也有穿军服的，也有穿西装的。我看了一眼，陡然的惊醒了我的迷梦，我连忙往前走了两步，才慢慢停着，等潘宜男出来。潘宜男立刻出来了，我回头去看，正想迎着她去赔不是，哪知道她竟不睬我，大踏步的往前走了。我急了，连忙说：

"等一等！我有话对你说！"

但是，她好像是聋子一样，完全没听见我的话；她只管往前走，她转弯了，她走到楼梯边了；她下楼梯了。我虽然连叫她好几声，她都装做没听见，那时楼梯边有几个茶房坐着，上楼下楼的人也很多，我说也说不出，哭也哭不出，只得紧紧的像狗跟主人一样，跟着她走。走出店门的时候，我抢上前去，仰着她那冷冰冰的颜色，问她：

"我们坐汽车回去好不好？"

她哪里肯理我？她侧身向左边走了几步，跳上一辆洋车去了。我连忙也跳上一辆车，叫车夫跟着她的车走。我在车上始终目不转睛的望着她的车，希望她回头望一望，但是，好狠的心！她始终连头也不回一回呢。她的车经过惠爱路，转往东边，向广大的后门走。到了广大后门的时候，天色快要黑了。她下车正要开手提包拿车钱，忽然看见我也跟着她下车，她不给车钱，又坐上车去了。我没有法子，只得照办。

她的车一直向东山走，走到中央党部面前，忽然停住了，她下车给了车钱，步行往东走去。我自然也急忙忙的叫车夫停住车，从口袋里摸出两个双毫，给了车钱，向前跟去。

奇怪！她不向东去，也不往北进中央党部去，倒往南向东较场空地上去！我心里一时也放宽了：好了，这明明是叫我来对天受罚呢！

过了几分钟之后，我发见我在夜色苍茫朦胧之中，跪在草地上，双手搭在她的膝上，哀声请罪。她只是嘤嘤的，抽抽咽咽的，哭个不已。

"你真的不肯恕我的冒失吗？你如再哭下去，我真非自尽不可了！别哭了！宜男妹妹！你叫我怎样赔罪都行，千万不要再哭下去，自伤身体啊！"我这样哀恳着她。

她停住哭声，歇了两分钟，才开口说：

"唉！你这人真没见识！"

"是的，我真实没有见识，总望你常常提醒我呀！"

"唔——！你这话又是不知天高地厚的话！你难道以为我是因为受了冤屈才啼啼哭哭起来吗？"

"……"

"你忘记了我前次对你说的话：以革命为自任的人，只能把恋爱看成一时的梦境吗？"她正色的对我说。

"记得。不过，在准备革命的时候，也不妨……"

"别说那种废话了！听我说罢，我今天夜里三点钟就要上轮船离开广州呢。我伤心的，只是舍不得广大的几位好朋友，不知道此后还能够见面不能，难道我这样的人，会因为你冤屈了我，就毫无出息的哭起来吗？……"

这时刻轮到我哭的时候了。我只觉得一阵心酸，热泪直往下掉。

"别哭啊！你应该记我从前对你说的话，这都是现代中国青年的历史的运命呢。如果想当一个自觉的青年，就得担负这种运命。如果你想避免这种运命，那你就只得像一草一木一样，随时间的进行而腐化了去罢了。并且，我纵然离开广州，也并不是此后就不定永远没有会面的机会……"

"你到哪里去呢？走得这样忙？"

"我告诉你我去的地方，你也不能跟着去，况且这是一个秘密，连老田还不知道呢。"

"老田……老田如果晓得你的去处，恐怕要跟你去……"

我刚说到这里，只听她哈哈大笑起来，我不敢说下去了。她一面笑，一面说：

"男子家怎么这样笨？'湖南牛'倒比你聪明得多。我问你，老田是我什么人？"

"……相好的朋友。"

"你呢？你是我的什么人？"

"也……也……"

"你自己也说不下去，可见得老田对我和你对我的关系有点不同了。老实对你说罢，我对你只是朋友之爱，我对老田，却有同志之爱。懂得了罢？呃？这两种爱，本来性质不同，所以也无从比较轻重，但是，无论哪一种都决不是世人所谓爱人之爱，这一层，却是我自己可以断言的。自然这两种爱将来也许变成爱人之爱，不过，在目前的革命时期，无论如何，都是说不上的。你是聪明人，如果你真觉得非同我共生死，共生活不可，你就应该由朋友之爱，进而为……"

"你放心，我从此决心要获得你的同志之爱和爱人之爱！"

"你这话又差了。为我的爱情而革命，如果我死了，你就不革命了吗？唔？……"

"……"

她说到这里，便站起身来。我也连忙站起来，她拉着我的手，脸上虽然勉作笑容，眼睛却在夜色当中，泪汪汪的看着我。我知道诀别的时候到了，我走进一步，用两只手抱住她，使劲的接了一个又强烈又长久的吻。

八

我送了潘宜男在天字码头上小艇之后，已经夜里一点多钟，回不得学校了。好在我身边还有几块钱，我跑到广东酒店去开了一个房间，本想休息休息；但是怎样也睡不着。不光是周围乱噪噪的，并且我自己心里也乱杂得很。我又愧，又悔，又恨，又挂念。愧的是我看错了潘宜男，并且自顾实在远不及她。悔的是不该和刘凡一起去侦探田小石，又不该和刘凡干什么小团体。恨的是刘凡居然对我弄手段。挂念的自然是潘宜男此去的安全不安全。我想来想去，想到我应走的路的问题了。和刘凡再共事，当然是不干的了。但是到哪里去呢？如果仍在广大，我怎么能和他脱离？不和他脱离，怎么对得起潘宜男呢？只有离开广州一条路。到哪里去？到哪里去？每年我只能靠堂叔接济我四百块钱，到外国去是不够用的。北京不愿意去了，南京更无意义。我想了一个半夜，始终想不出好办法。最后到天亮时候，才勉强决定，先离开广州，到日本去，看以后能不能长久住下去，且到那时再说。

我回到寄宿舍里的时候，刘凡和田小石刚刚起床。田小石首先问我：

"你昨夜跑到哪里去了？也不交通信稿子，害得我们好着急。该罚一餐吃呢。一定有什么好事罢？呢？"

"顶不好的事！我送潘宜男上船到日本呢？通信稿子对不住得很！

此后只好永远偏劳了，我也……”我还说到这里，刘凡突然抢着说：

“怎么！潘宜男到日本去了！好不出人意外！喂！老田，你一点不知道吗？”

“我一点不知道。”田小石苦笑着答应他。

“刚才你说‘你也’，你也怎么样？”刘凡忙着问我。

“我也要到日本去留学。”

田小石听见我的话，把眼睛望了我一眼，接着说：

“正是革命军大举北伐的时候，你不做点工作，倒去偷闲，怎么对得起人哪？况且你跟潘宜男去，也恐怕难免别人笑你为爱情而牺牲革命呢？”

“革命并不限定是在前线打仗，我去学一点实学，将来回来从事建设，也是分业之一道。别人笑话不笑话，我倒不管。”

刘凡听到这里，似乎很理解我的样子，抢着说：

“害怕什么别人笑话！潘宜男可以去，难道老费就不能去？我想最好是老田你也去，三人同往日本，才免得寂寞呢。”

田小石知道刘凡打趣他，所以也不说下去了。

过了两天，刘凡替我在宣传部弄了一个宣传部驻东视察员的名义和三百块钱，要我替小团体在日本活动活动，除了潘宜男之外，更多物色几个人才。他还说，他大概不久可以随着陶委员到广大当图书馆主任，到那时还可多接济我的费用，也许要求陶委员派我为广大的留日学生。我那时既然在表面不和他决裂，当然也无从拒绝他的要求，并且，在事实上，他那种物质上的帮助，于我也是很有益的，所以受了他的帮助。田小石虽然对我一点也不露出什么口气，但是，他的神色却有点蔑视我。我没有法子去替他解释，所以只好装做不懂得。

到了我上船的那一晚上，小团体的人，除了易执中之外，大家都来送我。田小石和我握手的时候，对我说：

"希望你此去能够和潘宜男一样进步！"

"谢谢你的美意。我一定跟着她走！"我刚说出这句话，大家都哄笑起来了！他们还只以为我和田小石是在说醋话呢！

九

我到了日本东京之后，写了几封信，去敷衍刘凡。他前后给了五封信，都是一部分和上面所说各种事件有关系，一部分是说普通应酬话和无聊的新闻的。如果只把有关系的部分抄出来，就是下面这些：

第一信："……谷部长受了 T 教授和老田的影响，始终偏向左边，弟屡次对他尽忠告，都没有被他采纳。据弟看来，陶委员的襟胸见识，都比他高得多，所以，我想我们的团体还是依陶为妙。目前我已进广大当图书馆主任，和陶感情很好（你的留学事很有希望），我们的根据地将来要由宣传部移至广大，也未可知。……九月五日。"

第二信："……广大改中大以后，经费大减，所以派留学生的问题，目前只好暂时搁下。寄上的两百元，是我向陶替你运动得来的，名义是托你调查日本最新的社会科学的教育施设，你不管考察如何，只消做一篇两万字上下的报告来，由我转交就行了。……谷部长近来受了陶的影响，渐渐归于正道。我已经叫他把田小石撵出宣传部了。我们的小团体也除了老田的名。这完全是出于除恶务尽之意，想来你一定赞成罢。小团体在这里已扩大组织，《广州民国日报》也是我们的势力范围了。请你加紧物色人才，也许我们的势力还要随着宣传部的北迁，更扩大到长江流域去呢。易同志已到长沙汉口去替宣传部筹备办两个报去了。……十一月廿日。"

第三信："……反复无常的谷部长，到了武汉之后现在又和西字号合作了。我早料到此人不可靠，果然不出我所料！我已经得着陶和李主席的同意，在通信稿和《民国日报》上开始攻击他了。陶李待我和我们的人很优，我想我们决定方针，帮助他们。秋溟兄，我记得，你从前在广大时曾说过：'目前的斗争，总是有资力者占最后胜利'，现在我们可以应用你那句话了。陶李的经济力一定可以打胜谷部长那种穷酸，你说对不对？啊！可惜易执中和茅道成一般人，不幸着了迷，还是跟着谷走！我已经写信劝他们去了。你如果有工夫，请你也给他们几封信罢。……二月廿日。"

第四信："……咳！秋溟兄！预料着的不幸的结果，果然发生了！十四号的变乱的时候，我听说老田要带领罢工纠察队来捉我，所以我给他一个'先下手为强'，把他的唯一的秘密地方——他的姨丈家里，这恐怕是除我以外，在政府方面没有第二个人知道的秘密地方呢——告诉了当局，由当局把老田抓住枪毙了！我回想旧日的友情，心里很不好过！想来你也是和我一样罢？不过，人谁不想保存自己？老田要捉我，我要保全自己，怎能够不下毒手呢？不但是保全自己，也还是保全我们团体的利益啊！秋溟兄，你以为我这话如何？……李主席听说我对于纠察队的解散，有间接的功劳，特特委我为秘书，我昨天已经就职了。我现在一身兼着四件事，真正累得要命，但是，为小团体的利益起见，又怎么能够不牺牲一点精神呢？……四月廿一日。"

第五信："……啊！世事变得真快！我现在也逃到香港来了。因为老田的事，许多人都骂我卖友求荣，陶委员对我说了好几次，劝我避一避，我还坚持不肯退步。料不到昨天居然有人到李主席那里控告我和谷部长私通消息，李主席要查办我，亏得陶委员从中调解，我才逃到香港来。陶把易执中请我替他的汉口报馆拍新闻电的电报，并我拍给易执中的电，都给我看，叫我解释；天哪！明明的事实，我如何解释呢？陶送我五百元，叫我暂时避开，将来还要我回中大去。咳！两三年的经营，一旦成为水泡了！我现在左也不左，右也不右，西也不西，东也不东，到底怎么办才好呢？手上几千块钱，能够用得多久？我想还是出外留学，预备将来的生计，你赞不赞成我？你看我到东京有什么被人暗算的危险没有？请你务必回我一封信！现在我唯一的指望，就是你的援助了。秋溟兄，请你救援我罢！……五月廿五日。"

我接到他第五信之后，不觉得自己对自己说："什么湖南牛！他变得连下江狐狸还比不上呢！一个人的性格，哪有一定的！"

我从他第三信起，就没有回他的信，从他第五信到来之后，就从没有听见过刘凡的消息。他说他手里有几千块钱，所以，如果他不遇意外的事，大概总还在世上活着罢。

（这篇小说的材料，差不多全部都是费秋溟亲口对我说的，我只稍稍加了剪裁，连最后几封信的话，也是我从原信上摘下来的，所以，文字虽然由我负责，思想却是费君的思想。不敢掠美，特特声明。勺水）

两个亡国奴

一

"什么都弄妥了。大家出去坐汽车罢!"阿发一面说着,一面掀开重沉沉的蓝布棉风帘,钻进房间里来。

房里的三个人,听见坐汽车三个字,都好像受了一种催眠作用一样,无意识的同时从床沿上站了起来,去拿各人身边放着的毛毡,老羊皮统子做的大衣,广法热水瓶,等等东西。

"汽车是怎样分配的? 我们这间房的人同坐一个车?"P委员一面穿大衣,一面问。

"不,不是一个车。你的车是第四号,和W委员S委员一起。我和T,A,还有另外一位姓何的,同坐第七号车……"

"怎么! 不在一个车? 那岂不糟糕?"T显出不快的样子,打断了阿发的话头。

"为什么?"P委员皱了一皱眉头,这样反问。他不等T回答,就接着说:

"出门上路的事,随便对付得了。不同坐一车,也没有什么糟糕。"

"不要误会我的意思! 我还怕吃苦吗? 我说的是五天的食粮问题啊! 我们四个人的食粮,都装在一个大竹篮子里,如果你另坐一车,你岂不要挨饿!"

"真的，大鼻子干事也太糊涂了。既然叫每间房内的人各自预备粮食，怎么又把每间房的人分开！现在要把粮食分成两包，也没有时间去买篮子了。"阿发皱起眉，望着P说。

"不管他。今天一天不要紧的。横竖W和S带着吃食的。今晚宿了店，再买篮子不迟。我们上车去罢！"P这样答应着，推开风帘，领头走出去。T一面跟着走，一面说：

"出了口就是一片沙漠，晚上只在蒙古墩里打地铺，哪里来的客店？还想买竹篮子！……"

阳历四月初边的张家口的气候，和北京的正二月气候差不多。张家口大饭店门口的独株槐树，还是枯枝权丫的毫无一点生气。西北风从屋后吹过来，把槐树的枯枝吹得呼呼的响。冷风经过门口的厂坪，打到路南的人家的墙上，倒卷过来，把路上车辙的沙尘，直往厂坪里边送。时候是约莫早晨九点钟了。灰白的太阳光，从东边的人家的屋角上射出来，毫无气力的射到厂坪上的灰白色的沙土上，仿佛它的一切光和热都被沙土吸收去了似的。

厂坪的西边停着几台破胶皮车。几个拉车的披着破棉袍，嘴里叽哩咕噜的说着什么话，眼睛却都望着饭店的大门。路南和厂坪的西边，还站着几个大人和小孩，都眼睁睁的望着厂坪的东边摆着的十几辆汽车。汽车的大小和形式，很不一律：也有轿式的，也有搭着皮篷的，也有敞着的；还有两架运行李的货物汽车，已经把行李堆得四五尺高，特别打眼。挨大门口的两辆车都是皮篷车，摩托箱上面各插着一面小小的三角白旗，写着红的罗马字，一个上面写着2，一个上面写着4。

"那就是你的车!"阿发年轻眼快,看见第四号车,连忙喊着对P委员说。他送P到车边去了。

T和A挤过了好几个汽车缝子,才找着第七号车。第七号是一个很破旧的Ford车。车的周围,从踏脚板起到油箱旁边止,都绑着大小包袱,食篮手提包,被卧包,等等东西。阿何已经坐在车上了。T先爬上车去,一看车上坐位,不觉说了一声"可了不得!"

"怎么了?"A问T。

"你看,这样窄的地位,坐三个人,都要勉强挤才挤得下,怎么坐四个人呢?"

"除非四个人当中有一个人常常站着。"

这时阿发也找来了。他接着说:

"站在汽车上挡蒙古风,岂不白白送了革命志士的性命!大鼻子干事真浑蛋!委员们的车又宽大,又有篷,又是三人一车,我们的车又小又破,还得四人坐!如果勉强坐得下,倒也罢了,怎么坐得下呢?叫谁人站着过沙漠!等我去找干事交涉交涉罢。"

"到了现在,还交涉什么?你看!前面的车已经开走两辆了。站就站罢,轮流站站,也不要紧。"T这样劝阿发。

阿发是P委员的一个英语翻译,从北京以来就常常和大鼻子干事接头,表面感情还好,所以,他存着一种希望,不听T的劝,连忙跑去找干事。

四个外国骑兵,腰里佩着长刀,背上背着马枪,骑着高大的洋马,用快步从东边路上跑到饭店对门街上,停住了马,仿佛要下马似的。但是,他们向厂坪看了看,即刻纵马往西边跑走了。

"张家口哪里来的外国骑兵?" T 一面望着骑兵跑走,一面问 A 和阿何。忽然听得地下有人答应:

"那是护送我们的白俄兵。"原来阿发回来了。

"白俄兵? 国民军所在的地方有白俄兵? 昨天不是 B 顾问已经请国民军章总司令派兵送我们过沙漠吗?"

"昨天有请派国民军的话,后来又中止了。"

"为什么中止?"

"因为口外的马贼专门和国民军作对,所以,如果派国民军,就得多派才行。但是又因为北京方面国民军对奉鲁军作战,这几天格外吃紧,国民军都得往南口调,不能派大队往西去,所以只好中止,改派四名白俄骑兵。这些骑兵本是张宗昌的部下,上次在天津附近作战投降于国民军的。国民军叫他们去防口外马贼,马贼很害怕他们呢。"

"但是,只有四名骑兵中什么用?"

"这有一个缘故:现今的口外的马贼,名为马贼,实则是黑龙江派来的游击队,他们和白俄骑兵是可以通声气的。大概只要有白俄骑兵在场,他们决不会乱来攻击的。据大鼻子说,现在可虑的不是张家口附近的大队假马贼,倒是真正的小股蒙古人马贼。如果碰着真正的蒙古马贼,就非得开火不可。"

"四个骑兵和他们开火?"

"怎么只有四个骑兵! 还有 B 顾问由广东带来的十名中国卫队,两个外国卫队,外加六个高丽人,一共有二十几条枪呢。"

"哪里来的六个高丽人?"

"谁知道哪里来的? 你们看,那不是吗?"阿发一面说,一面用手指着顶东边的一辆汽车。

那汽车边有好几个人装束特别不同，他们从腰以上，虽也是头上戴着毛皮风帽，风帽前面搭着一双风眼镜，身上披着老羊皮大衣。但是，从腰以下，却很特别：第一，他们的大衣很短，只有普通的西装上衣那样长，和普通人穿的长到脚跟的大衣不同。其次，他们手里都提着一条步枪，一排一排的子弹做成的腰带，缠在短大衣上面。他们下面穿的是普通西式裤子，并未打绑腿。他们的外观，真正是似兵非兵，似匪非匪。

列在前面的汽车，不不不的响了几声号筒，又开走两辆。第七号汽车面前，只剩得一辆了。阿发叹了一口气说：

"汽车夫也不见来，好倒霉的车！"

"交涉结果怎么样？"

"有什么结果！鬼东西！倒说我年轻人不能受苦！……"

阿发的话还没有说完，车后面忽然有人喊叫。车上的人同时回头去看。只见一个很高大的高丽人，手里提着一条枪，睁着两只圆眼睛，耸起高颧骨，站在车背后，口里只是喊着："Tavarishch。"

"Comrade，what do you want？（你要什么？）"阿发这样问。

"Nie panimavou，Davaitie pashowsta！"

"他说的什么？"阿发眼睛望着地下的人，嘴里问着车上的人。

T是懂得几句俄国话的，听着阿发和朝鲜人的问答，连忙说：

"他说他不懂你的话，他请我们让他坐车呢。"

"见鬼！我们正愁没有坐的地方，还容得下他？请你当翻译，对他说，我们不愿意他来挤。"

"大家赞成阿发的说话吗？" T 问着。

阿何和 A 都说赞成。

高丽人听了 T 的翻译之后，似乎生了气，用很快的口调，大声说：

"同志的话错了。你们还说没有地方坐。你们看，我们那个车比你们的车还小，人数却有六个，又有六条步枪，莫说坐，连站的地位都没有呢？大家都是做革命工作的人，难道还图舒服？不过，总要过得去，才免得生病，作无谓的牺牲。你们看是不是？我们那边都是高丽人，都是为中国国民革命来拼命的呢。大家通融通融罢。呃？"

T 把高丽人的话，翻译出来给车上的人听。四个人你望着我，我望着你的，暂时没得话说。仿佛大家都想拒绝高丽人，好贪舒服，但是又碍于革命志士的体面，不敢把利己的意思，首先说出口。高丽人在这时似乎误认为车上人已经默认他可以上车了，连忙把手里步枪顺在车沿上，双手按着车箱，便要跳上车。阿发突然伸手按住高丽人的手，嘴里说着"No，No，No"。

高丽人觉得被侮辱了。

"为什么拒绝一个革命的同志呢？你们是普通旅行游玩吗？还是到革命的前线去呢？Chort（见鬼）！看不起高丽人吗？"

T 听见高丽人这样讲，连忙止住他说：

"同志，请不要误会，听我解释罢。" T 跟着就把高丽人的话，翻译给车上的人听。阿发不耐烦起来了，高声说：

"请你对他说罢，我们不是看不起高丽人，只是不愿意和卫队们挤在一起！"

　　"你这话也不对，只要是革命同志，本就该平等的共甘苦，哪有什么卫队不卫队！你们如果真不愿意他上车，让我去想法对付他罢。"

　　T回过头来，对高丽人说：

　　"同志，中国的革命党人，断不会藐视被压迫的民族的，这一层请放心罢。同志的话说得对，做革命工作的人，应该不作无谓的牺牲。你看我们四人都是做文笔工作的人，身体不大结实，如果在这小汽车上挤五六天，恐怕真正要被牺牲了。所以最好请你到前面那辆车挤去，那里只坐着三个人呢。"

　　"那个车？不成，那是皮篷车。干事说过，皮篷车都是委员们坐的。"高丽人说。

　　"怎么？委员们坐的车，你就不敢去挤吗？委员还不同样是革命同志？"

　　"干事特别说过，皮篷车是委员们坐的，我得听他的命令。"

　　"干事也特别对我说过，这辆车是指定我们四人坐的，我们也得听他的指挥呢！"

　　"革命党员还分许多等级！Chort!"高丽人鼓起大眼睛愤愤的说。

　　"革命党员本不应该分等级，不过，武装惯了的同志，身体要比较结实些，所以在这种时候，就应该多受一点苦。"

　　"你这同志，一味诡辩。哼！无非是看不起高丽人罢了！"

　　在刚才说话的时候，已经另有一位中等身材的高丽人，也提着步枪，走到原先那个高丽人的旁边，这时听见双方的谈判决裂，连忙把顺在车沿上的步枪提起来，送到原先那个高丽人的手里，对他说：

"算了罢，回去拼命挤罢！要知道革命就是牺牲呢！"

"哼！高丽人是应该牺牲的啊！"原先的高丽人一面这样喊着一面转着身子。

"高丽的同志！别太疑心了！你看！中国人的卫队们，不但坐的地位，他们连站的地位也没有，只是爬在行李运送车的顶上呢！"

在 T 说这话的时候，那两辆在上面堆得有四五尺高的行李车，不，不，不的响着汽笛，向前出发了。每辆车上面，爬着几个头戴军帽，身穿草色中山装军服，打着绑腿，披着老羊皮外套的中国革命军人。

二

T 和 A 跟着蒙古国民党招待员班朴出了民乐舞台的时候，已经是午后四点多钟了。听演说的人差不多走完了。小巷子里面还有蒙古装束的人们三三五五的走着。他们好像已经把刚才演说场里的热烈表情完全失掉了，仍然回到原始的游牧生活状况里面去了似的。

家家门上还贴着过年时候的门神红纸，纸色已经变为浅红色，映着黄土墙和黄沙地，显出一种病的红黄色，一种像溃疡一样的红黄色。

三个人转了几个弯子之后，班朴忽然停住脚步说：

"到了，就是这里。"

这间房子门口，和别处不同，悬着一块小小的红漆金字招牌，上面写着"吟春楼"三个字。走进门去，两边却没有柜台。里边左手通着厨房，右手搁着一架楼梯，通到楼上去。楼梯尽处，右边是一间大房间，左边是一间小房间。

两间房里摆了三桌中国酒席，房间里已经挤满十七八个人。有蒙古人，有高丽人，有中国人，有俄国人。今天是蒙古国民党正式招待由张家口来的一批人。

大家坐着吃瓜子，T 的旁边，恰巧坐的是中等身材的高丽人。这高丽人穿着一套黑哗叽的西装，带着蓝色领子，配一根酱色领带；头发梳得很光，颧骨不高，一个尖下巴；额骨平整，一双大眼睛；这个人的神气，一点也不像高丽人，倒像一个湖南的青年。高丽人记起了几天以前在张家口争车时候的情形了。他用外国话和 T 谈起话来。

"库伦的印象怎么样？"高丽人问。

"好像中国北边的一个小县城。"

"蒙古青年很有精神呢。据刚才演说会情形看来，并不见得他们政治的觉悟怎样落后。"

"同志去听了演说吗？"

"同李邦柱去来。"

"同谁？"

"对不住，我还没有绍介自己。我叫金如松，李邦柱就是他。"金一面说，一面招手叫李到面前来，并从日记簿扯下一张纸，把姓名写上，递给 T。

李邦柱就是争车的那个人。他穿起同样的西装，面上有红有白。三个人重新握起手来。李说：

"同志的姓名，我们刚才在演说场里已经问明白了。你那篇演说好极了。"

"你懂中国话?"

"正打算学习中国话,现在还一点不懂。刚才有一位蒙古招待员用俄国话翻译给我们听呢。"

"你们二位的俄国话说得真好。在俄国很久罢?"

"约莫住了五六年。"金说。

"都在莫斯科?"

"在莫斯科也待了两三年。"

"在 Kootve?"

"在红军教练所呢。"李说着,顿了一顿,才接着说:

"那天在张家口真对不住。请同志不要见怪。"

"那算什么事?别提了。"T 答复他。

"我当初总以为中国革命党有点歧视弱小民族,现在我们天天和那几位黄埔士官学生接洽,才知道中国人是 Cosmo Politan 的(人类平等一律的)。同志今天在演说场对蒙古人说的话,更足以证明这件事。"

"你说黄埔士官学生?……"T 问他。

"我就是说他们。"李用手指了一指中国军人。

金抢着说:

"他们真能够吃苦,爬在行李车上过了五天,却一点也不抱怨。这才是真正的牺牲精神。怪不得黄埔学生常常打胜仗呢。我看中国国民革命一定会成功的。人只怕不肯牺牲,如果肯牺牲,没有不成功的事业。一个人的流血,决不会白流的。血虽流在地下,革命种子却种在无数的人心上,结局迟早必定会开花的。"

　　T正想纠正他们把卫兵认为黄埔学生的错误，李邦柱却把话头接下去了：

　　"金同志照例的牺牲主义又来了！如果肯牺牲就会成功，从古以来怎么会有亡国灭种的事情呢！哪一次亡国灭种的时候没有许多牺牲呢？牺牲是要紧的，不过不是绝对的。值得牺牲的时候，才应该去为革命牺牲自己；不值得牺牲的时候，还得为革命保全自己。要知道，一个革命的人才，要费许多时间和经验，才能够养成呢。"

　　"什么为革命保全自己！结局还不是投机主义罢了！妥协罢了！"

　　"如果个个革命家都争着去牺牲，恐怕剩下来的才尽是投机分子，才会和无论什么人都妥协呢！"

　　"老李！你这种思想真正危险极了！革命还要顾到一个人的利益，那还成什么道理！那岂不会把革命团体弄成利益团体吗？呃？"

　　"但是，你要知道，牺牲和忍受差不多是没有区别的东西呢？那些忍受种种压制和痛苦的人，何尝不是自认为为国牺牲？如果大家都去牺牲，不肯出来保全自己，主张自己的权利，真正投机的人就越发会得意了。T同志，你说是不是？"

　　T不能不开口了。

　　"据我想，这个问题不是可以从一般的原理上去解决的，因为世上决没有抽象的真理。要决定这个问题，先要定出几个具体的条件出来。如果⋯⋯"

　　T刚说到这里，忽然房间里扒扒扒的拍起掌来。跟着，蒙古招待员班朴就用极纯熟的中国话说：

　　"劳诸位同志等了许久，对不住得很。刚才去请客的人回来了。

据说诸位委员和 B 顾问都在马总司令那里吃晚饭，不能赏光了。所以现在就请诸位坐下，痛痛快快喝一杯水酒罢。请请请……"

班朴说到这里，大家都站了起来，随意找坐位入席。金如松和李邦柱都跑到他们同国人那一席上去了。T 却被班朴邀到里间那一席上去。

三

广州的六月尾，太阳好像针一样，透过路上人的里外衣服，刺着皮肤。街树的绿叶虽然绿得好像要滴下水珠似的，却也解不了路人满身的燥热。到正午的时候，一点风也没有，街上的石子筑成的马路，越发显得有焦灼之感。

T 从东山 G 部长的家里出来，坐着自用胶皮车，往西到高第街去。T 这几天疲劳极了。除了照例的教书做文章以来，还要为前敌宣传委员会写十几种小册子。接连几天睡眠都不充分，只觉得两眼干枯得很。他的车到了东较场一带的时候，马路石子上的阳光，反射到他眼里，几乎使他发晕。

——这种生活就算得是革命吗？牺牲了时间，牺牲了精力，牺牲了一切个人的享受；牺牲的确算得是牺牲了。但是，到底是为革命牺牲不是呢？刚才在前敌宣传委员会席上，D 主任问我能不能和他上前敌去，他的意思倒很诚恳。同一牺牲，何不到战线去牺牲呢？ G 部长也许不让我走。他为革命保全我？瞎猜！一个革命家无论是牺牲也好，是保全也好，总得要由自己主张。为革命牺牲自己？为革命保全自己？……——T 想到这里，忽然想起，这本是那两个高丽人争论而未决的问题，现在轮到自己身上来了。他由高丽人，联想到两个月以前横断蒙古沙漠的事，由张家口联想到北京，联想到三一八惨案，联想到在北京的妻子……

"Chort！Mdagge！……"

这样一种粤俄合璧的声音，忽然超出一切噪音，浸进 T 的耳里。T 抬头一看，车已到广州酒店门口了。酒店马路上，一个穿着草绿色军服，挂着皮带，穿着皮绑腿，头上拴着一根白红蓝三色出发带的军官，正在举起拳头，做出压迫人力车夫的样子，嘴里还是继续叫着 Chort！（见鬼！）T 自己对自己说道，这不是金如松吗？T 连忙叫自己车夫停住，下车走到金的旁边去。金认得是 T，一面伸手握 T 的手，一面叽哩咕噜的说了一大串话。T 也没有听懂他说什么，只问车夫怎么样了。车夫说，要一块洋钱。T 看见看热闹的人越挤越多，只想速了金和车夫间的纠纷，也不多问，随手就摸了六块双毫，给了车夫，拉着金往高第街方面走。

"恭喜恭喜！几时当起军官的？"

"一个多月了。你有时间和我谈谈吗？"

"我在三点钟以前没有事。"

"我请你吃午饭，什么地方好！要顶漂亮的地方。"

"附近顶漂亮的馆就是南园。但是，先要说明，还是我请你。"

"什么话！我这里洋钱多着呢。"金说着，用手拍了一拍胸口。

T 和金点好了菜之后，才背着风扇，慢慢谈起心来。

"你到底在哪一军？戴着三色带，要出发了吗？"

"在第〇军，我已经出发了呢。"

"怎么？出发到广州来？来参加昨天的誓师典礼?"

"不是的。队伍驻在石龙，昨天已经向湖南出发了。我们是带了两连徒手机关枪队来领外国机关枪的。"

"领着了吗？几时动身?"

"还没有定准。"

"你看我国的国民革命军如何?"

"好的，很勇敢，虽然技术和组织不见得怎样优长。"

"你是什么位分？机关枪营长?"

"全军机关枪总教官。"

"那还算不得是军官呢。"

"薪水却比警长还大，每月三百块大洋，一个不欠。"

"大大的优待呀！如何？我原说中国人决不会歧视别的民族呢。"

"哼！这还是只知其一，不知其二的话。我告诉你，上面的军长和师长，下面的兵士，对我都好，只有中间的中级官对我不好。他们不理我呢!"

"为什么。"

"我如果知道为什么，那就不愁没有办法了。"

"总应该看出一点原因罢？不是因为你特别受军长师长们的优待的缘故?"

"是那缘故，也未可知，所以我极力模仿他们的行为，都望和他们融合一气。"

"所以才学着要打人力车夫，要吃最好的料理吗?"

"别讲笑！这是特别的例外呀!"

"不管例外不例外，恐怕和你的牺牲主义有点冲突罢。"

"什么话，主义哪会轻容易丢掉？不过，临时的变通办法，却也是应该有的。"

"你知道，李邦柱现在哪里？"

"他随着第 F 军去，恐怕早到湖南了。"

一餐饭，吃了十五六块钱，结局还是金如松争着会了账。T 从金问得了许多关于军队的特殊的意外情形，才觉得军队也不是自己应该去牺牲的地方，所以断然谢绝了 D 主任的招邀。

四

过了一年零四个月之后，中国革命进展的形势，变得出乎意料之外。第〇军全部两万多人都驻在皖南 S 城一带。

小小的 S 城，驻满了军队；都一连一连的分驻在民家里面。大北街和大南街上，驻得顶多，差不多每隔十几步，就有站在人家门口的守卫兵士。

T 这时也在第〇军当了一个高级幕僚，穿上两个多月的军服了。T 住在司令部内。司令部在大北街上。

有一天，天快断黑的时候，T 和梁参谋长走出司令部，到梁的私宅吃晚饭。每走十来步，就听见叫立正声音一次，每听见一次，就得还举手礼。两人都没说话的功夫，只是默默的走着。梁在前，T 在后，后面跟着勤务兵。

刚要到梁参谋长私宅的时候，T 忽然听得左边有一个很大的声音喊着"敬礼。"T不自觉的举手还礼，定睛一看，是一个穿灰布军服的军官，衣服很脏，腰里挂着手枪，脚下打着灰布绑腿，直挺挺的一个大身体，立在那里行敬礼。后面还有一个勤务兵，牵着一匹小黑马。

"几时到的？"

"报告参谋长，刚到的。"

"驻扎什么地方？"

"驻扎水东门。"

"全营都到了吗？行军状况还好罢？"

"全营都到了。行军状况不大好。明天有详细报告呈到司令部。"

梁点点头，向前走了。在刚才说话的时候，T已认出这个军官是李邦柱。李和梁说话完了之后，T走近李一步，用外国话问他的好，李却用中国话答应说："都好。"T感觉得"都好"有点滑稽，几乎失笑。T知道了李不愿意说外国话了，所以就用中国话，对他说：

"我住在司令部的楼上机要处；有功夫的时候，请来谈谈！"

李仍然挺着身子，只答应了一个"是"字。T看见情形不对，只好举手行了敬礼，注视了李一眼，快步的追梁参谋长去了。

"你怎么认得李营长？"梁倒在鸦片烟盘子边，一面打烟泡，一面问T。

"我只认得高丽人李邦柱，并不认得什么李营长。我是一年半以前在蒙古认识他的。"

"他就是本军炮兵第一营营长。"

"他干得下吗?"

"他很有才干,学术也好,并且中国话又说得好,又极力模仿中国人习惯,他和部下和同事感情都很好。他是一个顶呱呱的营长呢。"

"唔。怪不得他刚才不和我说外国话。他打仗想来很行罢。"

"这个勇敢极了,又有义气。前几个月第〇军在鄂西作战,全亏炮兵营掩护呢。"

"他几时到第〇军的。不错,第〇军应该还有一位金如松,也是高丽人,是不是? 我去年在广州听金如松说,李邦柱到第F军去了,怎么又会在第〇军呢?"

"金如松你也认识? 他死去一年多了!"

"怎么! 金如松已经被牺牲一年多了。我一点也不知道。从没看见战报上载过。他在哪里战死的呢?"

"听我说。"梁一口气抽完一口烟,又坐起来喝了一口茶,才依旧倒在床上,一面打烟泡,一面慢慢的说:

"你说没有见战报! 亡国奴的战死,都会载上战报吗? 他是在南浔路的牛行战死的。死得有点冤枉。"

"既是战死,有什么冤枉?"

"你这话完全是外行话。在作战的时候,冤枉被牺牲的人,多得很呢。凡是可以不死而死了的,都是冤枉死的。第〇军在牛行作战的时候,正当南昌新败之后,差不多有六成兵都是只练了三星期的新兵,没有作战的经验,举动不大活泼。敌人又是卢香亭的老兵,相形之下,有点见绌。好在那次沿线作战计划的主要目的,本是要在各处牵制敌兵，使他不能沿线移动，或是使他离线移动，所以第○军各部队原是定着，敌人不动，我们就攻，敌人反攻，我们就退的。哪晓得新兵的退却，退得太快，金如松的机关枪队正在行掩护射击的时候，背后一两里路以内，已经退得没有一个步兵了。金如松没有奉着前线指挥的退却命令——据后来调查前线指挥是下过命令的，但是没有传达得到；金的死因和同事的感情大有关系呢——二则敌兵转眼间就布成一个包围的形势，要退也来不及了。据机关枪上等兵后来的口供，当时子弹还很多，虽然敌兵渐渐越包越近，金教官却一点也不惊慌，仍然亲自用外国机关枪，向敌人扫射，仍然神气自若的抵抗着。那时敌人也不肯作无益的突击，暂时只向两翼包围。金如松稍微得了一点闲空就在衣口袋里拿出纸烟和洋火，准备抽烟，正是这时候，他偶然一伸腰，啾的一声，就来了一群步枪子弹，金就手拿纸烟洋火，倒下地死了。过了三点钟，敌人退却，我们追到机关枪阵地查看的时候，金如松已经死得僵冷了，头上中了两枪。"

"后来有什么善后办法？"

"善后办法？作战的时候，死了还不是算了。"

"我是说，有没有处置迟误命令的人。"

"虽然调查审问了一回，哪里会有结果？有调查，就算是很有体面呢。金如松的机关枪真打得好，从不夹子。他的机关枪放射时，声音真像放连珠爆竹一样，叭喇叭喇的响，和别人的打着机关枪不同。步兵们听得出他的机关枪声。听着有了他的掩护的时候，他们冲锋特别勇敢呢。修水一战，打伤谢鸿勋，第○军的机关枪的功劳很大。所以军长很优待金如松。他的死自然是第○军的一个大损失，所以军长震怒，才叫开特别调查会。"

"可惜一位好战士！李邦柱是他拉来的吗？"T这样问。

"不是，是我拉来的呢。"

"你拉李邦柱来的？你怎么认识他的！"

"他未到第○军以前，我并不认识他。"

"那怎么拉他来？"

"听我说罢。"梁说了这四个字，又呼呼的抽烟。

那年四月，李在第C军的炮兵补充营当营长。第C军是第F军扩充出来的。这炮兵驻在马当炮台里面。那时第○军奉着某方命令，去收束第C军的队伍。梁在九江当卫戍司令，特特为这件事，开附近各军的代表联席会议，表面上却说是讨论九江的防守分担问题。李邦柱老老实实的坐小火轮到九江来赴会，到梁的司令部问时，却被值日副拒绝和梁见面，说是改期了。李回到马当的时候，守卫已经换了第○军的人了。李和新的炮台司令见面之后，知道受了骗，大怒起来，掏出手枪就向新炮台司令放了一枪，痛骂新炮台司令不止。他跑回九江找梁，要看中央政府的命令。他又痛陈新炮台司令官侮辱了他，要求准他两人去决斗。他的这些要求，完全不合当时的局面，所以也没有人理他。不过他的忠实程度，却已十分表现出来，所以梁就推荐他给第○军，仍然叫他带他原有的兵，就当营长。——梁对T说的话的内容，大致就是以上那样。

第○军在S城又驻了一个多月，才开走。在这期间，T常常看见李邦杜递到军部的呈文，李却始终没去看T。T自然也不愿意去找李。

五

第○军全部重到 H 市的时候，已是十一月末了。接连一星期多的阴雨，把 H 市越发弄成污泥世界。墙上贴着的欢迎战胜军的标语和街上横题的白布标语，都被雨水淋得变成灰白色，无精打彩的，好像流眼泪似的，流着雨渍。许多商店都是关着门的。只有饭馆和旅馆还是和几个月以前一样，停着许多汽车，马车，胶皮车。汽车上面，大半都插有某某司令部的小旗子。

T 还在第○军当高级幕僚。还是成天到晚，和一副机器一样，做一些同样的机械工作。

第○军的高级将校渐渐轮流请客了。

一天 T 和参谋处长 L 应同事的邀请，在群宴楼吃饭之后，同到亚东大旅馆 48 号去。这里是第○军高级官的俱乐部。

这天晚上，到的人不多，只有一场牌一付烟盘子。梁参谋长和两位师长正在烟盘子边谈话。T 和 L 也各拉一张凳子到床边去旁听。

"彭有肺病，即使他出来干，也不见得干得好。我看还是请老总另委人出来整顿整顿的好。现在又加了四门上好的管退炮，炮数越多，越要供一教练。是不是?"梁说。

"话是不错的。但是，除彭以外，还有谁有当炮兵团长的资格呢?"一个师长说。

"张副师长是日本士官炮兵科毕业的。不过，他是新从北边过

415

来的，恐怕在革命的资格，还差一点。"另一个师长说。

"据我想，还要紧的是革命的资格，什么学历不学历，实在可以不管。只要第一，够革命的资格，第二有战功，第三有实在本领和人望，就行了。照这种标准去找，不是有人吗?"梁说。

"这次有战功的炮兵营长，只有李邦柱。你说的是他?"

"半璧山之战，得炮营的助力真正不少。并且，他前回在鄂西也有战功。"一个师长说。

"不过，恐怕醴陵系从中作难。要知道，他们近来认为李邦柱是非醴陵系呢。"另一个师长说。

"从表面上看来，好像李和同事都很亲热。不是吗?"

"第〇军太讲私人感情了。此后范围越发扩张起来的时候，还得要公公平平的论功行赏才行。管他的，等我明天去对老总说说，不成功也不要紧。我为人是惯打抱不平的。个个人都害怕醴陵系，恐怕人才不久要从第〇军跑完呢。"梁愤愤的这样说。

过了两天，T在照例的本部文件呈阅簿上，看见了炮兵第一营全体班长连长控告李营长的一个呈文，所控的是抽大烟，嫖妓，空额不补，虐待士兵，吞没公费五款。T看见这个呈文，忽然想到团长问题了。T不觉得点点头轻轻的哼了两声。呈文呈上去之后，老总的批语是"着军法处查覆"。

事件的进行，快得和疾风骤雨一样。T看见李邦柱被控的呈文的第二天，第〇军的老总已把梁参谋长调任S省盐运使。第三天早上，十点钟T脱离了第〇军关系，把行李搬到黄陂街朋友家里去了。

　　T 在朋友的客厅里整顿行李，预备晚上搭轮离开 H 市。勤务兵拿进一封信来，口里说"副官长叫送来的。"

　　T 一看信封，上面写着军法处缄。T 心里暗想，军法处谁来信？T 拆开信封当中约莫有五六张信纸。先把最后一张一看，就看见"李邦柱谨上"五个字。T 即刻明白这封信由军法处发来的道理了。T 不等看信就对勤务兵说：

　　"告诉传令兵，没有回信。"

　　"T 大兄同志：我写这封信，不是以营长的资格写给上级官的。我只是以朋友的资格，写给一个我所敬爱的老朋友，老同志。我的中国信写得尚不很好，况且是在慌忙之中，恐怕有许多不合格的地方。还要请你海涵！

　　"上回在 S 城的时候，承你的好意思，叫我去会你，我竟没有去，真正失礼！想来你不会怪我罢？

　　"T 大兄！你知道，我是抱着一个为革命保全自己的主义的。我为实行我这主义，不知费了多少苦心。我所以不去会你，也是为着这个主义。因为如果我去会你，就免不了犯着结交上级官的嫌疑，就要受同事的嫉视！T 大兄！你该记得金如松罢？你知道他死了吗？你知道他是死于和同事不睦吗？你在第〇军好几个月了，一定听人说过他的战死情形的，我现在也一定可以不赘及了。

　　"我听见金如松的死之后，我的保全主义越发坚固起来了。我本不愿意到第〇军来，一来恐蹈金的覆辙，二来我很爱广东兵士的直爽。但是，时势逼我，我还是当了第〇军的人。

"我为保全自己，费了无限的心血。我跟同事们一起玩，我照他们的办法干，我替他们捧场，我和他们搭伙。我牺牲了我的人格，去实行我的保全主义。

"T大兄，你当然看见他们告我的呈子了。你有什么感想？你以为是诬告的吗？T大兄，我老实说罢，所举的五类，都是实在的呢。所告的五类都是我那保全主义的结晶呢。

"但是，我要对大兄说一句，这些事也许是我的错误，然而总不能说是我的罪状，为什么呢？因为这些事都是第○军同事们干着的事，我不过学他们的样罢了。如果这是我的罪状，当然也就会是他们的罪状，恐怕没有一个中级官没有罪状呢。这句话，我不但是对你说，无论对谁，我也是可以坦然自白的。

"我费了无数的心血，去实行我的'为革命保全自己的主义'，结局，到今日，还是只落得一个犯罪的恶名。我知道我的主义失败了。我又不能不回想金如松了。我现在觉得，到底还是他的牺牲主义对。他虽然冤枉死了，总还落了一个为中国革命战死的美名；纵然多数人不知道这个无名的牺牲者，总还有一部分热血分子记得中国的革命花里面，染着一点高丽人的血。我呢？只不过落得一个贪赃不法的臭名罢了！还是牺牲主义对！还是牺牲主义好！

"不过，到现在，失悔也来不及了。我现在别无希望，只求保全生命。——也许这还是我的保全主义的发现罢——我知道你很得上峰的信用，又和梁参谋长很好，和军法处长C，又是天天见面的。只要你肯说话，一定是可以达到我的最低的要求的。我现在别无可以请求援手的朋友，所以只好写这封信，诚恳的哀求你！

"T大兄！T同志！我还记得你在库伦时的演说呢。'世界被压迫民族携手起来！东亚被压迫民族携起手来！共同向帝国主义作战！共同为自由流血！一切民族的血凝结在一起的时候，被压迫民族就被解放了！'T大兄！T同志！高丽人的血已经凝结在中国人的血荡里面了。难道你还不肯费一举手一投足之劳，去救一个快要被牺牲的高丽人吗？

"我抱着唯一的希望，祝你的

奋斗努力！

李邦柱谨上"

T看了信之后，茫然自失了半天，心里想：他还睡在鼓里呢。怎么办！

T和他的朋友吃完晚饭，闲谈了一阵，看一看表，已经八点十分了。至迟八点三十分就得坐车到一码头上船。T总想于未离H市以前，知道关于李邦柱的军法裁判的结果。这案今日下午开庭审判。T知道，所谓裁判，只是一个形式，所以午后特去找参谋处长向老总说话，免李一死。L约定八点钟以前来回话。T等得焦燥极了。

一阵脚步响，L穿着军服，走上楼梯来了。T等不到L进门就问他：

"怎么样了？"

"再设法罢。"

T听见L的这答复，好像一团热火上泼了一瓢冷水一样，只觉得心脏扑的跳了一下，半晌都说不出话来。L坐下，点上一根白金龙纸烟抽着，才慢慢的说：

"我等了许多，等到四点半钟，才看见老总那里没有来客。我走进去，说了几句照例的公事之后，就提起李邦柱的事来。我把李邦柱怎样到第○军，怎样立了战功，说了一遍，并把韩国革命同志会在各处替李说项的事情说给他听。老总默默听着，未置可否。那时军法处长C，忽然走进来了。他也不管我的话还没说完，就对老总说：

'李邦柱的案子，五点钟就要开庭。特来请示，总指挥的意思到底还是从宽，还是从严。'

"老总半晌不说话，只管抽纸烟。随后他问我的意思如何。我当时又把李的功劳述了一遍，说他不比中国军官，似可以将功折罪，从轻发落。老总又问C的意见如何。C说：

'现在军纪坏极了，似乎要整顿整顿才好。要整顿军纪，总得严办一两个人才行。有战功是不成问题的。目前的第○军里面的做事的，哪一个没有战功呢？现在要熟虑的，倒在他不是中国人这一层。不知道在外交上有不有影响！'

'个把亡国奴，要什么紧！'

"C连忙答应了几个是字，走出去了。"

T听见"个把亡国奴"几个字，不觉的心脏沉重起来，眼睛里面热烘烘的雾起来了。L却一点也不关心，还补上一句：

"我七点钟出部的时候，碰见徐参谋，他说，李邦柱已经判了死刑。"

奇　　耻

一

这一天是 1927 年 3 月 17 日。

日本邮船公司的凤阳丸轮船，在早晨的微风中，悠然自适的，好像休息它的连夜的疲劳一样，溯着西江，向西往广州航行着。

已经是午前七点多钟了。两岸的山，映着早晨的青白色的阳光，似乎在黑，白，褐三色交杂的色气当中，隐隐露着一片青绿色。挂着灰黄色风篷的渔船，远远的在轮船的左右两舷浮着，好像动也不动一下一样。

各等船客把两天以来的耽心，放了下去，都快活起来，在各等船板上，三三五五散步闲眺。他们从这只船过福州海口以后就耽了两层的大忧：第一是海贼，因为在前不几天，太古和招商的轮船都在汕头和香港之间遇着海贼的打劫，并且世上还谣传着，这些海贼的横行是香港政府故意纵容他们去干，以为香港罢工的报复的，所以船客们深恐他们也遭遇不幸。第二，前两天海面的风浪太大了，海水有几次都大批大批的从船上最低的舱面打过，吓得一些胆小而无经验的船客惊慌哭叫起来，造出一种非常不安的空气，所以大家不知不觉的都恐怕轮船真正要翻船了。现在好了：船进了西江，离香港越离越远，的确离了海贼出没的区域了；加以微风细浪，青山隐隐，那种情形不但可以使船客们感得航路上的绝对的安全，并且还可以使他们相当的开心。

一般船客都渐渐快活起来，露出苏生的样子，唯独大餐间两位客人在大餐间外面的走廊上的椅子上坐着发闷：一个中年人，头上随便簇着一圈红黄色头发，高鼻梁上戴着一副玳瑁框子的眼镜，穿着一身麻色斯科其的旅行服，只是嘟着他那蓄着上须的嘴唇，望着远远的山色，用手支着下巴出神。另外一个人，年纪只有二十五六岁，生得一副很漂亮的白嫩的圆面孔，一头黑头发，梳得很光亮；他身上穿的是绀青玳玑的西装，配着一个紫酱色的领结；他露着忧郁的神气，凭在藤椅子背上，两只手交叉的搁在脑前，两只眼睛只呆呆的望着脚下的舱板，好像他不但无心去看景色，并且也不愿意和他的同伴多说话似的。

众人都感觉苏生，为什么这两位大餐间的贵客独独沉闷呢？因为他们的性格和别人特别不同吗？为什么他们独独不受环境的支配呢？是，是的，这事有点古怪。著者是一个相信一切现象皆有特定的原因，一切人类行为都受着物质环境的支配的人，也是一个不愿意读者不相信这种道理的人，并且，还觉得，关于大餐间两位客人的沉闷的原因的解说，和目前写这段小小故事，有重要的关系，所以，想在这里请读者让著者述一述两位大餐间客人的来历和他们在这天早晨的心境。

中年男子是一个法国人，是法国国会议员，是法国极左派社会党的一个领袖。他的名字叫做托马。青年男子是托马的翻译，名做吴更生，这是一个中国人。吴更生的故乡是湖南省。他家中薄有产业，所以他从小学到中学，受了比较完全的基础教育。他在中学毕业后，受了 1919 年五四运动的影响，央求他那个在国民党当军人的叔爷帮助他一千块钱，跑到法国去做一个勤工俭学生。他本来就富有湖南人特有狭隘的爱乡心。到了法国之后，又受了欧洲大战后的各种民族运动并国家主义的施设的刺激，所以很容易的就和中国在巴黎的国家主义团体接近，变成了一个国家主义者，时时出头和在法国的国民党员及社会主义青年团团员冲突。但是，国民党在 1926 年由广东出发的北伐的成功，却在默默之中潜移了吴更生的政治的见解：他和一些同辈的国家主义者，脱离国家主义的团体，改变宗旨，进了国民党。他说得一口很好的法国话，所以在托马要到中国来参加太平洋劳动会议的时候，国民党的留法总支部便叫吴更生充当托马的翻译，跟着托马由西伯利亚铁路经过海参威归国。

吴更生虽然进了国民党，却还没有受过国民党的充分的训练：他脑筋里仍然很深刻的印着国家主义者的"爱国不爱民，报仇不雪耻"的理论；他脑筋里只有空空洞洞的全民，并无具体的民众阶级；他怕听人说到中国的社会上的罪恶，他只一心一意想打倒那些压迫中国的列强。因此，他和托马之间，便生了一种意见上的阻隔。托马开口闭口，总离不开中国社会阶级的分析，吴更生却并不懂得阶级的定义，当然也就不相信阶级斗争和革命的关系。吴更生认为最不堪受的，是托马常常放在口头上的中国"九耻说"。哪"九耻"呢？就是：（1）拖辫子之耻，（2）缠小脚之耻，（3）抽大烟之耻，（4）当牛马似的苦力之耻，（5）所谓"国骂"之耻，（6）赌博之耻，（7）脏秽之耻，（8）男娼（相公）之耻，（9）政治的国耻。托马的见解，以为政治的革命，应该和社会生活的革命同时并行，才能获得成功，并且，认为革命党应该彻底的认识并暴露社会生活的暗黑面，这样才能够有革除这些暗黑面的可能，所以他毫不客气的向中国人数说中国的"九耻"。吴更生方面的见解却不是这样：他以为有了政治革命的成功，所谓社会生活的革命自然会相随而至；他本不愿意知道中国社会生活的暗黑面，尤其不愿意一个外国人常常向他数说中国社会的暗黑面；他听托马的说话时，总觉得托马有意奚落中国人，奚落他自己，所以他常常感觉羞惭，不知不觉的常常起来为中国社会曲加辩护。他这种爱国心理，自然是托马所不能知道，不能理解的；托马始终把吴更生看成一个国民革命的重要分子，看成一个深通社会生活原理和革命理论的人。因为这种缘故，吴更生和托马之间，就不能不常常发生激烈的论争。在他们未到中国境内的时候，所争的还是空议论，如像托马说中国人至少有半数中了鸦片烟和吗啡的毒，吴更生却极力说中国禁烟成绩非常可观，沿海各省几乎已经禁绝之类。自从他们经过天津，烟台，上海等处之后，托马在议论上渐渐占着上风了。他在这些地方观察所得的事实，如像"国骂"（骂娘骂祖先），男人拖辫子，女人缠脚，鸦片烟馆之类，都是吴更生无从辩解的事实。托马越进攻，越高兴，吴更生当然就越退守越气闷了。

托马和吴更生都是出门上路的老行家，并且又都是自命为富于革命精神的人，所以他们对于海贼和风浪，并不感生什么恐惧。他们在这天早晨，起得很早：他们希望饱看西江口的风景。他们匆忙的沐浴穿衣，吃过早茶，同到舱面眺望。托马因为看见右舷外远远的九龙半岛的缘故，提起了英国帝国主义封锁西江，囊括两广的情形，吴更生和他又争辩起来：吴更生认为英国帝国主义已经在广东站不住脚了，而托马却以为英帝国主义的势力的基础还并没有被革命势力撼动。吴更生说托马这种主义足以摇惑革命阵营内的人心，而托马却以为吴更生只是讳疾忌医，掩耳盗铃。吴更生更进一步，说托马不懂得东方情形和中国人心理，而托马也索性指摘吴更生的非革命家的态度。两人闹了一阵，闹得几乎翻了脸。结果还是吴更生忍气不再说下去，才把一场风波弄平静。两个人只是坐着抽纸烟，看景致，呆呆的出神。这就是众人都快活，独独他两人发闷的理由。

托马和吴更生默坐了一会，气也渐渐平了。他两人开始商量到广州以后的活动计划。他们知道第二天是中国三一八惨案的纪念日，又是法国巴黎革命的纪念日，所以他们预料广州的革命势力在这一天必定有一番对帝国主义者和军阀的示威运动。他们想努力在这一天观察广州革命势力的组织和步武。他们预备在广州停一星期，就由陆路往武汉；预备在一星期当中尽量观察各方面的情形。他们还预备到广州附近各县去参观农村和农民运动的情形。两人说了许久，话头又引到中国"九耻"问题上面去了。

"我听说，广州社会的暗黑方面，有两件顶值得注意的现象，两件广州所特有，别处所无的现象：第一是特殊的卖淫现象，听说有什么瞎了眼的盲妹，什么一面充当船工，一面卖淫的咸水妹，什么专门在旅馆客栈出入的车货，等等区别呢。第二是赌博。听说特别有一种叫做什么番摊的赌法，是一种可以大赌，可以小赌，可以普及到上中下各层社会的赌法。我非得见识见识不可，我们应该把这两种东西的参观，也加入预定计划之内，是不是？"托马一只手拿着一本日记簿子，一只手拿着一枝自来水笔，斜斜的和吴更生对坐着，笑嘻嘻的这样问吴更生。

吴更生望了托马一眼，慢腾腾的答说：

"听说在清朝时代有这种恶习，到民国后，就渐渐改了，况且现在的广州已经是清新的革命势力的广州，想来一定不会存着这种现象，供你参考罢。"

"什么'听说!'什么'想来!'你不是说过，你在广州住过几个月吗？呃?"托马惊望的问着。

"是的，好几年以前，我跟我那个死了的叔爷，在广州住了几个月……"

"Alors?（那末?）"

"但是，我那时却并未注意到这些现象。并且，现在距那时已经有好几年，情形自然大有变化，所以，关于这些现象，我的脑筋还完全和一张白纸一样，一点成见也没有呢。"

"和一张白纸一样？……那更好了：一张白纸更可以接受种种新的印象，观察得种种真实情形，是不是？好罢，我们就把第五天作为实行这方面的调查的日子罢。要进行这种调查，最好是只我和你两个人去实行，不要劳动广州本处的革命同志；如若不这样，他们一发生爱乡爱市的观念，便会向我们隐瞒着实际情形呢。我在法国时，有一个法国朋友，曾对我尽过这样的忠告。你看我这话对不对?"

吴更生听见托马这样说，把头摆了两摆，吞吞吐吐的答应他：

"不过……我却……没有和你一同去调查……这种现象的能力……"

"呃？没有能力？这话怎么说啊?"托马急得从椅子上跳起来

了；他露着疑惑的态度，闪闪着两眼的怪光，只是注视吴更生的神气。

"因为我不能说广东话，并且连听也听不懂啊！"

"什么！连听也听不懂？你……你不是自己说，并且他们不是也替你说，你的中国话说得很好，得你一起同走，就不会有言语不通的困难吗？你应该记得这种说话？"

"是的，我说过这样的话。不过，那句话的意思，只是说，我说的中国话很普通，在一般交际应酬和实用上，到处可以通用无碍。并不是说，我懂得中国各处的方言，可以向各处的无论什么暗黑方面去走动。你要知道，暗黑方面说的话尽都是方言，并且还有特别的术语。就是在法国，也何尝不是这样？好像法国的海员俱乐部……是不是？你懂得了罢。"

吴更生这段话，虽然说得委婉动听，但是托马却始终疑心吴更生有意设辞推托，想掩饰中国社会生活上的耻辱，不让中国人以外的人知道。他气冲冲的在船板上走了几个来回，也不说话，直是鼓着眼睛，嘟着嘴巴，气得满脸通红。他重新坐到椅子上去，从衣口袋里取出一根香烟，擦洋火抽起来，抽了两口之后，又站起来在舱板上来回的走着。

吴更生自以为自己的话已经婉曲到十二万分了，更没有再向外国朋友低声下气的道理，所以也不继续说什么话，只是板着面孔，低眼望着脚下的船舱板纳闷。吴更生觉得太无聊了，他索性凭在椅子背上，闭着眼睛装睡。他凭了几分钟，起初还听见近处的脚步声和远处的机器运转声，后来什么也没有听见了：他疑心他真正睡着了，他不知道在这种忽忽迷迷的状态当中，到底经过了多少时间，他只觉得万念皆空，心里极其安逸。他突然听见叫"Camarade Wou"（吴同志），他睁开眼睛一看，只看见托马站在船舷边，用右手指着船外，把头向左边扭回来，满脸堆着笑容，向着他说话：

"来这里看啊！真是壮观伟观！那是什么？"

吴更生立刻站了起来，一面走，一面向托马所指的方向看出去，只见江面已经变得非常狭窄，岸上的山，堆着绿油油的翠色，映着那一片蓝青的水光，凑成一副绝妙的天然的图画，直逼到船舷边来。再定睛看时，只见青山和蓝水相接的边际上，横着一根灰色的宽长带子，带子上面，涂着白灰，白灰上面写着一些二丈来宽的大黑字。托马所指的，正是那根带子上的白地黑字："废除不平等条约"。循着这些字往前看去，似乎还有许多字，只是看不十分清楚。回头往左舷一看时，那里也同样有一副绝妙的山水画，在青山蓝水之间，映着白地黑字的灰色带子。把两舷的风景合起来一看时，真好像两面的青山，抱着一条蔚蓝的大路，形成着一座天然扎出来的松叶的凯旋门，那些白地黑字的灰色带子，就好像缠在凯旋门上的标语！吴更生看到这里，不知不觉的有了一种崇高，严肃，美丽，壮大等等东西相合而成的感觉，他口里只是叫着"好啊！好啊！"也忘记答托马的质问了。他暂时沉醉在愉快和满足的感情当中，似乎他现在已经抓了中华民族的伟大的灵魂，不必到处彷徨去寻求了。他正在踌躇满志，忽然听得托马问他：

"Zis—moi, qu'est—ce gune ca？（告诉我罢，那是什么？）"

"这是虎门啊！是革命的广州的门户。那一带灰墙上的白地黑字，是革命的标语，写着'打倒帝国主义'等等的字呢。那两岸的山腰上，还藏着有砲台。你看，那边角上，不是隐隐的露着青天白日满地红的旗子吗?"

"虎门! 我不料虎门有这样伟大雄壮的气概! 真正世界少有! 真好! 真好! 好过法国的凯旋……"

托马感动极了,他话还没有说完,就伸手握着吴更生的手重重的摔了几摔,嘴里说:

"我祝贺你们国民革命的成功! 虎门的景象,给了我一种直观,告诉我,中国国民革命一定成功呢! 哪怕中国有'九耻',我想阻碍不了革命的进行!"

吴更生这时高兴极了,因为这还是他第一次听见托马自己驳自己中国"九耻说"! 他信口说:

"这还只是革命势力圈的门户呢。如果你更进一步走到革命势力圈的中心去,你一定还可以发见许多更好的天然景象和社会现象!"

二

现在是 1927 年 5 月 10 号了。

托马住在汉口旧英租界的万国饭店。吴更生虽然充当着外交部秘书,住到外交部去了,但是,他还是天天下午跑到托马的旅馆去,替托马当翻译。

托马和吴更生之间的意见,经了一个多月的时间,渐渐融化得差不多所剩无几了。这种融化的主要原因,不在吴更生的进步或托马的退步,倒在这一个多月之间的事实的观察,洗刷了"九耻"当中的许多耻。广州工人的干净,码头上的苦力的政治意识的发达,大脚女子的强健，由广州到武汉的路上所有的农家的干净，男人辫子的全部消失，赌博风气的减少，鸦片烟馆的稀少等等事实，都出乎托马的意料之外。托马感觉得现今中国社会生活的进步了，他知道中国民族的向上力的伟大了，他甚至于对吴更生说，中国社会所保有的清新之气，远甚过欧洲大陆各国社会了。他赞叹中国的所以下的社会①，他称美中国的农村生活的勤俭，朴实和干净。他崇拜中国下层社会的妇女的努力和贞实。他对于中国下层社会的观察当中，唯一不满意的，就是"国骂"的普及和复杂，什么"丢拉妈"，"丢Niami"，"丢拉海"，"丢你老母"，"丢你Shifun"，"娘家乖"，"狗肏的"，"牛肏的"，"王八媳子"，"Nia你家娘"，"Tsao你妈"，"妈拉Bi"，"肏老娘"，"狗子养的"，"Tsao你祖宗"，"Tsao你十七八代的祖宗"，种种的口号，随着托马由广州从陆路向武汉的旅行的进展，越加越多，差不多把他一本特别日记簿子的几十页，都用那种口号和解释并引例，填满了。但是，经了许多研究之后，他已经知道，唱这种国骂口号的中国人，大半都是无意识的盲从着社会习惯，并不是有意识的想拿这些口号的内容，加诸被骂的人的方面；因为他已经得着好一些女人们大声叫骂"丢拉妈"，"Tsao你祖宗"的例子。托马当初以为骂这东西，完全是一种封建思想或原始人类的抢婚制度的思想的表示，后来，他才知道他的错误，所以他认为国骂这种现象，是很容易用小学教育普及的方法去订正的。

托马对于武汉的下层社会。尤其满意。他在武汉看见了五一节的大会，五四的纪念大会，五七五九的国耻大会，并且从五月一号

---

① 原文如此，"所以下的社会"当指"下层社会"。——编者

起，参加了一星期的太平洋的劳动大会，他自以为知道中国劳动阶级的意志，性情，魄力，智力，组织力等等东西了。他认为，占着全世界的人口的四分之一的中国劳动阶级，的确是将来的世界的新文明的原动力了。

约莫是午后三点钟。吴更生穿着很洁亮的灰色哔几的西装，由旧德国租界的外交部，坐车到旧英租界的万国饭店去看托马。今天是托马在武汉的最后一天，他决定第二天就坐江轮到上海转船回法国去。

吴更生走进托马的卧房，和托马握手，一面说："怎么样，你不感觉疲倦吗？你昨天上午在武昌，下午在汉口，晚上在中央党部，说了那样多的话……"

"那算什么？如果说那一点话就疲倦了，还当什么政治家，还当什么革命的政治家？"托马耸了一耸肩膀，努了一努嘴巴。他取出香烟盒，让吴更生抽烟坐椅子，他继续说：

"我倒不疲倦，昨天恐怕累坏了你呢。"

"什么！你要记得，我比你年轻十几岁呢。再多劳动些，也不妨事。"

"这样，我就放心了。"

托马叫茶房弄午茶来吃。他和吴更生一面吃茶，一面谈昨天国耻大会的感想。托马欢欢喜喜的说：

"我从前以为中国女人缠脚是中国社会生活的一耻，昨天我看见那些缠小脚的纺纱女工，站在群众的先头，拼命游行，喊叫国耻口号，我才知道我从来的见解错误了：我从前误认为肉体的缠毁和精神的屈辱是一致的，我以为'不健全的精神必定会宿于不健全的肉体'。以为中国的缠脚妇女，没有完全的人格；现在我懂得了，劳动阶级缠脚妇女仍然是可尊重的分子。我想缠脚这件事，并算不得中国社会生活的一耻。"

"怎么！你那有名的中国'九耻说'发生动摇了吗？"吴更生高兴起来了。他靠在沙发椅子，满脸堆着笑容，用手指拈着傲慢式的香烟。

"是的，我的中国'九耻说'，应该有修正的必要：或是变更它的种类和数目，或是加一个形容词，改称为中国上层社会生活的多少耻，或中国下层社会生活的多少耻，总要改一改才行。"

"你那'九耻说'本来太陈旧，太繁琐了？"吴更生现在得着一个痛快批评的机会了。

"你这话，我可以接受的。我在这次回法国的途中，一定要把我亲自观察所得的结果，整理起来，好好的做一个结论，好好的做一个中国社会的分析。……不错，我昨晚想着，要和你商量一件事。我在中国的观察，都是偏于劳动阶级的生活；至于知识分子的生活暗黑面，我却一点也没有亲自看过这个，从我的研究的立场上看来，自然是一个缺憾。你想来也知道，知识分子在革命事业上的任务是很大的，他们的生活方法的光明和暗黑，很可以影响到革命进行的速度呢。所以，我想趁今天最后的一天，请你带我去看一看知识分子的生活的暗黑面。"

"这事却有点为难。恐怕不好办……"吴更生慢慢的答着。

"为什么？"

"因为我到武汉不久，我所认识的知识分子很少，我完全还没有走近他们那个休息，应酬，娱乐，嬉游的范围去。我简直找不着门路。"

"你不认识人，至少总知道这些知识分子所常常流连的地点，如像饭馆，咖啡店，戏园，俱乐部之类。难道不认识人，我和你就不能到这种地方去？绝对的不能？"

"自然不是绝对的不能。"

"可以去就好了。我和你今天完全装做两个中国式的浪漫的知识分子，照他们的生活方法，过今天的下半天，好不好？请你先立一个计划罢。"

他两人讨论了许久，决定了，立刻出去逛游戏场，逛完之后去上酒馆，饭后再去逛窑子，打茶围，最后，再到中国式旅馆去开房间，搓麻雀，叫条子。

他们立刻出门实行他们的计划。

吴更生和托马跑到大同旅馆开洗澡间的时候，已经八点半钟了。托马走进房间，即刻倒在蒙着白布的沙发长椅上躺着，张着红红的微醉的面孔，露出非常高兴的样子。他实在高兴极了：他这几点钟里面所经历的，真是见所未见，闻所未闻。

"怎么样？满意不满意？"吴更生这样问托马。

"很满意！不，不但这样，实在出乎意外：我不但看见知识分子的娱乐生活，并且看见了劳动者的内面生活。我今天才看见酒馆的厨房的内部，看见厨工的战斗式的烹调技术，看见中国戏园的内面生活。我很喜欢在回法国以前我得着今天这样的经验啊！"

"我们的计划，还只行得一半呢。再过一会你更可以看见妓女的内面生活，琴师的生活，客栈内的揸麻雀情形，客栈茶房，理发匠，修脚匠，擦背的等等劳动阶级的内面生活呢。你一定可以看见，他们的内面生活上，富于职业意识和斗争空气，一定可以相信，他们那种忠实勤勉，自尊尊人的态度，并不亚于欧洲的勤劳的阶级呢。……"

吴更生正说到这里，茶房忽然跑进来问他们还请客不请，因此，把他的话头打断了。为要使托马领略揸麻雀的趣味的缘故，吴更生特别想出几个同乡朋友出来，写明住址，叫茶房派人去请。他又叫茶房推荐了两位姑娘，写了叫局的条子。

两个姑娘本是住在客栈内的，所以不一会就来了。她们都是下江人，身材本来矮小，又加上短裤短衫的装束，越发显得是两个小孩子。她们大概是因为误认托马和吴更生为财神的缘故罢，对于他两人，非常的献媚：除了各唱两段戏之外，还坐在他两人的身边和腿上，纠缠不已。这时吴更生忙极了：一面要替姑娘们和托马当翻译，一面又得和姑娘们开应酬式的玩笑，直忙得应接不暇。

一个擦背的小伙子，年纪约莫有十七八岁，梳着一头溜光的头发，赤着上半截身子，由房间后面通浴室的门，走出来问：是现在就洗澡不是。这时吴更生所请的客还没有回信，一时成不起麻雀的局，所以吴更生便怂恿托马趁这时去洗澡。

托马进里面洗澡去了，吴更生仍和两个姑娘闹着玩。

请客条子回来了。吴更生所请的几位客人，一个也没有找着。眼见得凑成不一桌麻雀了。两个姑娘闹了一阵，也跑走了。

托马洗完澡，由洗澡房出来了。他穿着手巾布做的浴衣，满脸发着红光，露出非常兴奋的样子。吴更生以为那是洗澡房空气太热的结果，所以问托马：

"里面热得厉害不是？"

"是的。空气太热，又没有通气的天窗。怪不舒服！"

"那样不舒服，我就不洗澡罢。"

"你从前没有在这里洗过澡吗？呃？"

"我只在下面雅座洗过澡，像这样的洗澡间，今天却还是第一次。"

"那末，你也应得洗一个澡，领略领略洗澡间的风趣。"

"嗯？风趣？擦背的擦得好罢？那是中国特有的技能呢。"

"喔呵！特有的吗？中国的……"托马刚说到这里，那个梳得一头光亮的头发的擦背的，又从洗澡房的门内出来，告诉吴更生，说洗澡水放好了。托马继续说：

"你也去洗澡罢。洗完我们再谈。可怜的！……"

吴更生觉得托马的话中有话，正想问他，却又因为那个擦背的还在等他，他不便久延，所以只好让擦背的进去；他是早已换好了手巾浴衣的。

起初走进洗澡房时，果然因为空气太热的缘故，很不舒服。吴更生在过热的洗澡水里面，泡了几分钟之后，渐渐觉感到快适了。擦背的问热问冷，倒茶送烟，极其殷勤。他和吴更生谈起话来。他问吴更生的贵姓，他问托马是不是财主，他问他们两人在汉口是不是还要久住。吴更生随便应付了他几句，这个擦背的人的话越发多了。他不等吴更生问他，就流畅的说出他们这种当擦背的人的生活。他把他们的工会，他们和洗堂主人的经济关系，那种只给饭吃，不给工资的经济关系，他们的收入的来源怎样全靠客人的打赏，阔的客人怎样每次拿三块两块钱与赏他们的殷勤服侍。他家里怎样贫穷，家中人数怎样多得没有饭吃，等等情形，好像背诵现成书本一样，一气说下去，说得流畅极了。他不但嘴里说得热闹，并且手里的工作也做得非常伶俐：他替吴更生擦背，擦膀子，擦胸肺，擦肚子，擦大腿，擦脚，起初用洗澡布擦，其次用洋碱擦，真正是尽心洗刷，无微不至。他问吴更生，他擦背擦得好不好。吴更生答应说："很好。"

吴更生做梦也没有想到这"很好"两个字会引起意外的事件发生。擦背的这时得意极了，他一面嘴里说："擦得好，请先生多发几块钱！"一面手里拿着香碱，替吴更生洗涮下部。吴更生这时仰卧在一块洗澡板上，两只手反搁在头边，抓住洗澡磁盆的缘边，一时松不出手来阻拦他。却是，这个阻拦的时机的错过，更引起了擦背的方面的误解：他以为吴更生已经默认着他的行为和要求了。他洗得更加殷勤细腻。他不是洗，简直是替吴更生行 Musturbation！可怜的吴更生是一个神经衰弱的书呆子，那里经得起这种意外的捉弄诱惑！兴奋的时间还不到三十秒钟，便完成了一个 Masturbation！万事解决了！吴更生以为他懂得先前托马那种吞吐的说话了。他想到托马的中国"九耻说"，不觉得羞耻之心充满了全身！他只在脑筋里打主意，想找出一个对付托马的方法。

吴更生由洗澡房出到外面房间去的时候，只见托马躺在沙发上，脸上含蓄着一种又冷又锐的微笑，向他说话：

"风趣好不好呢？"

吴更生红着脸，装出正言厉色的样子，从容不迫的回答他：

"什么风趣不风趣！那还不是和妇女们无法营生，逼得做卖淫丑业，那种情形，完全一样？我们只应该怜悯他们！"

"和妇女卖淫一样？难道你忘记了，这种现象的参加人，一方面是有职业的，有组织的劳动者，一方面是负有重大使命的知识分子？怎么可以拿来和失业和堕落的结果的卖淫现象相提并论？呃！"

"但是，你，你应该知道，知识分子和 Masturbation，无论在哪一国里面，都是常常联结着的。其实……这……并不算得什么。"吴更生吞吞吐吐答辩着。

托马听了他这句话，突然从沙发椅上跳了起来，口里喊着：

"怎么！Masturbation？Masturbation aves Bouche？（用嘴的？）你说的什么？"

吴更生听了这句话，才知道托马在洗澡房的经历和他自己刚才的经历之间还有很大的区别。他此时真羞得无地自容，只觉得满脸发烧，遍身流汗，恨不得立刻跑出房去。他对于托马，连看也不敢看一眼了。他只听得托马继续的说：

"真正是意外而又意外！原来中国民族的表面和里面差得这样远！我的中国'九耻说'恐怕不得不改为中国'十耻说'了！……"

吴更生此时羞惭极了：他心里只涌出一些"奇耻！""奇耻！""奇耻！"的字样，他发狠想雪这个"奇耻"。他感觉得首先要和托马辩争，却是，在咄嗟之间，又苦于想不出一个辩争的妙法。他忽然触起一种机智，他说：

"Avec Bouche 也不见得稀奇。所谓'Soixante－neuf'（69），

不是法国的通病吗?"

"什么'Soixante-neuf',Camarade Wou! 请你不要忘记,目前成为问题的人们,一方面是有职业的有组织的劳动者,一方面是负有重大的使命的,重大使命的知识分子啊!"

"但是,也许单单是一种偶然碰见的事,恐怕不……"吴更生还要强辩,但是,托马已经把话头接了过去:

"我和你初次到这里来,就碰见这个偶然,世上哪有这许多的偶然呢? 一个革命家总要虚心的承认事实,接受批评,才能够真正的进步。具有耻辱性的事实的存在,算不得什么大耻。不承认明白的事实,只图掩过饰非,那才是革命家的'奇耻'呢……"

吴更生不等托马的话说完,便气冲冲的跑出门外去了。

吴更生后来问了一个熟悉汉口情形的人,才知道他和托马所碰见的事,原是长沙汉口一带的洗澡堂的普通现象,并不是一个偶然。